国家示范性高等职业院校成果教材

新能源汽车技术系列

电动汽车
整车故障诊断与分析

李正国 主 编

何 军 朱小春 副主编

清华大学出版社

北 京

内容简介

本书以目前市场上销售量较大的纯电动轿车 BYD E5 为例，全面系统地介绍了纯电动轿车各系统工作原理、组成及故障诊断与分析，主要内容包括 BYD E5 低压配电系统、CAN 通信网、动力电池和管理系统、直交流充电系统、高压安全保护系统、电机控制系统、进入系统、空调系统、制动系统和电子助力转向系统等。

本书可作为高职高专、中职技校车辆工程及相关专业的教材，也可供从事电动汽车研究、开发、制造、维修、生产和管理等方面的工程技术人员参考。

图书在版编目(CIP)数据

电动汽车整车故障诊断与分析/李正国主编. —北京：清华大学出版社，2019.10(2025.1 重印)
国家示范性高等职业院校成果教材. 新能源汽车技术系列
ISBN 978-7-302-53786-1

Ⅰ. ①电… Ⅱ. ①李… Ⅲ. ①电动汽车－故障诊断－高等职业教育－教材 Ⅳ. ①U469.72

中国版本图书馆 CIP 数据核字(2019)第 200054 号

责任编辑：许　龙
封面设计：常雪影
责任校对：刘玉霞
责任印制：沈　露

出版发行：清华大学出版社
网　　址：https：//www.tup.com.cn，https：//www.wqxuetang.com
地　　址：北京清华大学学研大厦 A 座　　**邮　　编**：100084
社 总 机：010-83470000　　**邮　　购**：010-62786544
投稿与读者服务：010-62776969，c-service@tup.tsinghua.edu.cn
质量反馈：010-62772015，zhiliang@tup.tsinghua.edu.cn
印 装 者：三河市龙大印装有限公司
经　　销：全国新华书店
开　　本：185mm×260mm　　**印　　张**：15　　**字　　数**：362 千字
版　　次：2019 年 10 月第 1 版　　**印　　次**：2025 年 1 月第 5 次印刷
定　　价：45.00 元

产品编号：078560-01

前言

2018年12月纯电动汽车累计销量24万台，同比实现正增长34%，全年累计销量70万台，同比实现正增长58%。销量排名前五的品牌分别是比亚迪、北汽新能源、北汽、荣威、吉利。

随着大量的纯电动汽车的出现，为纯电动汽车服务的各种产业，如电动汽车充电站、电动汽车维修站和电动汽车零配件商店等，也像雨后春笋般地发展起来。许多再就业人员转而从事与电动汽车相关的职业，同时全国很多职业院校也开设了新能源汽车技术服务专业。为了对这些人员进行职业技能培训，特编写这部配套教材。

本配套教材分为《电动汽车整车故障诊断与分析》和《电动汽车整车故障诊断与分析实训指导书》两册。《电动汽车整车故障诊断与分析》全面系统地介绍了纯电动轿车各系统工作原理与组成、电路图、高低压线路信息、工作数据信息和故障码分析以及可模拟设置的各种故障，主要内容包括BYD E5低压配电系统、CAN通信网、动力电池和管理系统、直交流充电系统、高压安全保护系统、电机控制系统、进入系统、空调系统、制动系统和电子助力转向系统等。《电动汽车整车故障诊断与分析实训指导书》则从电动汽车维修安全入手，详细介绍了电动汽车各个系统的安装程序、检查维修要点和故障诊断与分析方法。

本配套教材与以往出版的类似图书相比，特别强调了通俗性、新颖性和实用性。具体表现在：

(1) 本配套教材的读者对象主要是电动汽车相关行业的从业人员和职业院校的学生，由于他们的电力电子基础知识比较薄弱，因此在编写时，力求语言通俗，不涉及太多的理论知识，而把重点放在工作原理和维修方法的介绍上，主要以使掌握基本技能为目的。

(2) 本配套教材介绍的具体车型主要是目前市场上销量较大的比亚迪的车型，对一些销量小的车型则较少涉及。

(3) 本配套教材对目前电动汽车上采用的所有的技术，如动力电池和管理系统、电机驱动系统、直交流充电系统及高压安全保护系统等，都进行了较为详细的介绍。

(4) 由于电动汽车零配件生产的专业化程度越来越高，而生产成本越来越低，传统的以零件修复为主的汽车修理手段已逐渐被以零件更换为主的修理方法所取代，因此，本配套教材的电动汽车维修部分将介绍的重点放在了零件的拆卸安装程序、检测手段和仪器以及故障诊断方法等内容上。以满足电动汽车维修从业人员的实际需要。

本套教材由深圳职业技术学院李正国教授主编，并编写了本套教材的第一、二、三、四、五章，第六、七、八、九、十、十一、十二、十三章由朱小春副教授编写，第十四、十五、十六、十七、十八、十九章，由何军高级技师编写。

限于编者水平，疏漏之处在所难免，恳请读者批评、指正，谢谢！

编　者

2019 年 4 月

目录

1 前导：BYD E5汽车概述

1.1 BYD E5 汽车介绍

比亚迪(BYD)E5纯电动汽车(见图1-1)于2016年初上市，为国内主流的紧凑型纯电动乘用车。

图1-1 比亚迪E5纯电动车

BYDE5纯电动车以BYD速锐燃油车为车身基本框架，车内采用比亚迪自主研发的电池、电机系统。整车电量为43kW·h，续航里程约300km，电机最大功率为160kW，最大扭矩为310N·m。

1.2 BYD E5 基本构造

1.2.1 动力系统

BYD E5是典型的大电池、单电机、固定变速比的纯电动汽车，其动力系统的基本构成如图1-2所示。

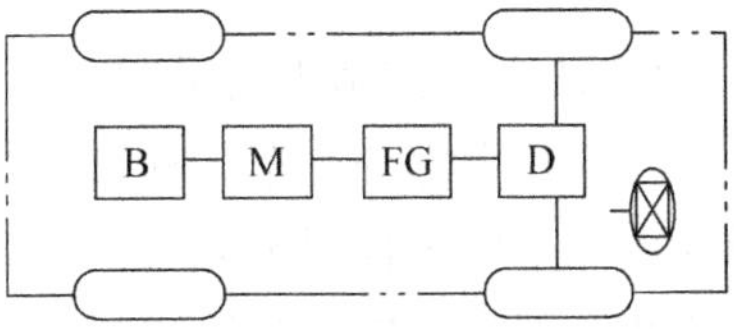

图1-2 BYD E5动力系统构成

E5使用一个动力电池包(见图1-2中部件B)作为动力源，代替传统汽车的油缸。电池位于汽车车架底部，使用多个比亚迪的磷酸铁锂电池单体组装而成，直流电压为650V，电池容量为75A·h，电量约43kW·h。E5采用分布式电源管理，一个电池管理器(BMC)负责电池整体控制，多个电池信息采集器(BIC)负责各电池单体的信息采集。

E5使用一个三相交流永磁电机(见图1-2中部件M)作为驱动电机，代替传统汽车的发动机。E5电机额定功率为80kW，最大功率为160kW；额定扭矩为160N·m，最大扭矩为310N·m。E5驱动方式为前置前驱，电机和变速箱都位于汽车前舱处。电池输出经过交流逆变后，驱动电机转动，经过变速箱(图1-2中，部件FG为固定减速比减速器，D为差速器)传动到前轮，带动后轮行进。

除了比亚迪公司的充电装置外，E5可以支持国标的直流快充(60kW约一个小时充满)、三相交流充电以及单相交流慢充。

1.2.2 底盘系统

传动上，E5的变速箱与目前市面上大部分的纯电动车一样，采用单挡固定减速比的减速器，外加差速器构成。总减速比为9.342(主减速比2.958，一级减速比3.158)。

悬挂上，E5前悬挂采用麦弗逊式独立悬挂，后悬挂采用多连杆式独立悬挂，如图1-3所示。

图1-3 典型的麦弗逊式独立悬挂(左)和多连杆独立悬挂(右)

转向上，E5采用电子转向助力器，使用电机根据车速进行转向助力。

制动上，E5采用真空液压制动方式，真空泵为电子真空泵。制动系统具有ABS防抱死以及制动力分配功能。

驻车上，E5使用电子驻车(EPB)，使用电机进行驻车制动，代替了传统的机械拉索式手刹。E5仍具有传统的P挡驻车功能，P挡驻车和EPB驻车可以联动。

1.2.3 控制网络

E5的电子控制机制采用分布式的、层次化的网络。

与现代大部分汽车一样，E5控制机制是分布式的，也就是整车控制并不集中在一个或者少数几个电子控制单元(ECU)上，而是分布在很多个ECU上，每个ECU负责一个或者少数几个部件的输入和输出任务，各个ECU通过车载网络(E5的车载网络是CAN总线)通信进行协同工作。

E5控制网络如图1-4所示，自下而上可以分成ECU单元、功能子网和整车网络3个层次。

(1) ECU单元：每个ECU从各自部件的输入采集(传感器)、进行计算/控制后，最终输出执行，ECU的输入输出之间多为硬线连接。

(2) 功能子网：多个功能相关的ECU可以组成一个相对独立的功能子网，各ECU使用同一根CAN总线进行通信。不同的功能子网根据需要可以使用不同的CAN速率。

(3) 整车网络：整车网络使用CAN网关将各个CAN功能子网互联起来。某个功能子网的ECU通过网关可以直接与另一个功能子网的ECU通信。

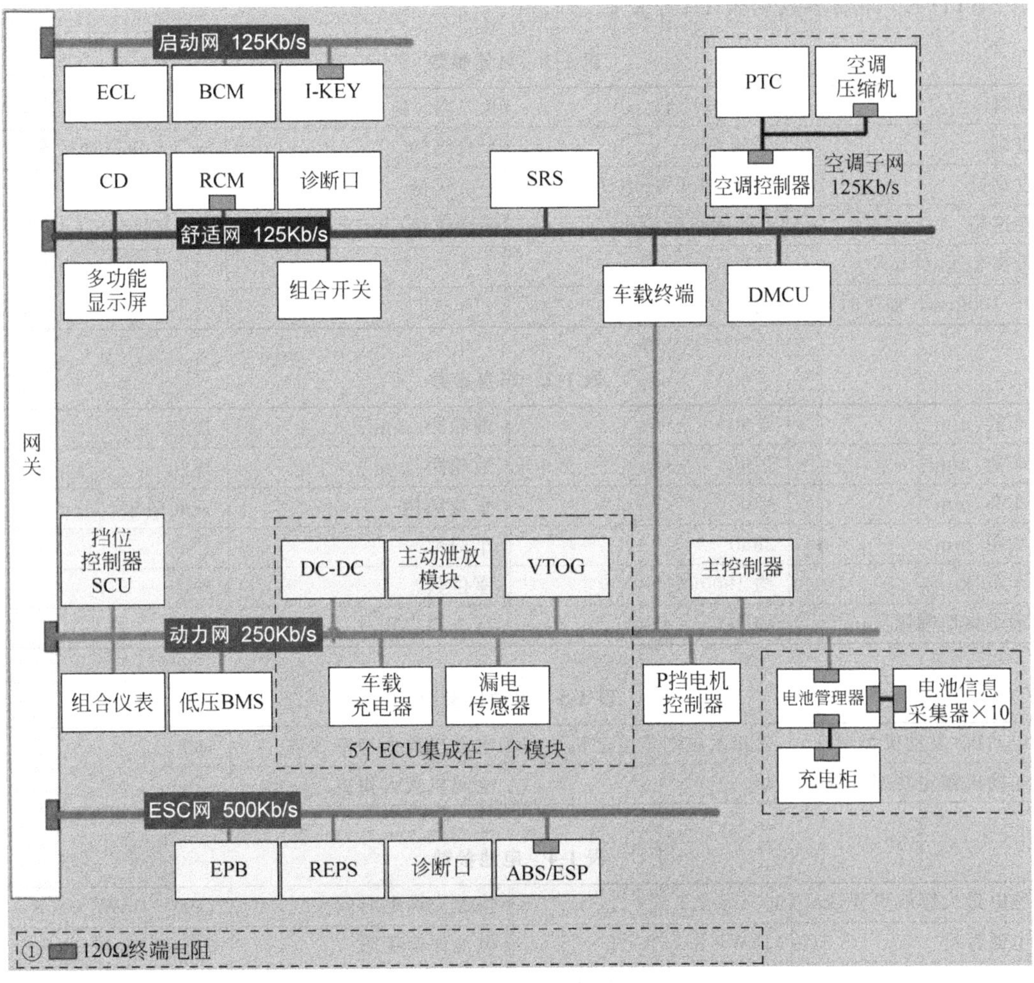

图1-4 E5控制网络

E5可以分成4个功能子网：动力网(控制高压动力部件)、启动网(控制汽车启动和进入)、ESC网(控制驻车、转向、制动等底盘部件)、舒适网(控制空调、灯光等)。

1.2.4 车身电器

空调制冷和制暖上，E5直接采用高压供电的电动压缩机进行制冷，以及高压供电的

PTC(正温度系数热敏电阻)发热进行制暖。

汽车进入和启动上，E5 的智能钥匙系统支持机械钥匙、钥匙遥控和无钥匙进入 3 种方式。

E5 的其他部件如 SRA 安全气囊、多媒体、车窗、车灯、雨刮洗涤等与普通燃油车相同。

1.3 BYD E5 详细参数

BYD E5 详细参数见表 1-1～表 1-7。

表 1-1 总体参数

品牌	比亚迪汽车	长×宽×高/mm×mm×mm	4680×1765×1500
级别	紧凑型车	车身结构	4 门 5 座三厢轿车
发动机	最大 160kW(电动机)	上市年份	2016
变速箱	1 挡固定齿轮比	保修政策	3 年或 10 万 km
最高车速/(km/h)	150		
0～100km/h 加速时间/s	约 7.9		

表 1-2 车身参数

车长/mm	4680	前轮距/mm	1525
车宽/mm	1765	后轮距/mm	1520
车高/mm	1500	车身结构	三厢轿车
轴距/mm	2660	车门数	4
车重/kg	约 1900(空车)	座位数	5
最小离地间隙/mm	约 160	行李厢容积/L	450

表 1-3 电动机参数

电动机/发动机类型	三相永磁同步电动机	电动机最大功率/kW	160
电动机额定功率/kW	80	电动机最大扭矩/N·m	310

表 1-4 电池参数

纯电最大续航里程/km	305(综合工况)	快速充满电时间	750V 80kW：0.5h
电池容量	43kW·h/75A·h	电池保修年限	6 年或 15 万 km
普通充满电时间	交流 220V 单相 1.7kW：30h 交流 220V 单相 7kW：6h 交流 380V 三相 20kW：2h	电池类型	磷酸铁锂

表 1-5 变速箱参数

挡位个数	1	变速箱名称	电动车单速变速箱
变速箱类型	固定齿轮比		

表 1-6 底盘转向参数

驱动方式	前置前驱	前悬挂类型	麦弗逊式独立悬挂
车体结构	承载式	后悬挂类型	多连杆式独立悬挂
助力类型	电动助力		

表 1-7 车轮制动参数

前制动器类型	通风盘式	前轮胎规格	205/50 *R*16
后制动器类型	盘式	后轮胎规格	205/50 *R*16
驻车制动类型	电子驻车	备胎	非全尺寸

1.4 BYD E5 对比

将 BYD E5 与传统燃油车、油电混合车、BYD 其他电动车、其他国产电动车、国外电动汽车进行比较如下，主要比较动力和底盘部分。

1.4.1 BYD E5 与燃油车对比

BYD E5 与 BYD 速锐燃油车对比参数见表 1-8～表 1-14。它们基本上是共用车架，BYD E5 将 BYD 速锐的油缸、发动机更换成了电池、电动机，同时根据电动车的特定情况调整了底盘和悬挂，其他地方基本没有太大变化。

表 1-8 总体参数对比

品牌	E5	速锐
品牌	比亚迪汽车	比亚迪汽车
级别	紧凑型车	紧凑型车
发动机/电动机	最大 160kW(电动机)	最大 80kW(发动机)(1.5L 自然吸气)
动力类型	纯电动	汽油机
变速箱	1 挡固定齿轮比	6 挡双离合
长×宽×高/(mm×mm×mm)	4680×1765×1500	4680×1765×1490
车身结构	4 门 5 座三厢轿车	4 门 5 座三厢轿车
上市年份	2016	2016
最高车速/(km/h)	150	>200
0～100km/h 加速时间/s	约 7.9	—
保修政策	3 年或 10 万 km	4 年或 10 万 km

表 1-9 车身参数对比

品牌	E5	速锐
车长/mm	4680	4680
车宽/mm	1765	1765
车高/mm	1500	1490
轴距/mm	2660	2660

续表

车重/kg	约 1900(空车)	1330(空车)
最小离地间隙/mm	约 160	
前轮距/mm	1525	1525
后轮距/mm	1520	1520
车身结构	三厢轿车	三厢轿车
车门数	4	4
座位数	5	5
行李厢容积/L	450	450

表 1-10　电动机/发动机参数对比

品牌	E5	速锐
电动机/发动机类型	三相永磁同步电机	BYD473QE(1.5L 排量,自然吸气)
电动机额定功率/kW	80	—
电动机最大功率/[kW/(r/min)]	160	80/5800
电动机最大扭矩/[N·m/(r/min)]	310	145/4800

表 1-11　电池/油缸参数对比

品牌	E5	速锐
最大续航里程/km	305(综合工况,纯电)	760(按 6.5L/100km 油耗)
电池总能量/容量	48kW·h/75A·h	50L 油缸
普通充满电时间	交流 220V 单相 1.7kW：30h 交流 220V 单相 7kW：6h 交流 380V 三相 20kW：2h	0
快速充满电时间	750V 80kW：0.5h	0
电池保修年限	6 年或 15 万 km	0
电池类型	磷酸铁锂	93 号汽油

表 1-12　变速箱参数对比

品牌	E5	速锐
挡位个数	1	6
变速箱类型	固定齿轮比	双离合
变速箱名称	电动车单速变速箱	双离合变速箱

表 1-13　底盘转向参数对比

品牌	E5	速锐
驱动方式	前置前驱	前置前驱
车体结构	承载式	承载式
助力类型	电动助力	机械液压助力
前悬挂类型	麦弗逊式独立悬挂	麦弗逊式独立悬挂
后悬挂类型	多连杆式独立悬挂	扭力梁式非独立悬挂

表 1-14 车轮制动参数对比

品牌	E5	速锐
前制动器类型	通风盘式	通风盘式
后制动器类型	盘式	盘式
驻车制动类型	电子驻车	手刹
前轮胎规格	205/50 R16	205/55 R16
后轮胎规格	205/50 R16	205/55 R16
备胎	非全尺寸	非全尺寸

1.4.2 BYD E5与油气混动车对比

BYD 秦为插电式油气混动汽车，同时具有燃油车和电动车的动力装置，可以类比为小型的 BYD E5 加上 BYD 速锐构成。BYD E5 和 BYD 秦的比较见表 1-15～表 1-21。

表 1-15 总体参数对比

品牌	E5	秦
品牌	比亚迪汽车	比亚迪汽车
级别	紧凑型车	紧凑型车
发动机	最大 160kW(电动机)	217kW(1.5L 涡轮增压＋电动机)
动力类型	纯电动	插电式油电混合动力
变速箱	1 挡固定齿轮比	6 挡双离合
长×宽×高/(mm×mm×mm)	4680×1765×1500	4740×1770×1480
车身结构	4 门 5 座三厢轿车	4 门 5 座三厢轿车
上市年份	2016	2015
最高车速/(km/h)	150	185
0～100km/h 加速时间/s	小于 14s	5.9
保修政策	3 年或 10 万 km	6 年或 15 万 km

表 1-16 车身参数对比

品牌	E5	秦
车长/mm	4680	4740
车宽/mm	1765	1770
车高/mm	1500	1480
轴距/mm	2660	2670
车重/kg	约 1900(空车)	—
最小离地间隙/mm	约 160	125
前轮距/mm	1525	1525
后轮距/mm	1520	1520
车身结构	三厢轿车	三厢轿车
车门数	4	4
座位数	5	5
行李厢容积/L	450	50

表 1-17　电动机/发动机参数对比

品牌	E5	秦
电动机/发动机类型	三相永磁同步电动机	发动机：BYD476ZQA-1.5L 涡轮增压 电动机：三相永磁同步电动机
电动机额定功率/kW	80	发动机：113kW(5200r/min) 电动机：110kW
电动机最大功率/kW	160	
电动机最大扭矩/N·m	310	电动机：250 发动机：240N·m(1750～3500r/min)

表 1-18　电池/油缸参数对比

品牌	E5	秦
最大续航里程/km	305(综合工况,纯电)	油续航：760(按 6.5L/100km 油耗) 电续航：70
电池容量/油缸容量	43kW·h/75A·h	油：50L 油缸 电：13kW·h
普通充满电时间	交流 220V 单相 1.7kW：30h 交流 220V 单相 7kW：6h 交流 380V 三相 20kW：2h	交流 220V 单相 1.7kW：10h 交流 220V 单相 7kW：2h 交流 380V 三相 20kW：0.7h
快速充满电时间	750V 80kW：0.5h	0.2h
电池保修年限	6 年或 15 万 km	6 年或 15 万 km
电池类型	磷酸铁锂	油：93 号汽油 电：磷酸铁锂

表 1-19　变速箱参数对比

品牌	E5	秦
挡位个数	1	6
变速箱类型	固定齿轮比	双离合
变速箱名称	电动车单速变速箱	双离合变速箱

表 1-20　底盘转向参数对比

品牌	E5	秦
驱动方式	前置前驱	前置前驱
车体结构	承载式	承载式
助力类型	电动助力	电动助力
前悬挂类型	麦弗逊式独立悬挂	麦弗逊式独立悬挂
后悬挂类型	多连杆式独立悬挂	扭力梁式非独立悬挂

表 1-21　车轮制动参数对比

品牌	E5	秦
前制动器类型	通风盘式	通风盘式
后制动器类型	盘式	盘式
驻车制动类型	电子驻车	电子驻车
前轮胎规格	205/50 *R*16	205/50 *R*17
后轮胎规格	205/50 *R*16	205/50 *R*17
备胎	非全尺寸	非全尺寸

1.4.3 BYD E5与BYD其他电动车对比

BYD的纯电动汽车系列，除了E5外，还有秦EV（紧凑型）和E6（MPV车型）。

除了车身大小外，E5和秦EV的动力部分基本相同。

E6的动力和电池容量更大，由于其质量和体积较大，因此底盘悬挂系统与E5、秦EV不太相同。

三者对比见表1-22～表1-28。

表1-22 总体参数对比

品牌	E5	秦EV	E6
品牌	比亚迪汽车	比亚迪汽车	比亚迪汽车
级别	紧凑型车	紧凑型车	MPV
发动机/电动机	最大160kW（电动机）	最大160kW（电动机）	额定90kW（电动机）
动力类型	纯电动	纯电动	纯电动
变速箱	1挡固定齿轮比	1挡固定齿轮比	1挡固定齿轮比
长×宽×高/（mm×mm×mm）	4680×1765×1500	4740×1770×1490	4560×1822×1630
车身结构	4门5座三厢轿车	4门5座三厢轿车	5门5座MPV
上市年份	2016	2016	2015
最高车速/km/h	150	150	140
0～100km/h加速时间/s	小于14s	7.9	—
保修政策	3年或10万km	6年或15万km	6年或15万km

表1-23 车身参数对比

品牌	E5	秦EV	E6
车长/mm	4680	4740	4560
车宽/mm	1765	1770	1822
车高/mm	1500	1490	1630
轴距/mm	2660	2670	2830
车重/kg	约1900（空车）	—	2380
最小离地间隙/mm	约160	—	—
前轮距/mm	1525	1525	1585
后轮距/mm	1520	1520	1560
车身结构	三厢轿车	三厢轿车	MPV
车门数	4	4	5
座位数	5	5	5
行李厢容积/L	450	450	450

表1-24 电动机/发动机参数对比

品牌	E5	秦EV	E6
电动机/发动机类型	三相永磁同步电动机	三相永磁同步电动机	三相永磁同步电动机
电动机额定功率/kW	80	80	90
电动机最大功率/kW	160	160	
电动机最大扭矩/N·m	310	310	450

表 1-25　电池/油缸参数对比

品牌	E5	秦 EV	E6
最大续航里程/km	305(综合工况,纯电)	300(综合工况,纯电)	400(综合工况)
电池总能量/容量	48kW·h/75A·h	43kW·h/75A·h	63kW·h/200A·h
普通充满电时间	交流 220V 单相 1.7kW：30h 交流 220V 单相 7kW：6h 交流 380V 三相 20kW：2h	交流 220V 单相 1.7kW：30h 交流 220V 单相 7kW：6h 交流 380V 三相 20kW：2h	交流 220V 单相 1.7kW：60h 交流 220V 单相 7kW：12h 交流 380V 三相 20kW：4h
快速充满电时间	750V 80kW：0.5h	750V 80kW：0.5h	750V 80kW：1h
电池保修年限	6 年或 15 万 km	6 年或 15 万 km	6 年或 15 万 km
电池类型	磷酸铁锂	磷酸铁锂	磷酸铁锂

表 1-26　变速箱参数对比

品牌	E5	秦 EV	E6
挡位个数	1	1	1
变速箱类型	固定齿轮比	固定齿轮比	固定齿轮比
变速箱名称	电动车单速变速箱	电动车单速变速箱	电动车单速变速箱

表 1-27　底盘转向参数对比

品牌	E5	秦 EV	E6
驱动方式	前置前驱	前置前驱	前置前驱
车体结构	承载式	承载式	承载式
助力类型	电动助力	电动助力	电动助力
前悬挂类型	麦弗逊式独立悬挂	麦弗逊式独立悬挂	双横臂式独立悬挂
后悬挂类型	多连杆式独立悬挂	多连杆式独立悬挂	双摇臂式独立悬挂

表 1-28　车轮制动参数对比

品牌	E5	秦 EV	E6
前制动器类型	通风盘式	通风盘式	通风盘式
后制动器类型	盘式	盘式	盘式
驻车制动类型	电子驻车	手刹	脚刹
前轮胎规格	205/50 *R*16	205/55 *R*16	225/65 *R*17
后轮胎规格	205/50 *R*16	205/55 *R*16	225/65 *R*17
备胎	非全尺寸	非全尺寸	全尺寸

1.4.4　BYD E5 与其他国产电动车对比

选取国内主流的北汽新能源公司的 EU260 纯电动车以及吉利公司的帝豪 EV 纯电动车进行比较，三者对比见表 1-29～表 1-35。由表可见，实际上动力部分相差不大，都是采用大容量电池、永磁同步电动机以及单挡变速箱，区别主要是使用的电池类型差异较大。

表 1-29 总体参数对比

品牌	E5	EU260	帝豪 EV
品牌	比亚迪汽车	北汽新能源	吉利汽车
级别	紧凑型车	紧凑型车	紧凑型车
发动机/电动机	最大 160kW(电动机)	最大 100kW(电动机)	最大 95kW(电动机)
动力类型	纯电动	纯电动	纯电动
变速箱	1 挡固定齿轮比	1 挡固定齿轮比	1 挡固定齿轮比
长×宽×高/(mm×mm×mm)	4680×1765×1500	4582×1794×1515	4631×1789×1495
车身结构	4 门 5 座三厢轿车	4 门 5 座三厢轿车	4 门 5 座三厢轿车
上市年份	2016	2016	2015
最高车速/(km/h)	150	140	140
0～100km/h 加速时间/s	约 7.9	9	9.9
保修政策	3 年或 10 万 km	3 年或 12 万 km	4 年或 15 万 km

表 1-30 车身参数对比

品牌	E5	EU260	帝豪 EV
车长/mm	4680	4582	4631
车宽/mm	1765	1794	1789
车高/mm	1500	1515	1495
轴距/mm	2660	2650	2650
车重/kg	约 1900(空车)	—	1570
最小离地间隙/mm	约 160	—	—
前轮距/mm	1525	—	1502
后轮距/mm	1520	—	1492
车身结构	三厢轿车	三厢轿车	三厢轿车
车门数	4	4	4
座位数	5	5	5
行李厢容积/L	450	—	680

表 1-31 电动机/发动机参数对比

品牌	E5	EU260	帝豪 EV
电动机/发动机类型	三相永磁同步电动机	三相永磁同步电动机	三相永磁同步电动机
电动机额定功率/kW	80		
电动机最大功率/kW	160	100	95
电动机最大扭矩/N·m	310	260	240

表 1-32 电池/油缸参数对比

品牌	E5	EU260	帝豪 EV
最大续航里程/km	305(综合工况，纯电)	260	330
电池容量/油缸容量	43kW·h/75A·h	41.4kW·h	45.3kW·h
普通充满电时间	交流 220V 单相 1.7kW：30h 交流 220V 单相 7kW：6h 交流 380V 三相 20kW：2h		14h
快速充满电时间	750V 80kW：0.5h		48min
电池保修年限	6 年或 15 万 km	8 年或 15 万 km	
电池类型	磷酸铁锂	三元锂电池	三元锂

表 1-33 变速箱参数对比

品牌	E5	EU260	帝豪 EV
挡位个数	1	1	1
变速箱类型	固定齿轮比	固定齿轮比	固定齿轮比
变速箱名称	电动车单速变速箱	电动车单速变速箱	电动车单速变速箱

表 1-34 底盘转向参数对比

品牌	E5	EU260	帝豪 EV
驱动方式	前置前驱	前置前驱	前置前驱
车体结构	承载式	承载式	承载式
助力类型	电动助力	电动助力	电动助力
前悬挂类型	麦弗逊式独立悬挂	麦弗逊式独立悬挂	麦弗逊式独立悬挂
后悬挂类型	多连杆式独立悬挂	多连杆式独立悬挂	扭力梁式非独立悬挂

表 1-35 车轮制动参数对比

品牌	E5	EU260	帝豪 EV
前制动器类型	通风盘式	通风盘式	通风盘式
后制动器类型	盘式	盘式	盘式
驻车制动类型	电子驻车	手刹	电子驻车
前轮胎规格	205/50 R16	205/60 R16	205/50 R17
后轮胎规格	205/50 R16	205/60 R16	205/50 R17
备胎	非全尺寸	非全尺寸	无

2 实训课程1：BYD E5高压部件

本课程的学习目标为：

(1) 了解 E5 汽车的各个高压部件以及物理位置、线路。

(2) 了解 E5 汽车高压动力的工作原理。

(3) 学会 E5 高压安全操作。

(4) 学会拆卸和更换 E5 汽车高压部件。

(5) 学会使用诊断工具读取 E5 高压部件的工作数据和故障码(可选)。

(6) 学会测量 E5 汽车高压线路、部件电气特性(可选)。

2.1 E5 高压部件

纯电动车的动力传动路径为：动力电池包①→高压配电箱②→电机控制器③→动力电机④→变速箱→传动轴→传动轮，其中①～④为高压电器部件，其他为机械部件。

在充电路径上，汽车内置车载充电器 OBC⑤完成来自电网的交流充电口⑥到直流的转换，直流充电口⑦直接通过高压配电网进入内部高压直流动力网。

除动力传动部件外，纯电动车的高压部件还包括电动压缩机⑧、电动加热器⑨以及 DC-DC 转换器⑩。

E5 汽车也同样具有以上高压部件，不过基于散热和维修的考虑，很多高压部件被集成在一起了。E5 汽车的高压部件包括：

(1) 动力电池包①，为 650V 直流电，43kW・h 电量，使用 BMC 电池管理器进行电池管理。

(2) 高压电控总成，是 E5 汽车最主要的高压动力部件，它集成了高压配电箱②、电机控制器③、车载充电器 OBC⑤、DC-DC 转换器⑩以及漏电传感器。

(3) 动力总成，集成了动力电机④以及变速箱。

(4) 充电口，包括交流充电口⑥和直流充电口⑦。

(5) 电动制冷压缩机⑧，是使用高压电的电动压缩机。

(6) 电动水加热器⑨，使用高压供电的 PTC(正温度系数电阻)对水加热进行制暖。

E5 汽车为前置前驱方式，除了动力电池因为体积关系放在车架底部外，其他高压部件都置于前舱内，如图 2-1 所示。

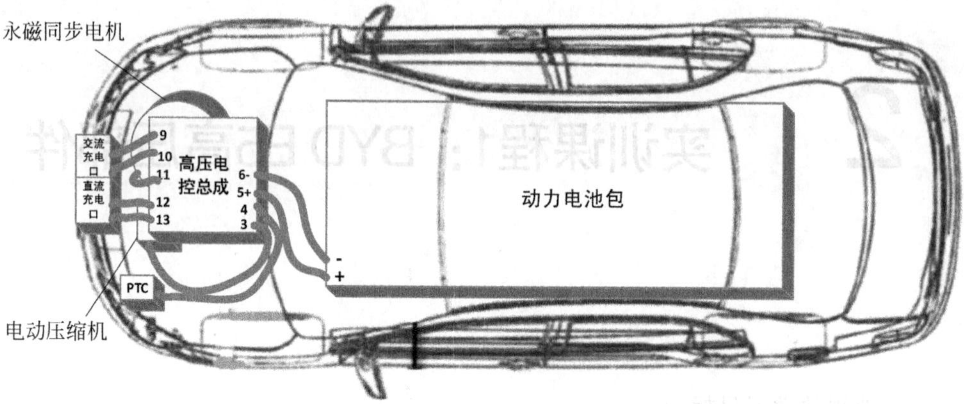

图 2-1　E5 高压部件的组成

2.2　E5 高压部件的位置

2.2.1　动力电池包

动力电池包布置于整车地板下面，如图 2-2 所示。

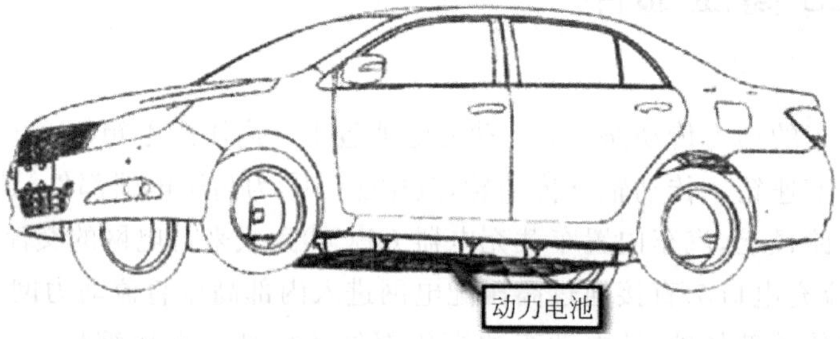

(a)

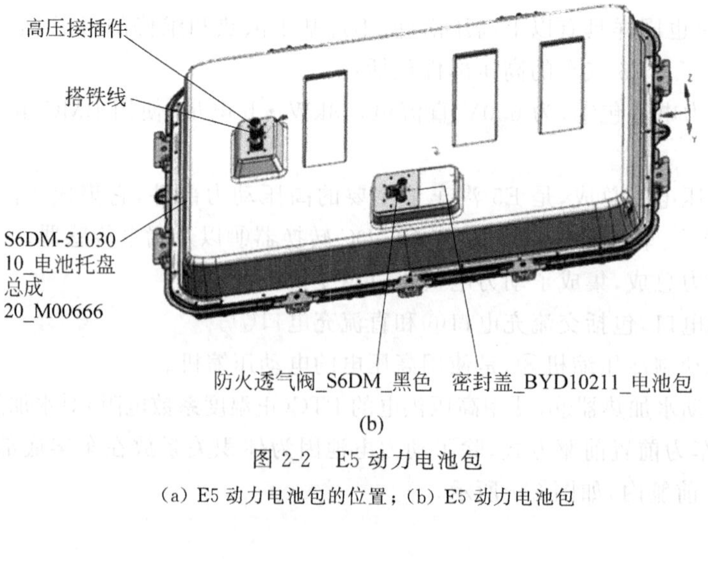

(b)

图 2-2　E5 动力电池包

(a) E5 动力电池包的位置；(b) E5 动力电池包

电池管理器BMC用于管理动力电池，位于前舱，在高压电控总成后面，如图2-3所示。

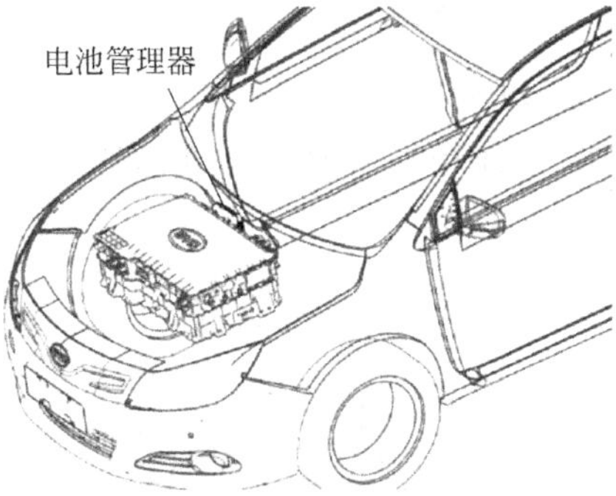

(a)

(b)

图2-3 E5电池管理器

(a) E5电池管理器的位置；(b) E5电池管理器

2.2.2 高压电控总成

高压电控总成(见图2-4)位于前舱，内置了高压配电箱、电机控制器、车载充电器OBC、DC-DC转换器以及漏电传感器，为E5高压动力最大的部件。

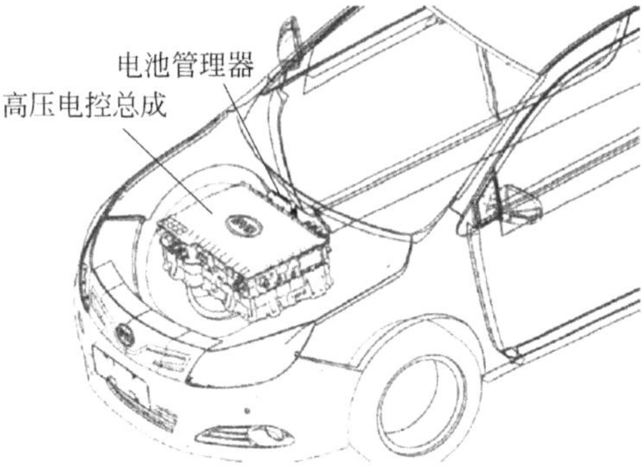

(a)

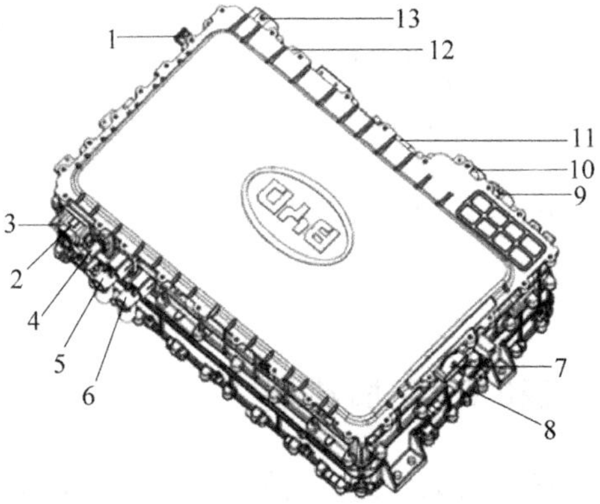

(b)

图2-4 E5高压电控总成

(a) E5高压电控总成的位置；(b) E5高压电控总成

2.2.3 动力总成

E5 动力总成位于前舱，在高压电控总成下方，如图 2-5 所示。

E5 动力总成集成了交流永磁同步动力电机、变速箱以及 P 挡电机，如图 2-6 所示。动力总成和前传动机构的连接如图 2-7 所示。

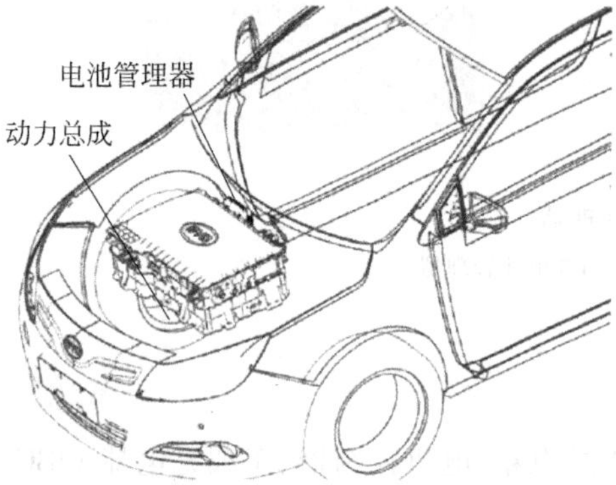

图 2-5 E5 动力总成位置

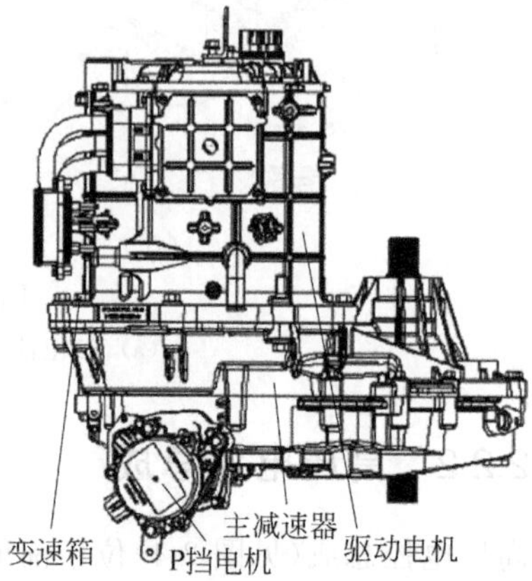

图 2-6 E5 动力总成构成

2.2.4 充电口

E5 的交流和直流充电口都位于前舱保险杠处，打开车前 LOGO 即可看到，如图 2-8 所示。

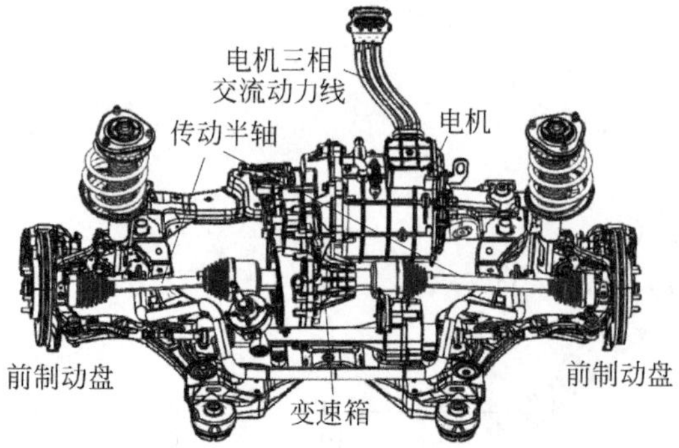

图 2-7 E5 动力总成和前传动机构的连接

图 2-8 E5 交流充电口(左)和直流充电口(右)位置

2.2.5 电动压缩机和 PTC 加热器

电动压缩机和 PTC 加热器都位于 E5 前舱，其中电动压缩机在高压电控总成下方，PTC 加热器的位置如图 2-9 所示。

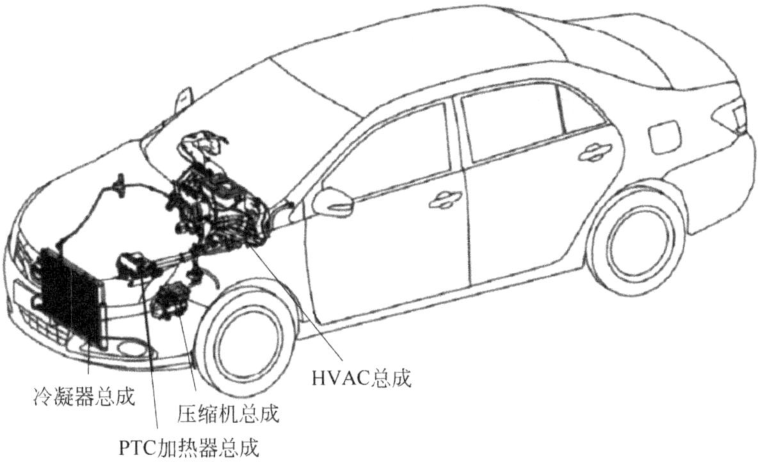

(a)

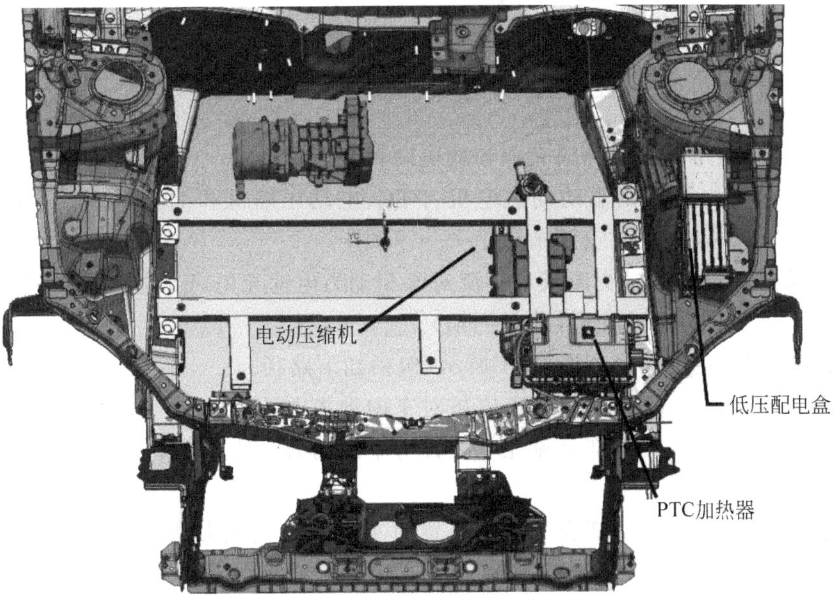

(b)

图 2-9　E5 电动压缩机和 PTC 加热器的位置

2.3 E5 高压线路连接

E5 的高压线路连接关系如图 2-10 所示，以高压配电箱(高压电控总成)为中心进行连接，高压电控总成的外部高压接口为高压电缆，都用橙色粗套管套住。

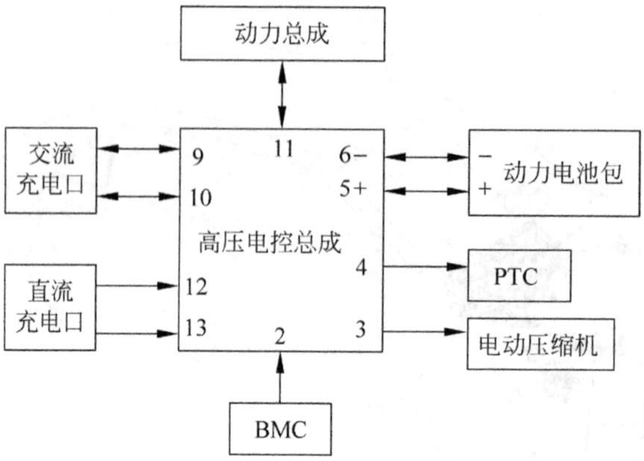

图 2-10　E5 高压线路连接关系

2.4　E5 高压动力工作原理

2.4.1　高压动力路径

E5 的高压动力路径主要分成充电和放电两种方向。

放电指从动力电池输出驱动动力电机、PTC、电动压缩机和 DC-DC，E5 也可以从动力电池对车外 220V 或者 380V 交流放电。

充电指从外部电网通过交流或者直流对汽车动力电池充电，E5 也支持汽车在行驶制动时动力电机发电对动力电池充电(能量回馈)。

E5 具体的高压动力路径如图 2-11 所示，包括如下路径。

(1) 路径 1：充电——外部直流充电桩对车内动力电池充电。

(2) 路径 2：充电——外部交流充电装置对车内动力电池小功率充电，220V 单相，功率小于 3.3kW。

(3) 路径 3：充电——外部交流充电装置对车内动力电池大功率充电，380V 三相或者 220V 大功率单相交流充电，大于 3.3kW。

(4) 路径 4：充电——车内电机对车内动力电池的能量回馈。

(5) 路径 5：放电——车内动力电池对车外电器进行小功率交流放电，220V 单向交流放电。

(6) 路径 6：放电——车内动力电池对车外电器进行大功率交流放电，380V 三相或者 220V 大功率单相交流放电。

(7) 路径 7：放电——车内动力电池对车内电机放电，驱动汽车行驶。

(8) 路径 8：放电——车内动力电池对车内 DC-DC 放电，为车内低压电器供电，以及给低压电池充电。

(9) 路径 9：放电——车内动力电池为车内电动压缩机供电，进行空调制冷；对 PTC 加热器放电，进行取暖。

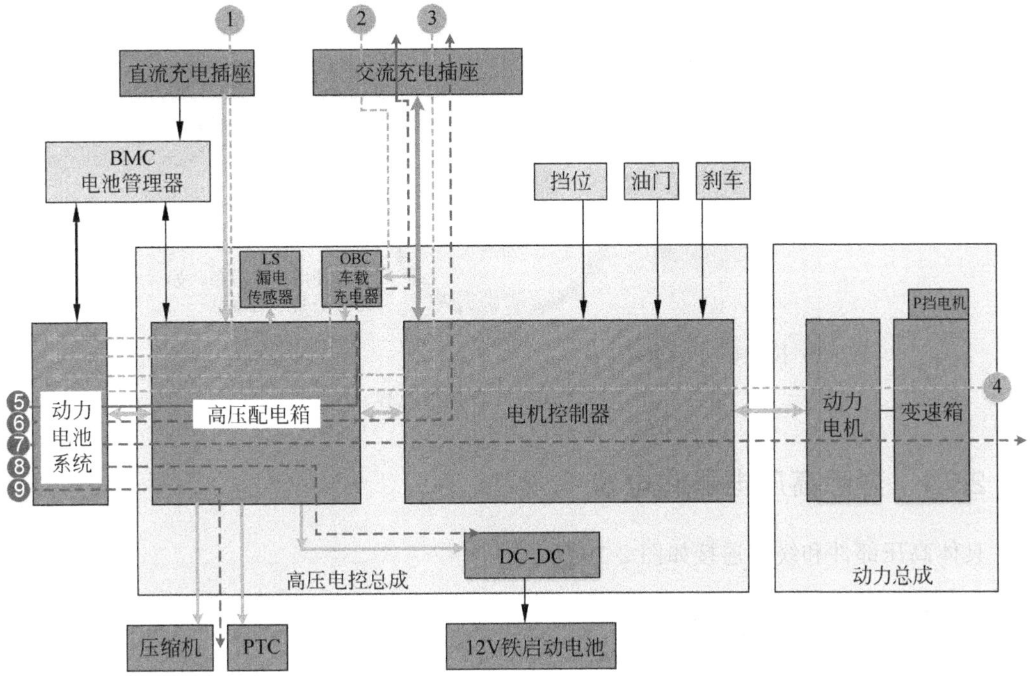

图 2-11 E5 高压动力路径

2.4.2 高压动力控制

E5 车内各种高压部件和连接是使用低压的电子控制单元 ECU，采样高压传感器的输入获得高压部件的工作状态，并通过继电器/接触器的开关控制高压部件的正确运转。

E5 最核心的控制 ECU 为电池管理器 BMC，其主要功能有：

(1) 实时采集和监控电池状态，在异常时进行保护和告警。

(2) 实时监控整车高压线路状态，在异常时断电和高压泄放。

(3) 根据用户操作，控制高压电控总成的高压配电箱的高压接触器来实现放电和充电。

(4) 与外部直流充电桩和车内交流车载充电器交互，进行电池充电。

高压控制的另一个主要 ECU 是电机控制器，它完成直流到三相交流电的变换，为动力电机提供动力电。同时根据油门加速、刹车、挡位的输入，控制电机的正常运转。

2.5 E5 高压安全操作要求

BYD E5 内部具有 650V 的直流高压，操作上存在对人身安全的隐患，因此在操作高压部件时必须特别注意，需要遵循高压维护操作准则：熟悉高压电器电路，进行有效防护，按照标准操作，操作时小心谨慎。高压安全操作流程如图 2-12 所示。

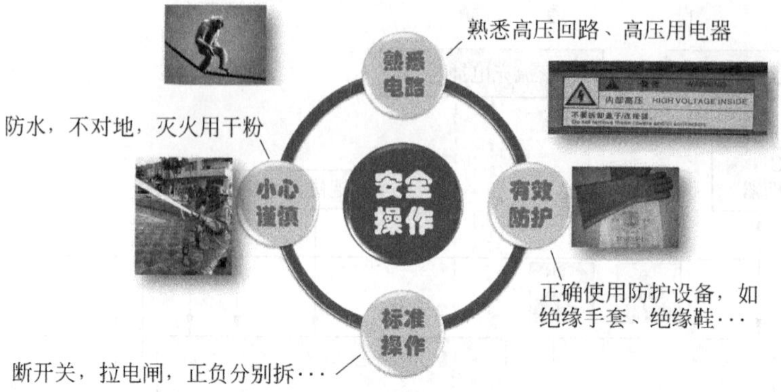

图 2-12　高压安全操作流程

2.5.1　熟悉高压电器和电路

具体高压部件和线路连接如图 2-10 所示。

2.5.2　进行有效防护

操作者最主要的防护装备如图 2-13 所示，主要有：

(1) 绝缘手套，耐压超过 1000V。

(2) 绝缘胶鞋，耐压超过 1000V。

(3) 防护目镜。

此外，使用万用表、电笔、电工胶带、电工手电筒等测量工具辅助操作。

操作时，必须有具有电工维修资格的人员在旁监测和辅助。

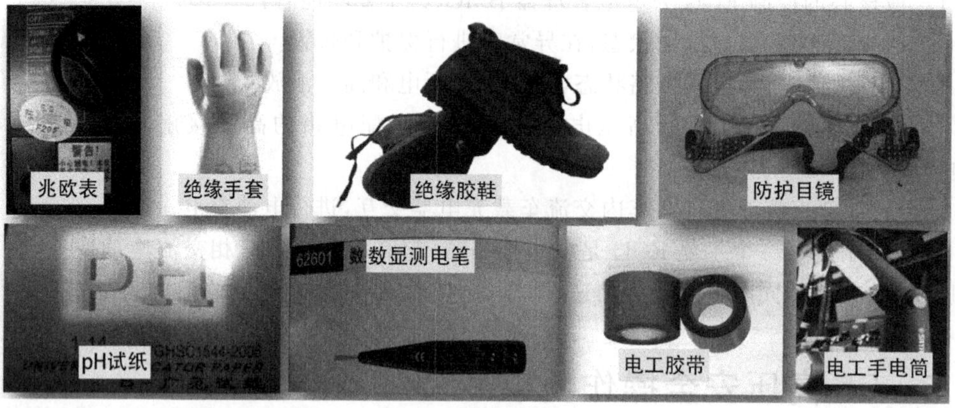

图 2-13　防护装备

2.5.3　按照标准操作

第一步，切断车辆电源(将启动按钮如图 2-14 所示打到 OFF 挡)，等待 5min。

第二步，戴好绝缘手套。

第三步，如果可能，断开前舱低压电池负极。

第四步，对高压系统进行检查并记录相关数据，在车辆上电时应该通知正在检查、维修高压系统的人员。在检修时做好高压系统的绝缘防护处理。

第五步，对高压系统检修后一定要对拆卸或者更换过的零部件进行检查，避免因检修后忘记恢复造成其他影响。

图 2-14 启动按钮

2.5.4 小心谨慎

(1) 在车体高压或者高温处均有"告警标示"，严格按标示操作。

(2) 在洗车时勿将高压水枪向充电部位喷射，以避免充电口进水，发生触电危险。

(3) 使用指定的充电插座及充电线，切勿自行选择充电设备。

(4) 车辆消防灭火时，禁止使用水浇，采用干粉灭火器。

(5) 车辆维修时，不可车体湿润或者带水操作。

(6) 电池包更换时，注意防酸碱，使用工业防碱手套，并佩戴防护目镜。

(7) 车辆拆装时，不可同时操作正、负极。

(8) 禁止正、负极对接，避免正极或者负极经人体对地。

(9) 拆开的高压线口要绝缘处理。

(10) 双人操作，一人监护，一人操作。

3 实训课程2：BYD E5低压电路

虽然 BYD E5 的动力来源于高压电，但与其他现代汽车一样，整个 E5 汽车的大脑(ECU)和神经(控制线路)仍是低压的。E5 的高压动力受控于低压控制电路。通过了解低压电路控制方式和 BYD E5 的低压电路识图，可以理解 E5 汽车控制的具体实现。

本课程的学习目标为：

(1) 了解 E5 汽车低压电路控制方式。

(2) 学会 E5 汽车电路识图。

(3) 了解 E5 汽车低压部件和低压线束的物理位置。

(4) 学会拆卸和安装 E5 汽车低压部件。

(5) 学会测量 E5 汽车低压线路、部件电气特性。

(6) 学会使用诊断工具对 E5 低压控制部件进行诊断。

3.1 BYD E5 的低压控制方式

整个 E5 是以低压 ECU 为中心，多个 ECU 协同工作的。因此可以将整个低压控制系统分解成一个个 ECU 单元电路进行控制原理分析，如图 3-1 所示。

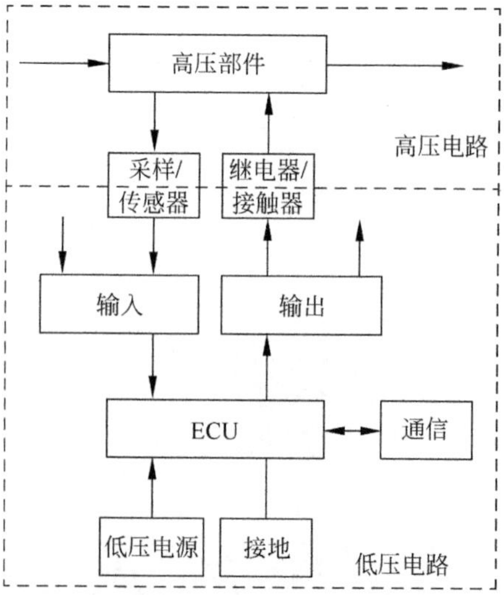

图 3-1 通用 ECU 单元低压控制

（1）ECU：电子控制单元，为低压控制电路的中心。

（2）电源：从低压配电网输入的12V电源信号，作为ECU的工作电源。

（3）接地：所有ECU低压电路都必须接地，与车身共地（搭铁）。

（4）输入：将用户操作的输入、低压或者高压传感器采集的输入（可能是模拟量、离散量或者开关量）输入到ECU，作为ECU控制的依据。

（5）输出：ECU接收输入后，计算决策后输出给执行机构。ECU的输出作为控制信号，触发接触器、继电器等开关，让高压部件工作。

（6）通信：E5为CAN通信，ECU可以从别的ECU接收输入信号，也可以将输出信号通过通信输出给别的ECU，多个ECU协同工作。

3.2 BYD E5的电路识图

BYD E5的电路图描述的是低压控制电路，不涉及高压电路，低压控制的具体实现参见具体ECU的电路图。

3.2.1 BYD E5的电路图概述

图3-2所示是以EPB电子驻车电路为例描述BYD E5的电路图。

EPB电路的基本原理是：EPB ECU采集来自EPB开关的用户操作的驻车拉起/松开输入，或者来自CAN通信接口的驻车拉起/松开请求，输出正转或者反转12V电流给EPB电机，EPB电机驱动机械拉索锁紧或者松开后轮制动盘的制动钳，最终完成EPB驻车制动和解除驻车功能。同时EPB ECU通过CAN通信接口将EPB驻车状态发送给其他ECU。

具体EPB驻车的低压电路如下。

（1）ECU：EPB控制ECU，主要功能为采集EPB输入请求，输出信号控制执行机构（EPB电机）。EPB ECU通过ECU的接插件端子与外部连接。

（2）电源：来自低压配电网的12V常电和12V IG1电（ON挡电）。

（3）接地：与整车低压地连接，接到仪表板搭铁Eg上。

（4）通信：通过仪表板转接头G08与ESC网的CAN总线连接，用于与其他ECU通信。

（5）输入：输入来自EPB开关，输入为开关量，即ON或者OFF。

（6）输出：输出信号控制执行机构EPB电机。

此外，部件之间的连接通过低压线、低压线束转接头完成。

3.2.2 BYD E5的低压电器符号

BYD E5电路图常用的电器符号见表3-1。

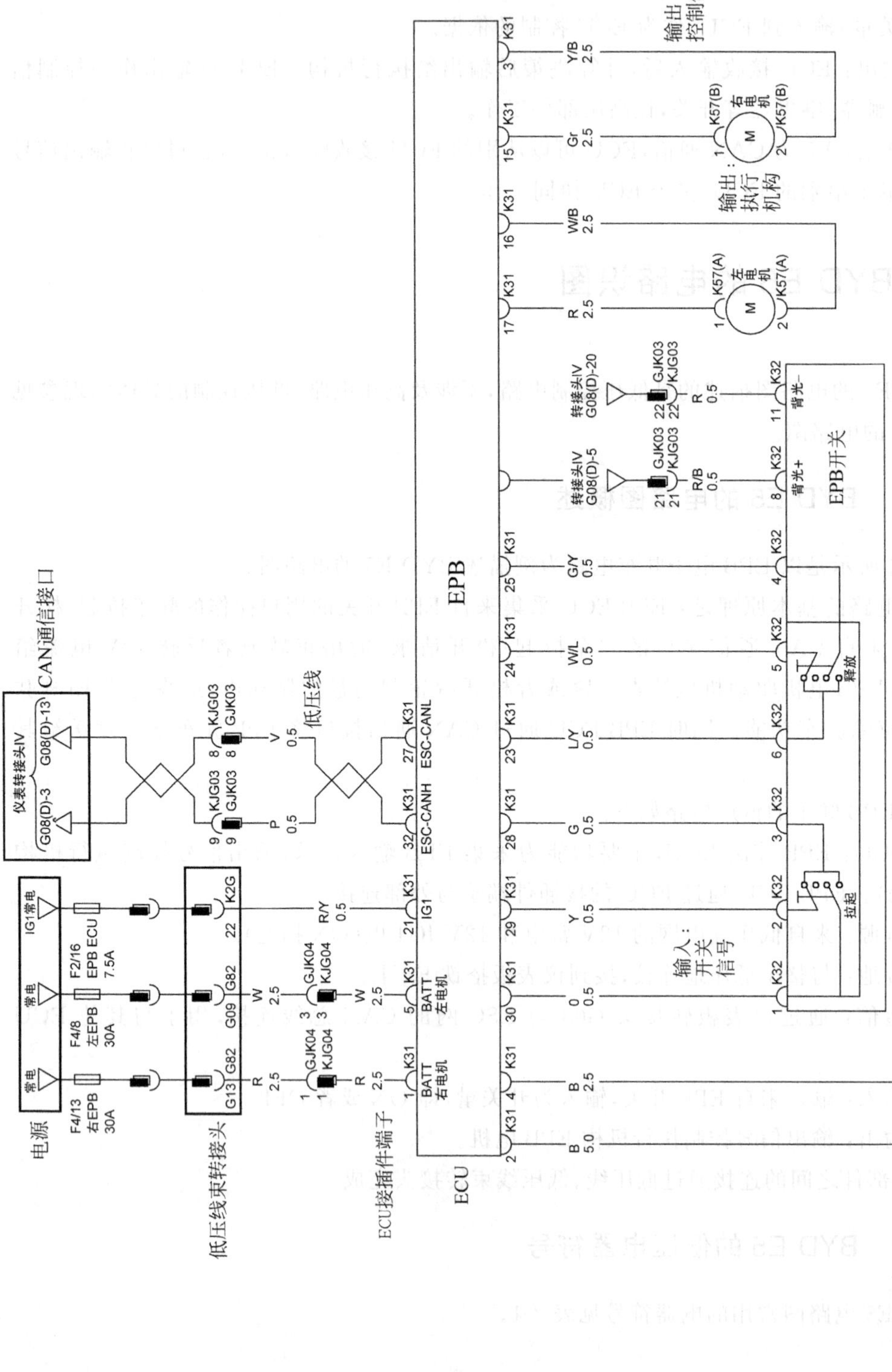

图 3-2 BYD E5 电路图举例（EPB 电子驻车）

表 3-1 BYD E5 电路图常用的电器符号

部　　件	电路字母代号	电路图形	说　　明
ECU(电子控制单元)		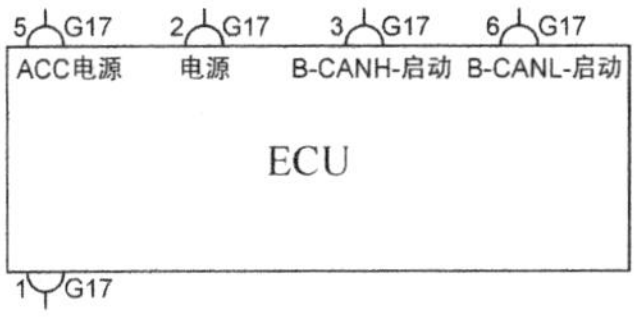	主要描述接口端子连接关系
继电器/接触器	K	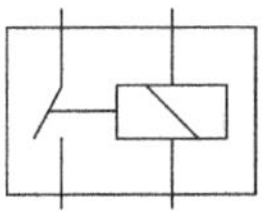	
保险	F		
电机	M	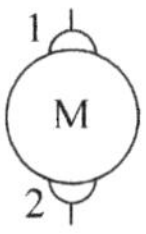	
信号输入			
信号输出			
接地	E	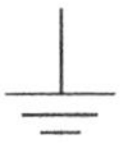	
开关		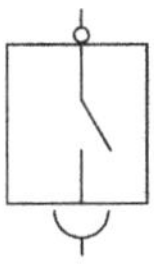	
转接头		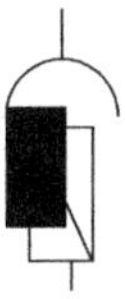	方块为公头，弧形为母头

3.2.3 BYD E5 低压接插件编号

BYD E5 低压接插件编号组成如图 3-3 所示。

接插件编码由 3 部分组成，分为 3 种类型。

1. 接插件编号第一位：位置代码

采用 A、B、C、G、K…表示，该位取决于该回路元素所属线束的位置，对应关系见表 3-2。

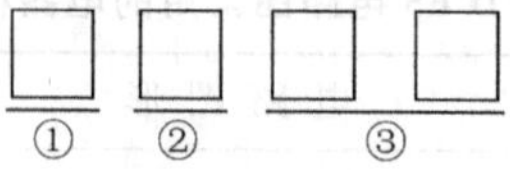

第一位 (位置代码)	第二位 (类别代码)	第三位 (顺序代码)
线束代码(字母)	线束对接编号J	接插件编号(数字)
	空	
	配电盒代码	配电盒端口(字母)

图 3-3　BYD E5 低压接插件的组成

表 3-2　线束装配位置及标号

线 束 名 称	装 配 位 置	编码
前舱线束	前舱	B
前横梁线束	前横梁	C
前保险杠线束	前保险杠	D
仪表板线束	管梁	G
地板线束	地板	K
顶棚线束	顶棚	P
左前门线束	左前门	T
右前门线束	右前门	U
左后门线束	左后门	V
右后门线束	右后门	W

2. 接插件编号第二位：类别代码

采用 1、2…或者大写字母 J 表示，分为以下 3 种情况：

(1) 该回路元素如果是配电盒上的接插件，此位代码采用序号 1、2、3…表示，配电盒编码见表 3-3。

表 3-3　配电盒编码

配电盒名称	编码	备　　注
前舱正极保险	无	按照非配电盒方式编号
前舱配电盒	1	
前舱配电盒Ⅱ	无	按照非配电盒方式编号
前舱外挂继电器盒	无	按照非配电盒方式编号
仪表板配电盒	2	
仪表板外挂继电器盒	无	按照非配电盒方式编号

(2) 该回路元素如果是线束间的对接接插件，此位代码采用字母 J 表示。

(3) 该回路元素如果是接车用电器模块的接插件、继电器座，则此位为空。

3. 接插件编号第三位：排序代码

采用大写字母 A、B、C、D、E、F…或 01、02、03、04、05…表示，分为以下两种情况：

(1) 该回路元素如果是配电盒上的接插件，此位代码采用 A、B、C、D、E、F…表示。该位与接插件所插配电盒的插口位置代号一致。

(2) 其他回路元素按所在线束的空间位置依次编号 01、02、03、04、05。

4. 接插件编码举例

(1) 仪表板线束上接电器件的接插件：G05。

(2) 仪表板线束上的对接接插件：GJ01。

(3) 仪表板线束上接配电盒的接插件：G2A。

5. 接插件引脚编号

将接插件自锁方向朝上，接插件插头引脚按从左到右、从上到下进行编号。

接插件插座引脚按从右到左、从上到下进行编号，如图 3-4 所示。

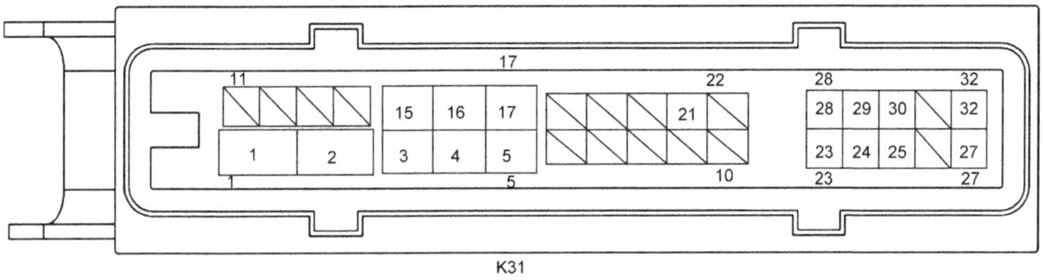

图 3-4 接插件插座

3.2.4 BYD E5 保险和继电器/接触器编号

保险(F)和继电器/接触器(K)放在低压配电盒中，编号见表 3-4。

表 3-4 保险和继电器/接触器编号

配 电 盒	保 险 编 号	外部继电器/接触器编号	内部继电器/接触器编号
前舱正极保险盒	F5/1～F5/3	无	无
前舱配电盒	F1/1～F1/23	K1-1～K1-5	KI1-1～KI1-5
前舱配电盒Ⅱ	F3/2	K3-1～K3-3	无
前舱外挂配电盒	无	KB-1～KB-3	无
仪表板配电盒	F2/1～F2/36	K2-1～K2-5	无
仪表板配电盒Ⅱ	F4/1～F4/22	K4-1～K4-2	无
仪表板外挂配电盒	无	KG-1～KG-2	

3.2.5 BYD E5 低压导线/线束编号

1. 导线识别

导线可以通过导线两端的接插件编号来确定。各种线束类型见表 3-5。

表 3-5 线束类型

线束类型	作　用	图　例	电路图中标示
标准线	用于一般情况的导线连接，无需屏蔽		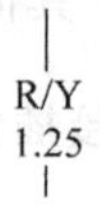
双绞线	在低频情况下，双绞线可以靠自身来抗拒外来干扰及相互之间的串音，比如低速 CAN、扬声器		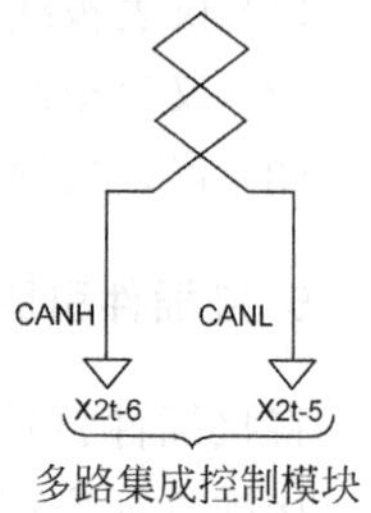
屏蔽线	能够将辐射降低在一个范围内，或者防止辐射进入导线内部，造成信号干扰，比如音频信号线（屏蔽网接地）		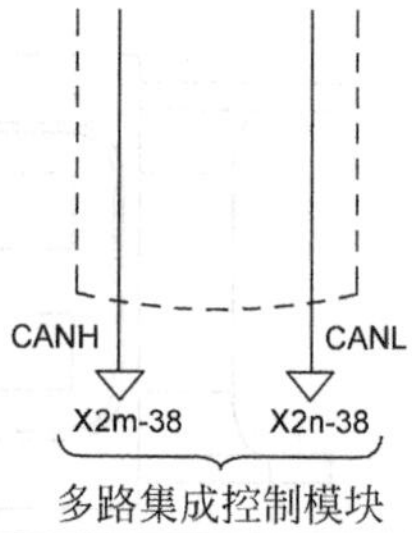

2. 线色、线径

线色、线径规格如图 3-5 所示。

字母	W	B	R	G	L	O	Br	Y	Cr	P	V
颜色	白	黑	红	绿	蓝	橙	棕	黄	灰	粉红	紫

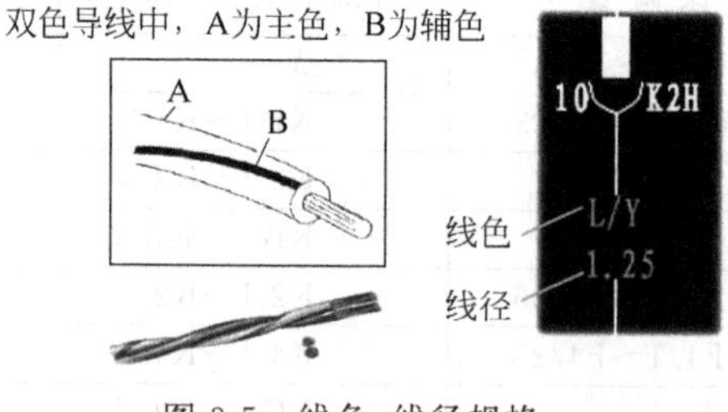

图 3-5 线色、线径规格

3.2.6 BYD E5 搭铁接地位置编号

BYD E5 电路图中搭铁接地位置编号由位置编号和顺序编号组成，其中位置编号见表 3-2（B—前舱、G—仪表板、K—地板…），顺序编号为 01、02…

比如，Eb01、Eb02…为前舱搭铁接地，Ek01、Ek02…为地板搭铁接地位置，Eg01、Eg02…为仪表板搭铁接地。

3.3 BYD E5低压部件的位置

3.3.1 BYD E5低压部件总体

BYD E5 的低压部件(包括 ECU 及输入输出)电气连接和控制连接如图 3-6 和图 3-7 所示。

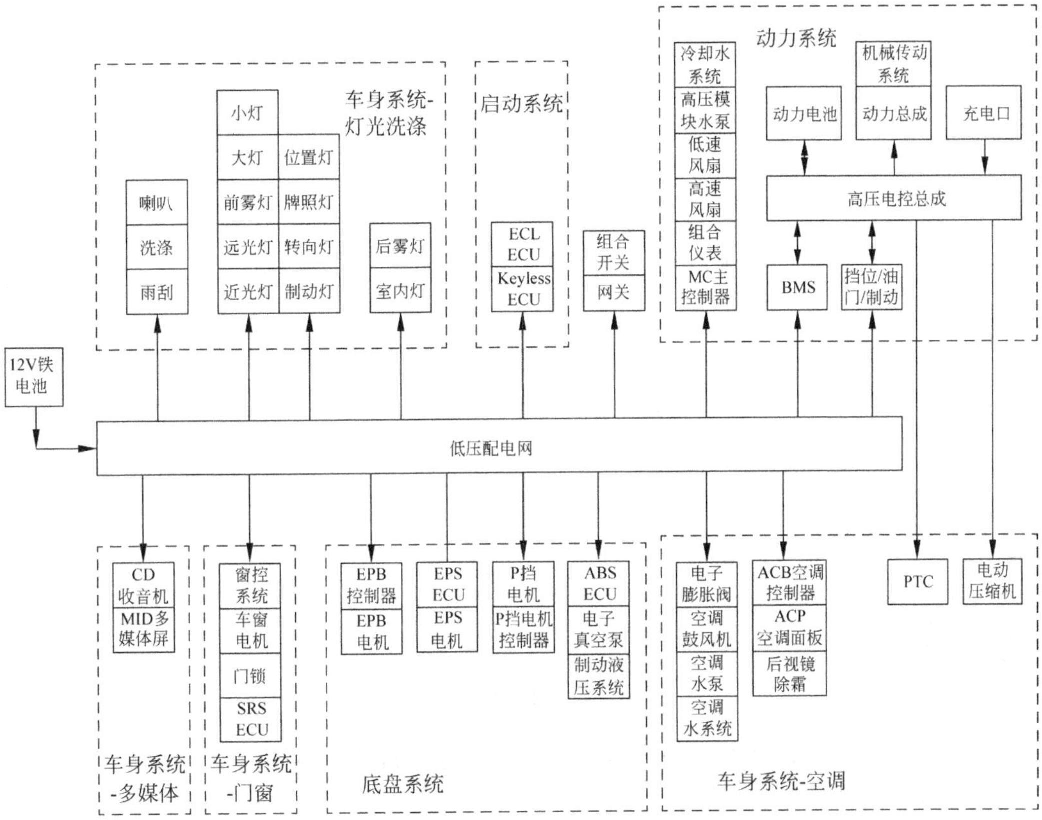

图 3-6 BYD E5 电气连接简图

(1) 橙色部分为高压部件和高压连接。

(2) 蓝色部分为低压部件和低压连接。

(3) 灰色部分为机械部分(如传动系统)、液压部分(如制动)以及水冷系统(如动力系统的水冷散热)。

可见,BYD E5 的部件以低压为主,高压和机械部件的工作是受控于低压控制系统的。

E5 的低压控制上可以分成 4 个功能系统,每个功能系统使用独立的 CAN 总线连接,各个 CAN 总线之间通过网关通信。

(1) 动力系统,控制高压动力部件,对应 CAN 总线为动力网 CAN;

(2) 启动系统,控制汽车钥匙控制、车门开锁和汽车启动,对应 CAN 总线为启动网 CAN;

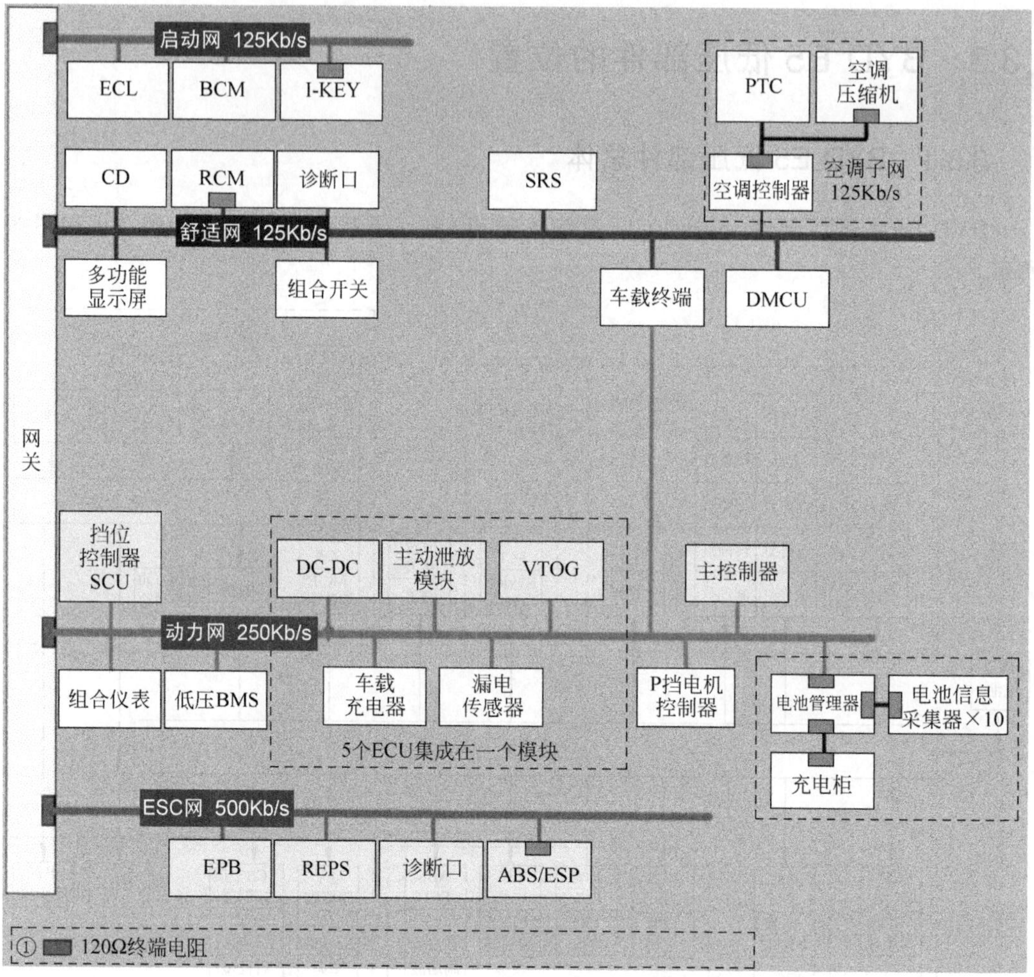

图 3-7　BYD E5 控制网络连接

(3) 底盘系统，控制驻车、转向、制动(含 ABS)等底盘部件，对应 CAN 总线为 ESC(车身稳定控制)CAN；

(4) 车身系统，控制空调、灯光、车窗、雨刮洗涤等，对应 CAN 总线为舒适网 CAN。

3.3.2　BYD E5 前舱低压部件

电池管理器 BMC 位于前舱高压电控后部，如图 3-8 所示。

3.3.3　BYD E5 驾驶舱低压部件

BYD E5 驾驶舱低压部件安装位置如图 3-9 所示。

主控制器总成位于副仪表台，如图 3-10 所示。

组合仪表位于驾驶座前方，如图 3-11 所示。

启动系统的智能钥匙控制器位于车内，天线分布在车身各处，如图 3-12 所示。

方向盘锁(转向轴锁)位于方向盘下方，如图 3-13 所示。

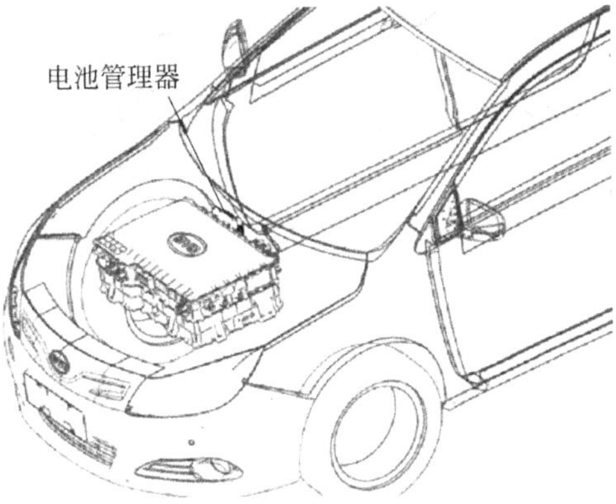

图 3-8 BMC 安装的位置

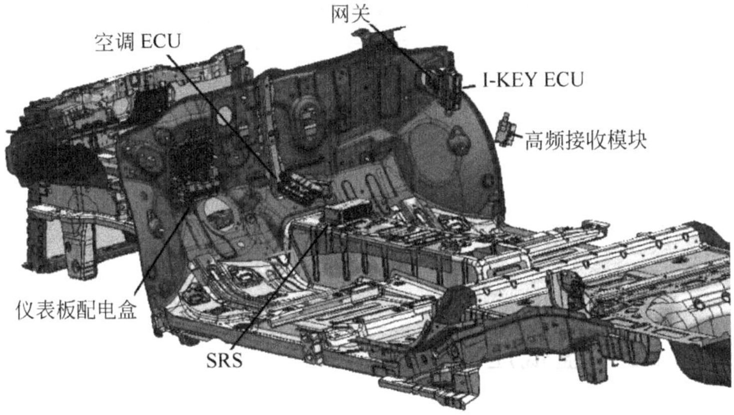

图 3-9 BYD E5 驾驶舱低压部件安装位置

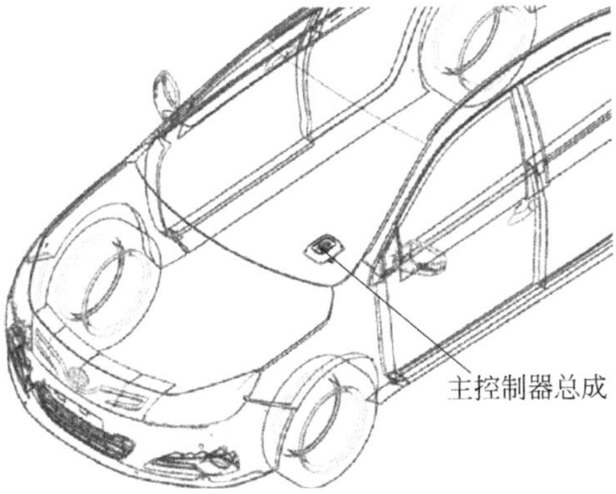

图 3-10 主控制器安装位置

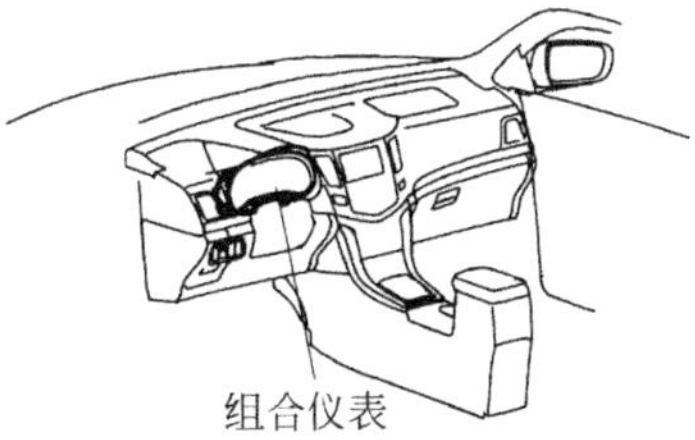

图 3-11 组合仪表安装位置

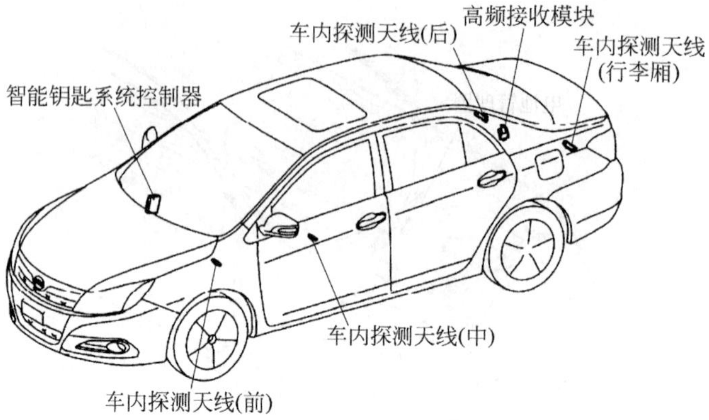

图 3-12　天线安装位置

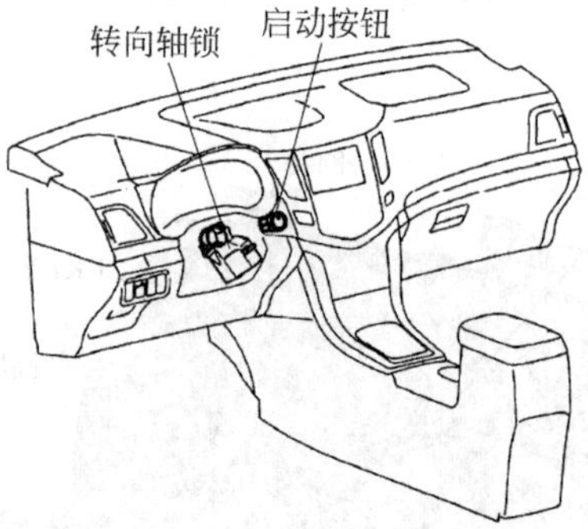

图 3-13　转向轴锁安装位置

3.3.4　BYD E5 底盘低压部件

底盘中制动和 ABS 相关部件位于地板上，如图 3-14 所示。

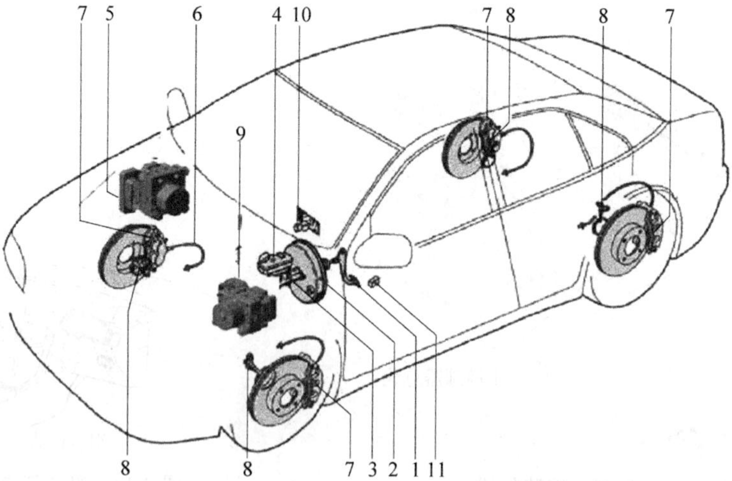

图 3-14　BYD E5 底盘低压部件

1—制动踏板；2—真空助力器；3—制动主缸；4—制动液储液罐；5—真空助力泵(EVP)；6—制动软管；7—带制动器的制动轮缸；8—轮速传感器；9—ABS 控制单元；10—ABS 警告灯；11—诊断座

3.3.5 BYD E5 车门车窗低压部件

车门、行李厢车锁的位置如图 3-15 所示。

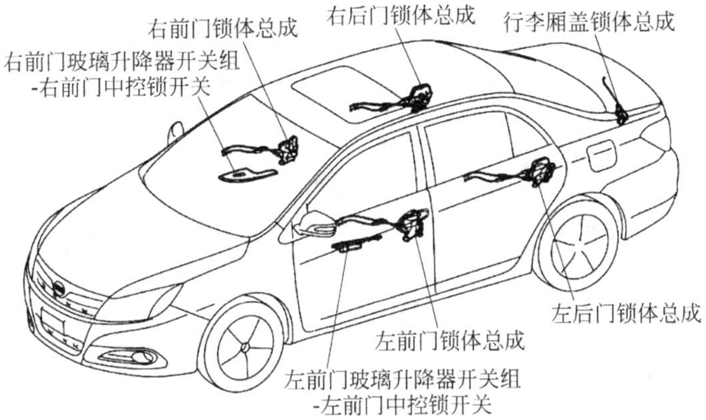

图 3-15 车门、行李厢车锁安装位置

车窗控制器、电机的位置如图 3-16 所示。

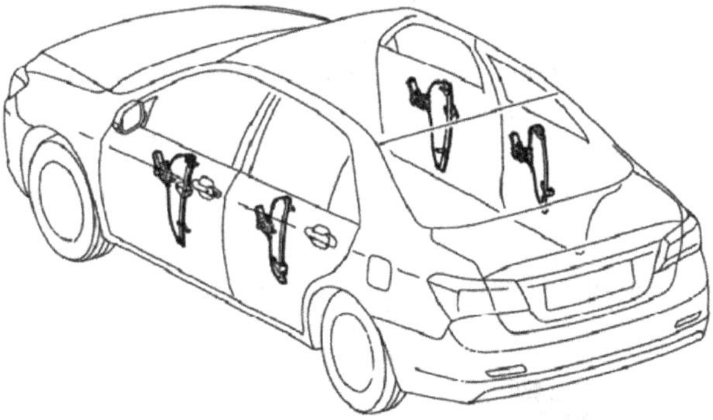

图 3-16 车窗控制器、电机安装位置

3.4 BYD E5 低压线束的位置

3.4.1 BYD E5 前舱线束

前舱线束主要是高压动力相关控制线束，包括动力电机控制、动力电池管理、高压充电、高压空调/PTC 控制以及高压散热水冷/风扇部分的低压线束。前舱的低压配电盒相关线束如图 3-17 所示。

3.4.2 BYD E5 仪表板线束

仪表板线束主要是汽车启动系统、车身系统的低压线束，如图 3-18 所示。

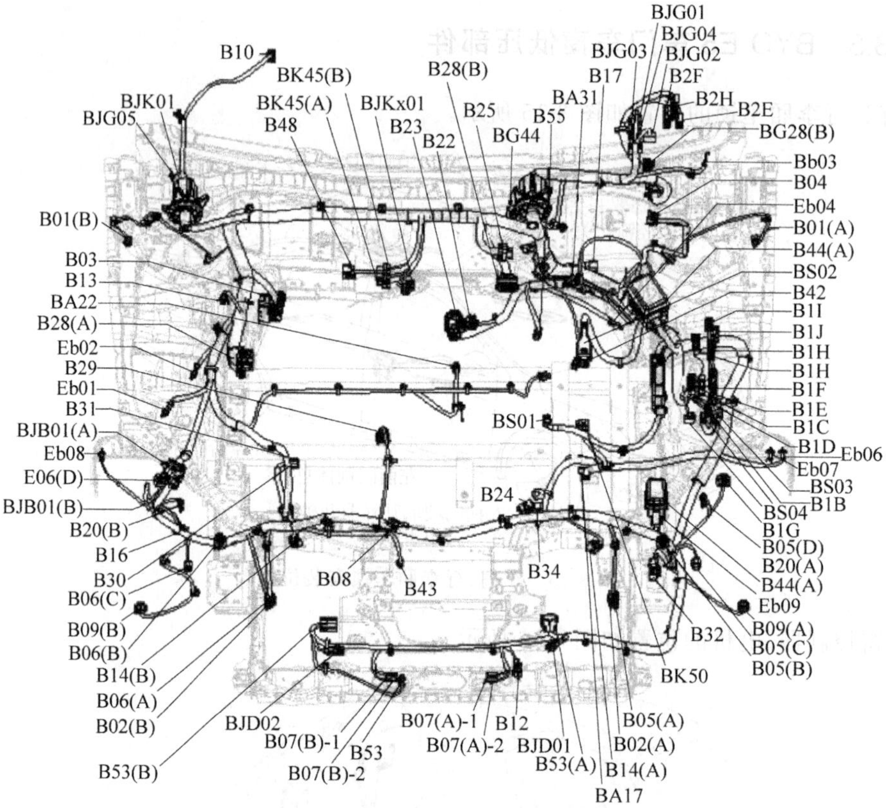

图 3-17 前舱线束

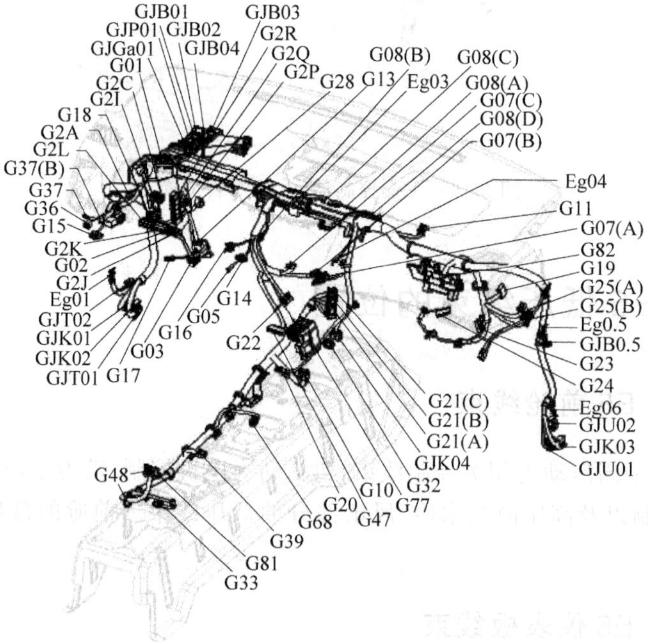

(a)

图 3-18 BYD E5 仪表线束

(a) 仪表线束Ⅰ；(b) 仪表线束Ⅱ

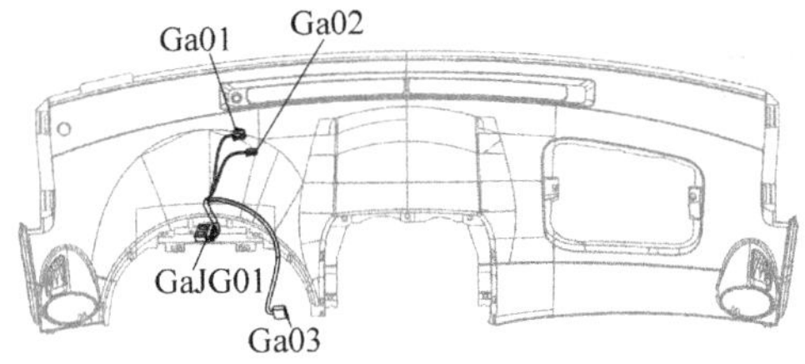

(b)

图 3-18 （续）

3.4.3 BYD E5 前保险杠线束

前保险杠线束为充电口和照明灯线束，如图 3-19 所示。

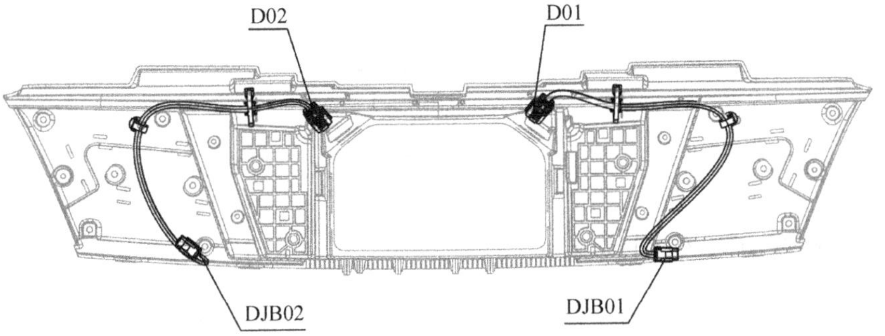

图 3-19 前保险杠线束

3.4.4 BYD E5 地板线束

地板线束主要是底盘系统相关的线束，包括制动、驻车、转向等控制部件的线束，如图 3-20 所示。由于动力电池位于汽车下方，地板线束中还有动力电池采样线束。

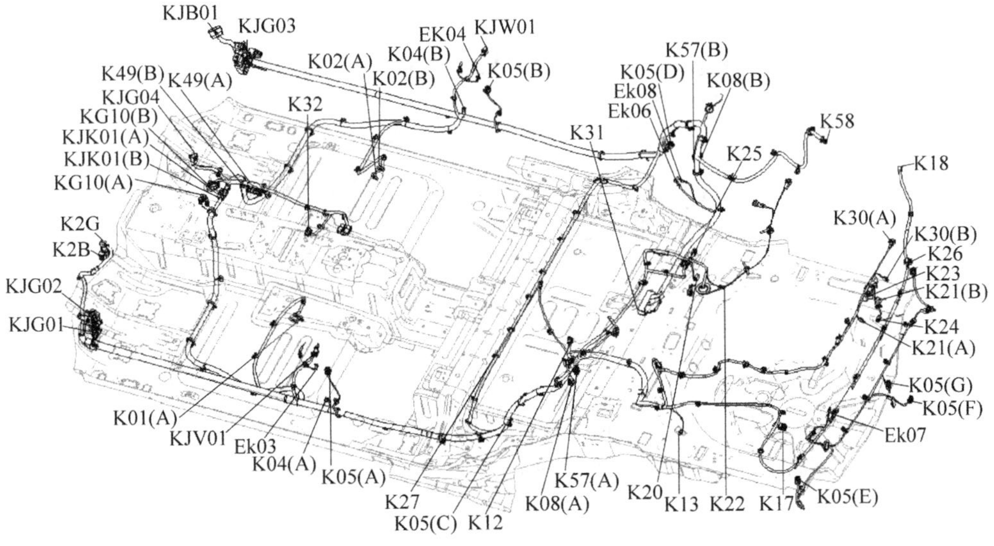

图 3-20 地板线束

3.4.5 BYD E5 顶棚线束

顶棚线束为室内照明灯线束，如图 3-21 所示。

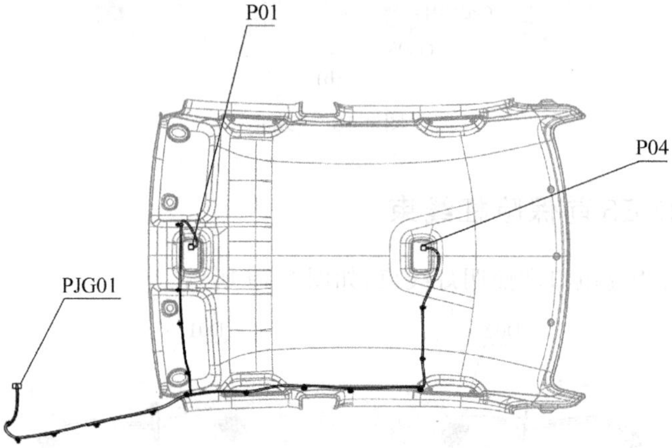

图 3-21　顶棚线束

3.4.6 BYD E5 车门线束

左前车门线束为左前车门锁、左前车窗控制以及中控门锁、中控车窗控制线束，如图 3-22 所示。

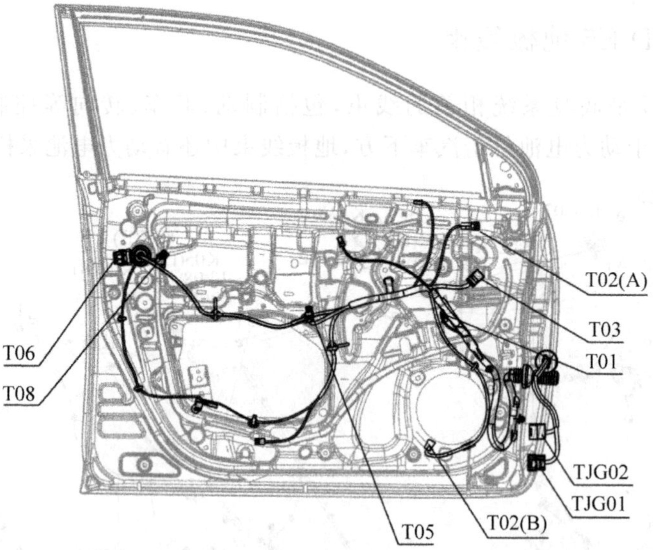

(a)

图 3-22　车门线束

(a) 左前车门线束；(b) 右前车门线束；(c) 左后车门线束；(d) 右后车门线束

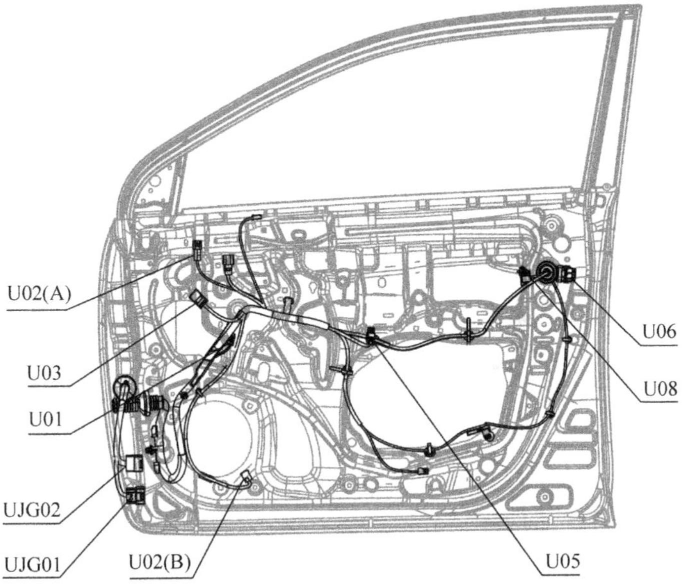
U02(A)
U03
U01
UJG02
UJG01
U02(B)
U05
U06
U08

(b)

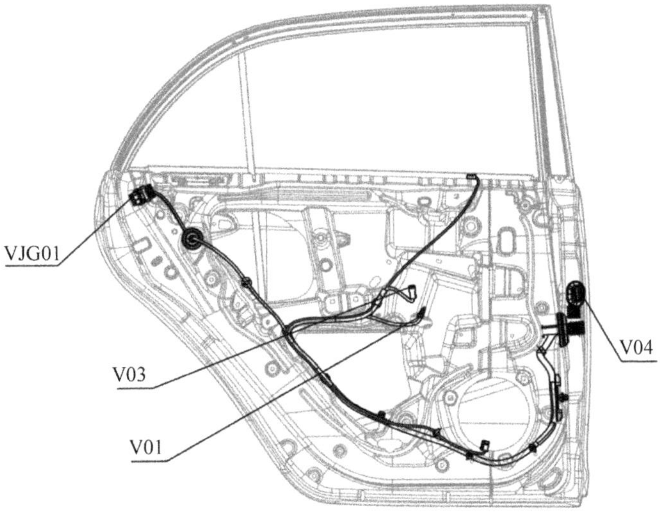
VJG01
V03
V01
V04

(c)

图 3-22 （续）

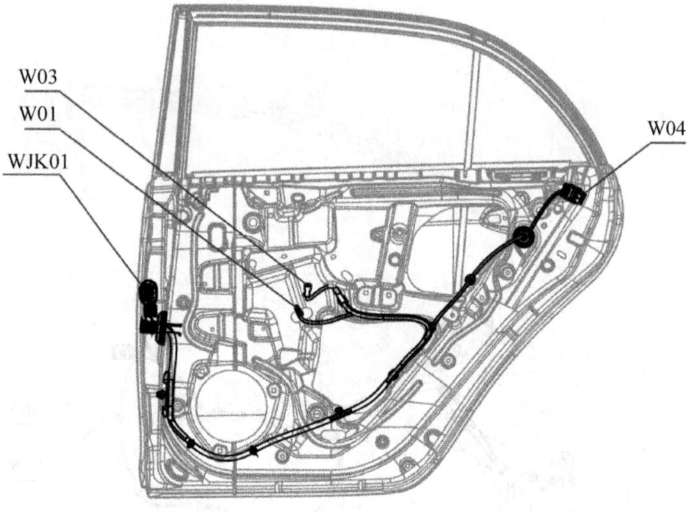

(d)

图 3-22 （续）

4 实训课程3：BYD E5低压配电网

本课程的学习目标为：

(1) 了解 E5 汽车低压电路控制方式。

(2) 学会 E5 汽车电路识图。

(3) 了解 E5 汽车低压部件和低压线束的物理位置。

(4) 学会拆卸和安装 E5 汽车低压部件。

(5) 学会测量 E5 汽车低压线路、部件电气特性。

(6) 学会使用诊断工具对 E5 低压控制部件进行诊断。

4.1 E5 低压配电网概述

E5 控制电路和低压电气部件采用 12V 工作电源。低压配电网(见图 4-1)将来源于 DC-DC 和低压铁电池的 12V 电源送往汽车各 ECU 控制器和低压电气部件。

低压配电网主要有配电盒和低压线束。

(1) 配电盒：12V 电经过前舱正极保险盒、前舱配电盒、仪表板配电盒，输出到低压线束上，给车内各低压电器供电。

(2) 低压线束：用于连接汽车各部件的低压电源。

配电盒内部主要部件为保险和继电器/接触器。

(1) 保险：电路符号为 F，串接于 12V 电源线路中，用于保证用电安全。在出现短路等过流的情况时可以将电源断路，保护用电设备不会损坏，也不会影响其他部件工作。

(2) 继电器/接触器：电路符号为 K，也是串接在电源路径上。继电器/接触器的开关是受控的，只有在用户操作下，用电设备需要开启或者关闭时，才会闭合或者断开，这样可以减少 12V 电源电流的压力。内置于前舱配电盒的 RCM 模块(继电器控制模块，也叫 MCU)和内置于仪表板配电盒中的 BCM 模块(车身控制模块，也叫 MICU 多路集成控制模块)就是用于控制继电器/接触器的开关的。

与燃油车类似，12V 电源也分成常电、ACC 电、IG1 电、IG2 电几种类型，分别在不同车况场景下使用。12V 电类型和关联部件如图 4-2 所示。

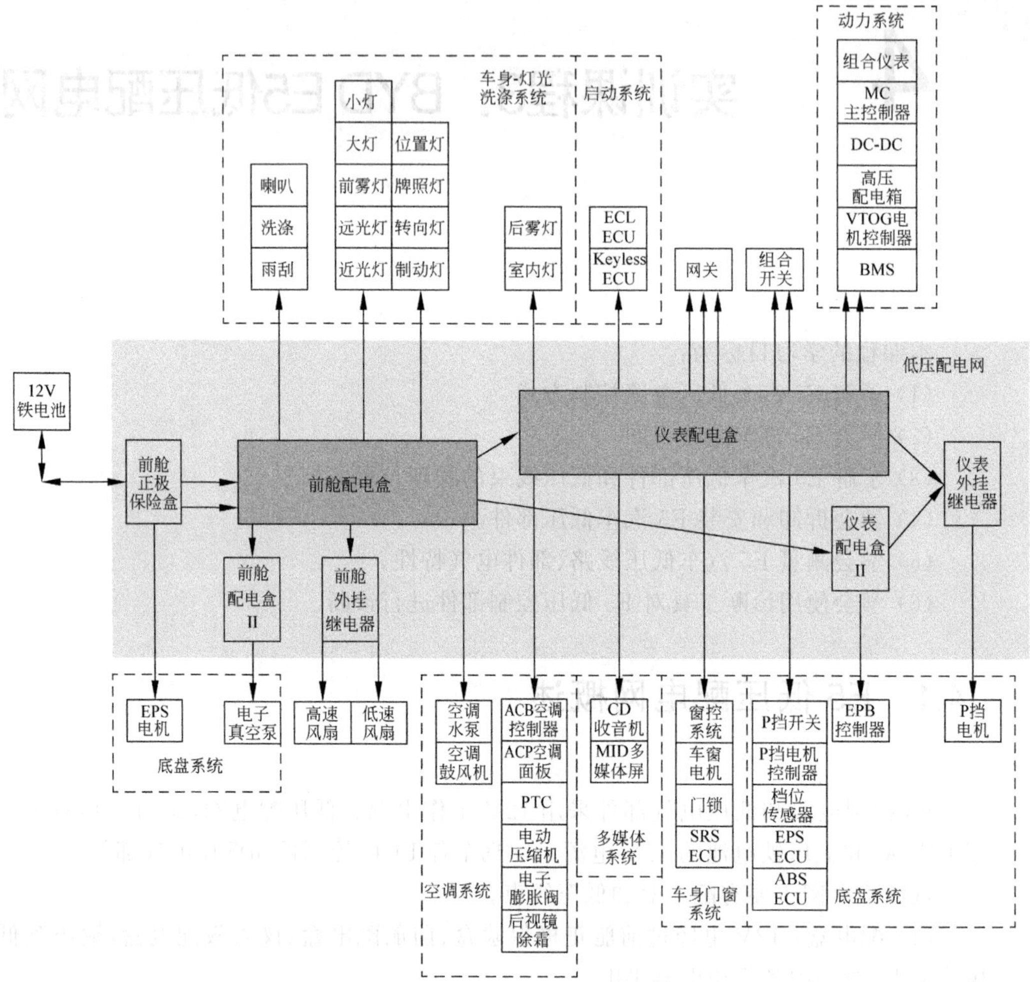

图 4-1 低压配电网

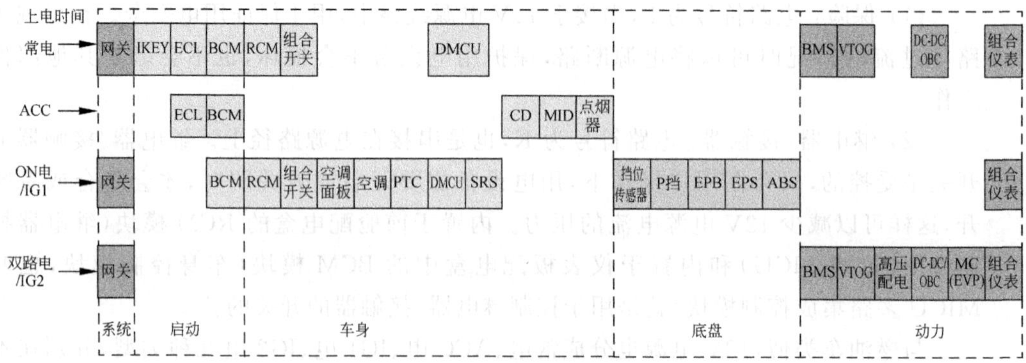

图 4-2 12V 电类型和关联部件

按照上电的先后顺序，电源可分为以下几种类型。

(1) 常电：只要低压电池有电，就可以供电，主要用于汽车进入/启动部件、系统通信、仪表显示。

(2) ACC电：附件电，用于为车身娱乐设施以及点烟器供电，进入汽车按下ON按钮开电后可提供。

(3) IG1电：用于为汽车启动做准备的供电，主要为底盘部件供电，进入汽车按下ON按钮开电后可提供。

(4) IG2电：也叫双路电，IG2电通过两个路径到达用电设备，某个路径失效都不会影响设备正常供电。双路电为动力控制部件如BMS、电机控制器等供电，供电且部件自检完成后，此时汽车处于就绪状态，仪表板OK灯亮，挂挡即可行驶。

各种类型12V电的上电顺序通过BCM和RCM控制配电盒的接触器的开关来实现。

4.2 配电盒的种类和位置

E5汽车有如下低压配电盒，它们的分布如图4-3所示。

(1) 前舱正极配电盒，位于前舱。

(2) 前舱配电盒，位于前舱。

(3) 前舱配电盒Ⅱ，位于前舱。

(4) 仪表板配电盒，位于驾驶舱内。

(5) 仪表板配电盒Ⅱ，位于驾驶舱内。

(6) 仪表板外挂配电盒，位于驾驶舱内。

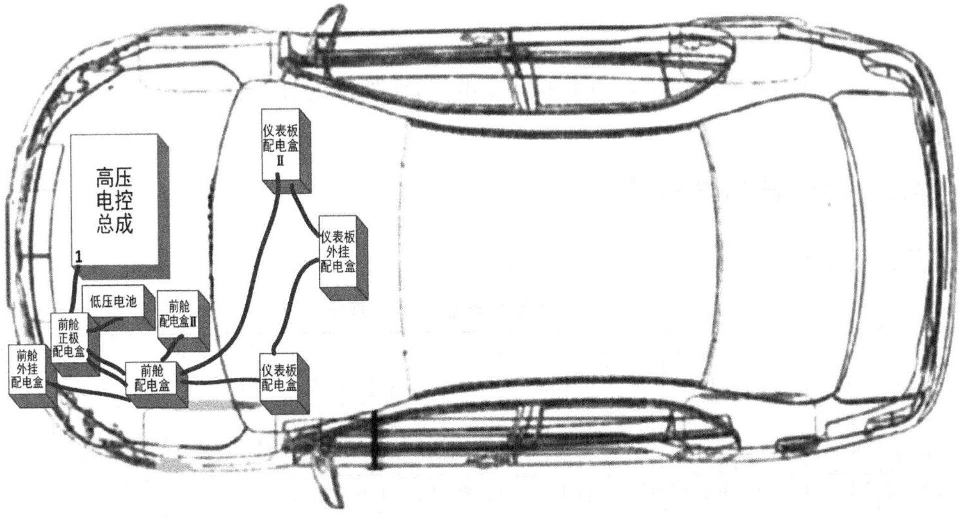

图4-3 E5配电盒位置分布

4.3 前舱正极配电盒

前舱正极配电盒是从低压电池接入 12V 电源，里面只有保险，没有继电器/接触器。前舱正极配电盒的外部接口和内部保险如图 4-4 所示。

编号	F5/1	F5/2	F5/3
规格	100A	125A	100A
说明	EPS电机	前舱配电盒	前舱配电盒

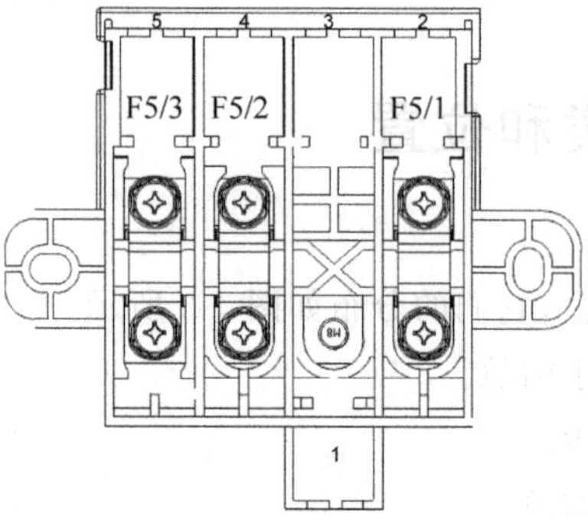

图 4-4　E5 前舱正极配电盒的外部接口和内部保险

4.4 前舱配电盒

前舱配电盒主要为大电流/大功率的低压电气，比如灯光、风扇、水泵、真空泵、加热器等供电。

4.4.1 保险丝和继电器

前舱配电盒保险丝和继电器见表 4-1 和表 4-2。

表 4-1　前舱配电盒保险丝规格

编号	F1/1	F1/2	F1/3	F1/4	F1/5	F1/6	F1/7	F1/8	F1/9	F1/10	F1/11	F1/12	F1/13
规格	10A	10A	10A	10A	30A	15A	7.5A	15A	10A	20A	10A	10A	15A
说明	右远光灯	左远光灯	左近光灯	右近光灯	风扇 1	小灯	MCU	直流充电	预留	前雾灯	预留	空调水泵	转向灯
编号	F1/14	F1/15	F1/16	F1/17	F1/18	F1/19	F1/20	F1/21	F1/22-1	F1/22-2	F1/23-1	F1/23-2	
规格	20A	40A	30A	25A	40A	40A	40A	40A		60A	50A	60A	
说明	喇叭、制动灯	后除霜	风扇 2	ESP/ABS	电动真空泵	ESP/ABS	电动真空泵	鼓风机	预留	仪配-Ⅰ	仪配-Ⅱ	仪配-2	

表 4-2 前舱配电盒继电器规格

编号	K1-1	K1-2	K1-3	K1-4	K1-5
规格	35A	35A	35A	35A	35A
说明	鼓风机继电器	空调水泵继电器	后除霜继电器	前雾灯继电器	预留

继电器控制模块 RCM(也叫 MCU)内置于前舱配电箱中,用于控制各种低压用电设备的供电开关。

4.4.2 接插件接口

前舱配电盒的外部接插件接口如图 4-5 所示。

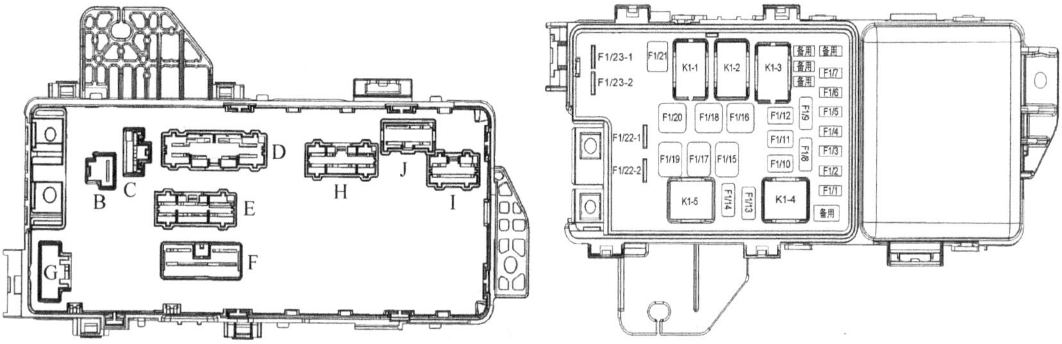

图 4-5 前舱配电盒的外部接插件接口和内部的保险和继电器

4.5 前舱配电盒Ⅱ

前舱配电盒Ⅱ用于前舱配电的辅助,也主要为大电流电器供电。前舱配电盒Ⅱ保险丝和继电器的规格见表 4-3 和表 4-4。

表 4-3 前舱配电盒Ⅱ保险丝的规格

编号	F3/2
规格	7.5A
说明	电动真空泵继电器检测

表 4-4 前舱配电盒Ⅱ继电器的规格

编号	K3-1	K3-2	K3-3
规格	30A	40A	40A
说明	直流充电继电器	电动真空泵继电器	电动真空泵继电器

前舱配电盒Ⅱ接插件接口如图 4-6 所示。

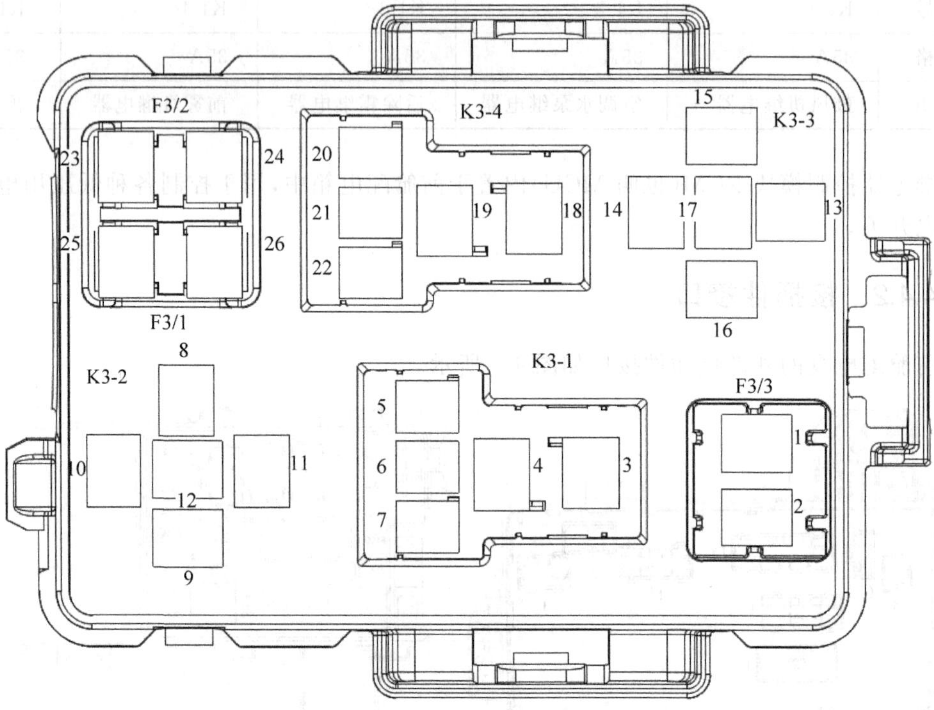

图 4-6　前舱配电盒Ⅱ接插件接口

4.6 前舱外挂配电盒

前舱外挂配电盒用于前舱配电的辅助，为高压动力模块的散热风扇供电，由继电器构成。其继电器规格见表 4-5。

表 4-5　前舱外挂配电盒继电器的规格

编号	KB-1	KB-2	KB-3
规格	30A	30A	30A
说明	低速风扇继电器	风扇模式继电器	高速风扇继电器

前舱外挂配电盒接插件接口如图 4-7 所示。

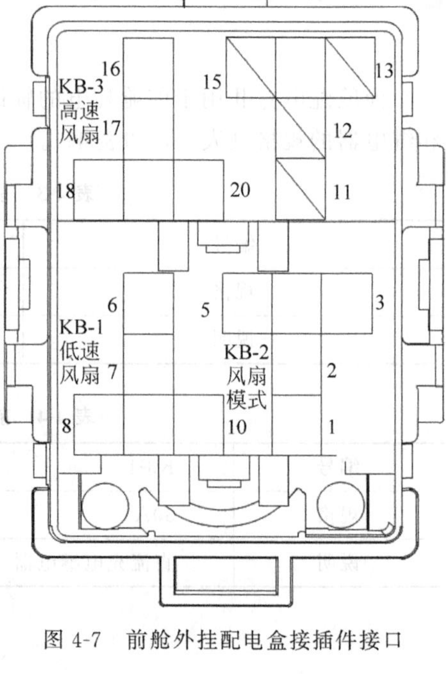

图 4-7　前舱外挂配电盒接插件接口

4.7 仪表板配电盒

仪表板配电盒是 E5 汽车低压配电中心，为各 ECU 控制单元供电，并为其他低压电器如车窗、车门电机供电。

仪表板配电盒中的BCM模块(MICU多路集成控制模块)控制各种低压用电设备的供电开关，同时控制ACC电、IG1电、IG2电(双路电)的上电过程。仪表板配电盒中的保险丝和继电器规格见表4-6和表4-7。

表4-6 仪表板配电盒保险丝规格

编号	F2/1	F2/2	F2/3	F2/4	F2/5	F2/6	F2/7	F2/8	F2/9	F2/10	F2/11	F2/12	F2/13
规格	15A	7.5A	7.5A	15A	10A	30A	20A	15A	7.5A	7.5A	5A	15A	15A
说明	DLC	VTOG	网关、I-KEY	双路电	模块常电Ⅰ	预留	左前车窗	多媒体	预留	网关IG1	ABS/ESP	前风窗洗涤	IG1
编号	F2/14	F2/15	F2/16	F2/17	F2/18	F2/19	F2/20	F2/21	F2/22	F2/23	F2/24	F2/25	F2/26
规格	10A	10A	7.5A	15A	20A	20A	20A	20A	7.5A	20A	10A	10A	7.5A
说明	空调系统	EPS ECU	EPB ECU	SRS	左后车窗	右后车窗	右前车窗	预留	转向轴锁	门锁	室内灯	模块常电Ⅱ	后雾灯
编号	F2/27	F2/28	F2/29	F2/30	F2/31	F2/32	F2/33	F2/34	F2/35	F2/36			
规格	15A	15A	预留	7.5A	10A	15A	10A	7.5A	30A	30A			
说明	预留	点烟器	预留	ACC	外后视镜加热	DC	高压配电箱	网关双路电	预留	雨刮			

表4-7 仪表板配电盒继电器规格

编号	K2-1	K2-2	K2-4	K2-5
规格	30A	30A	30A	5B-3722100
说明	IG1继电器	ACC继电器	电动车窗继电器	闪光继电器

仪表板配电盒接插件接口和结构如图4-8所示。

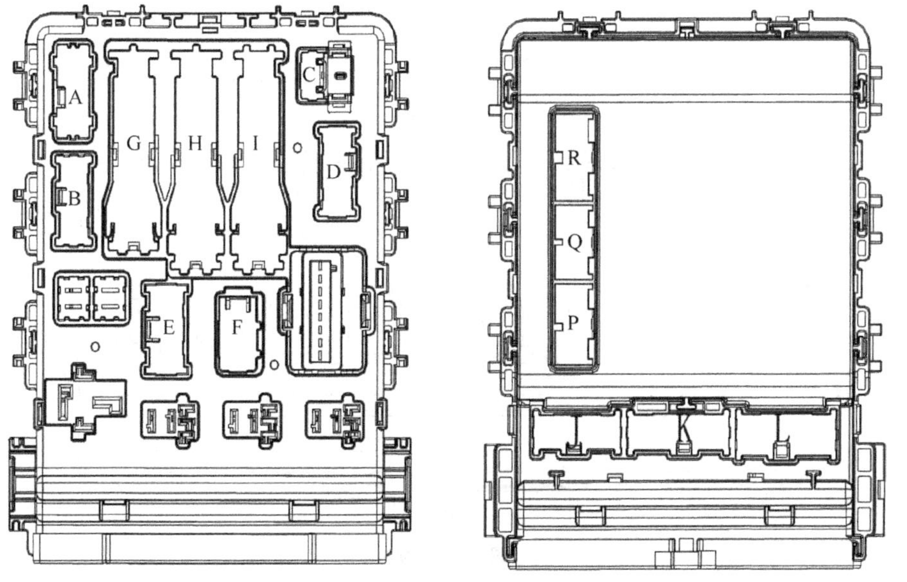

(a)

图4-8 仪表板配电盒接插件接口和结构图

(a) 仪表板配电盒接插件接口；(b) 仪表板配电盒内部结构；(c) 仪表板配电盒底视图

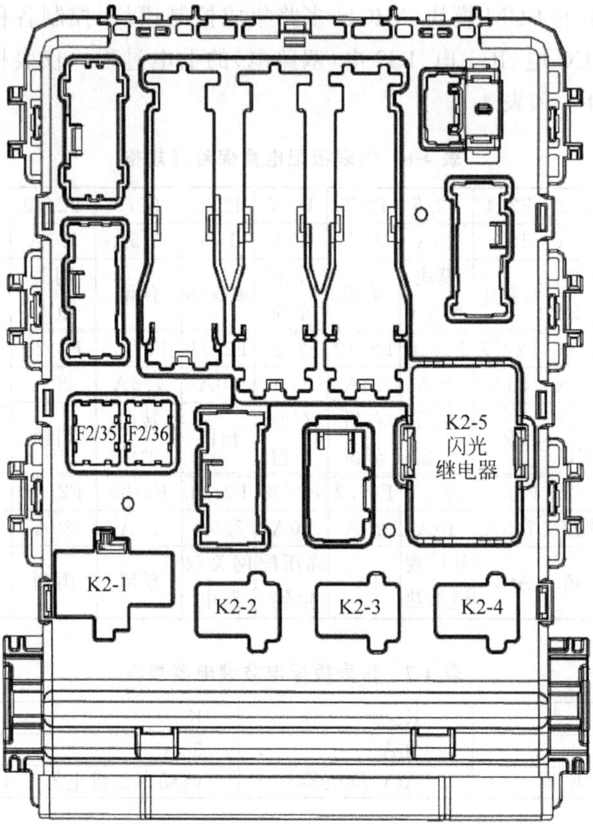

(b)

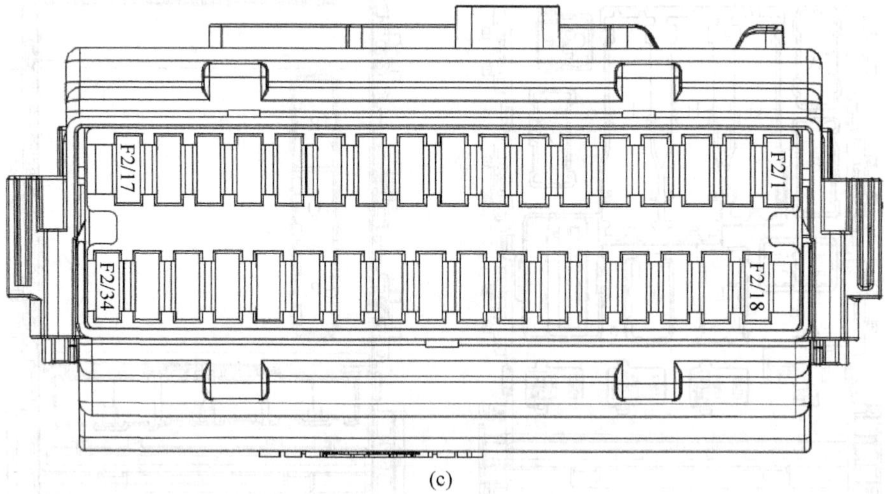

(c)

图 4-8 （续）

4.8 仪表板配电盒Ⅱ

仪表板配电盒Ⅱ用于仪表板配电的辅助,其保险丝和继电器规格见表4-8和表4-9。

表4-8 仪表板配电盒Ⅱ保险丝规格

编号	F4/1	F4/2	F4/3	F4/4	F4/5	F4/6	F4/7	F4/8	F4/9	F4/10	F4/11	F4/12	F4/13
规格	10A	15A						20A	30A	20A	7.5A		30A
说明	主控ECU	VTOG	预留	预留	预留	预留	预留	出租车设备ACC电	左EPB	出租车设备常电	充电舱电锁	预留	右EPB
编号	F4/14	F4/15	F4/16	F4/17	F4/18	F4/19	F4/20	F4/21	F4/22				
规格	7.5A		15A										
说明	动力电池管理器	预留	P挡电机	预留	预留	预留	预留	预留	预留				

表4-9 仪表板配电盒Ⅱ继电器规格

编号	K4-1	K4-2
规格	30A	30A
说明	双路电继电器Ⅱ	出租车设备继电器

仪表板配电盒Ⅱ接插件接口如图4-9所示。

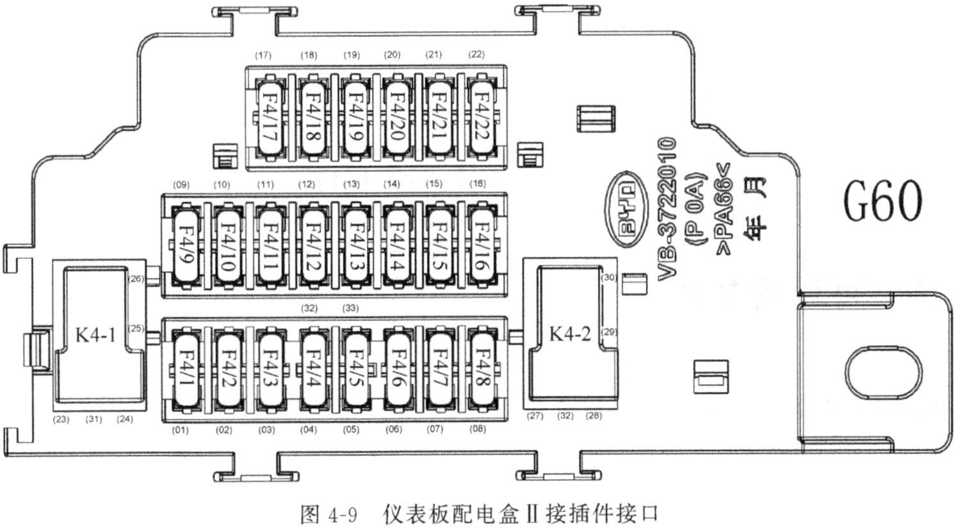

图4-9 仪表板配电盒Ⅱ接插件接口

4.9 仪表板外挂配电盒

4.9.1 仪表板外挂配电盒继电器

仪表板外挂配电盒继电器规格见表 4-10。

表 4-10 仪表板外挂配电盒继电器的规格

编号	KG-1	KG-2
规格	30A	30A
说明	双路电继电器 I	P 挡电机继电器

4.9.2 仪表板外挂配电盒接插件接口

仪表板外挂配电盒接插件接口如图 4-10 所示。

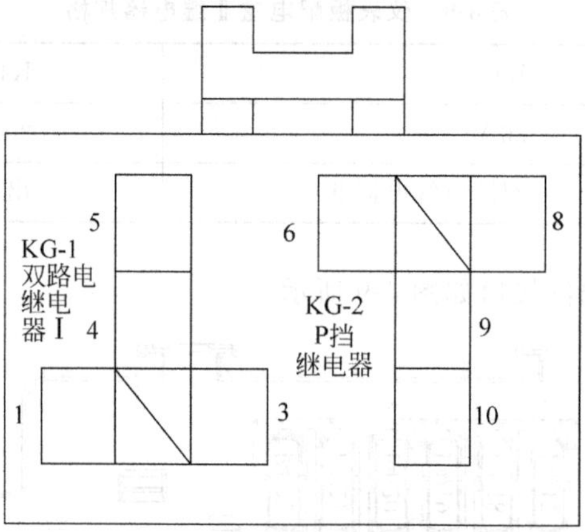

图 4-10 仪表板外挂配电盒接插件接口

4.10 可设置故障

可设置故障见表 4-11。

表 4-11 可设置的故障

故障编号	保险描述	位置	故障类型	故障表现	备注
FK-1	电池管理器 BMC 常电保险 F4/14	仪表配电盒Ⅱ	保险断路	汽车可以上电，但不 OK。仪表显示“请检查动力系统”	无法通过平板设置，需要手动设置
FK-2	电池管理器和 DC-DC 双路电保险 F2/32	仪表配电盒	保险断路	汽车可以上电，但不 OK。仪表显示“请检查动力系统”	无法通过平板设置，需要手动设置
FK-3	高压配电箱和 OBC 的双路电保险 F2/33	仪表配电盒	保险断路	汽车可以上电，但不 OK。仪表显示“请检查动力系统”	无法通过平板设置，需要手动设置
FK-4	直流充电 12V 辅助电保险 F1/8	前舱配电盒	保险断路	无法进行直流充电，汽车和充电桩通信失败	无法通过平板设置，需要手动设置
FK-5	交流充电枪闭锁电源 F4/11	仪表配电盒Ⅱ	保险断路	无法进行交流充电	无法通过平板设置，需要手动设置
FK-6	VTOG 电机常电保险 F2/2	仪表配电盒	保险断路	汽车可以上电，但不 OK。仪表显示“请检查动力系统”	无法通过平板设置，需要手动设置
FK-7	VTOG 电机双路电 F4/2	仪表配电盒Ⅱ	保险断路	汽车可以上电，但不 OK。仪表显示“请检查动力系统”	无法通过平板设置，需要手动设置
FK-8	空调水泵保险 F1/12	前舱配电盒	保险断路	空调面板可以控制，但空调水泵无法正常工作，无法制冷和取暖	无法通过平板设置，需要手动设置
FK-9	空调系统保险 F2/14	仪表配电盒	保险断路	空调系统工作异常，面板无法控制	无法通过平板设置，需要手动设置
FK-10	转向灯保险 F1/13	前舱配电盒	保险断路	汽车上电按下紧急告警按钮或者转向开关，转向灯/警示灯不亮	无法通过平板设置，需要手动设置
FK-11	制动灯/喇叭保险 F1/14	前舱配电盒	保险断路	喇叭不响，踩下脚刹制动灯不亮	无法通过平板设置，需要手动设置
FK-12	雨刮保险 F2/36	仪表配电盒	保险断路	按下雨刮开关后，雨刮没有动作	无法通过平板设置，需要手动设置
FK-13	EPS ECU 电源保险 F2/15	前舱配电盒	保险断路	EPS 转向无法正常工作，仪表显示“请检查转向系统”	无法通过平板设置，需要手动设置
FK-14	EPB ECU 电源保险 F2/16	前舱配电盒	保险断路	EPB 电子手刹无法正常工作，仪表显示“请检查电子制动系统”	无法通过平板设置，需要手动设置
FK-15	EPB 左电机电源保险 F4/9	仪表配电盒Ⅱ	保险断路	EPB 电子手刹无法正常工作，仪表显示“请检查电子制动系统”	无法通过平板设置，需要手动设置
FK-16	EPB 右电机电源保险 F4/13	仪表配电盒Ⅱ	保险断路	EPB 电子手刹无法正常工作，仪表显示“请检查电子制动系统”	无法通过平板设置，需要手动设置
FK-17	组合仪表保险 F2/13	仪表配电盒	保险断路	上电后组合仪表没有任何显示	无法通过平板设置，需要手动设置

5 实训课程4：BYD E5的CAN通信网

本项目的学习目标为：

(1) 了解 E5 CAN 总线的构成，以及各部件之间如何通过 CAN 交互。

(2) 了解 E5 CAN 的物理层信号(断路、短路)。

(3) 了解 E5 CAN 的报文(链路层、网络层和应用层)。

(4) 使用外置 OBD 工具接收和发送 CAN 控制报文，实现升窗/降窗、开锁/落锁。

(5) 使用外置 OBD 工具接收和发送 CAN 诊断报文，读取某个部件的版本号。

(6) 诊断和维修 CAN 的物理故障(短路、断路、部件异常)。

5.1 CAN 网络工作原理

5.1.1 CAN 总线介绍

单独控制系统：由一个电子控制单元(ECU)控制一个工作装置或系统的电子控制系统，如发动机控制系统、自动变速器等。

集中控制系统：由一个电子控制单元(ECU)同时控制多个工作装置或系统的电子控制系统，如汽车底盘控制系统。

控制器局域网络系统(CAN 总线系统)：由多个电子控制单元(ECU)同时控制多个工作装置或系统，各控制单元(ECU)的共用信息通过总线互相传递。

可见，采用 CAN 总线，减少了汽车内部的线束数量，提高了整车通信的可靠性，而且各外围部件如传感器可以实现在 ECU 之间共享。

5.1.2 CAN 的层次结构

CAN 的层次结构如图 5-1 所示。

5.1.3 CAN 的物理层

CAN 物理层采用差分信号进行传输，物理上有两根线：CAN-H 和 CAN-L，如图 5-2 所示。

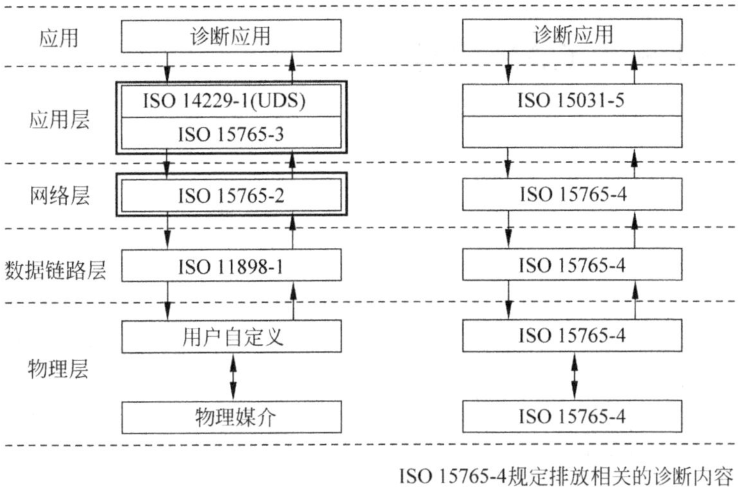

图 5-1 CAN 的层次结构

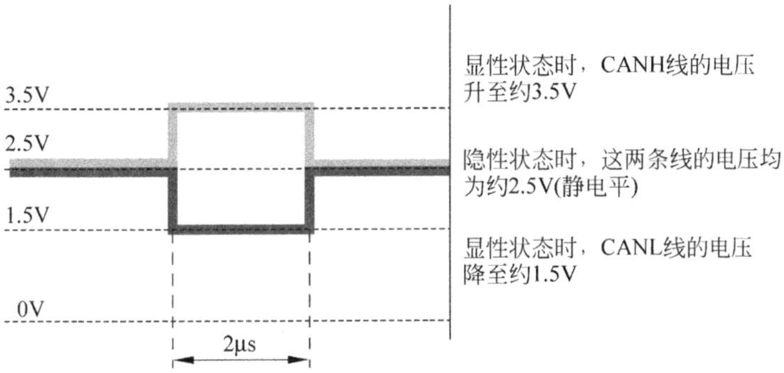

图 5-2 CAN 的物理层

5.1.4 CAN 的链路层

遵循 ISO 15765 的 CAN 总线的链路层（LINK）、网络层（NETWORK）和应用层（APPLICATION）协议报文格式如图 5-3 所示。

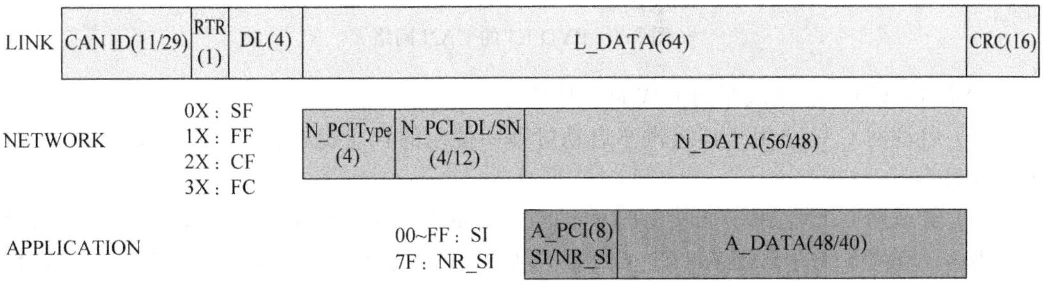

图 5-3 CAN 链路层

5.2 BYD E5 的 CAN 网络

BYD E5 的 CAN 网络如图 5-4 所示。

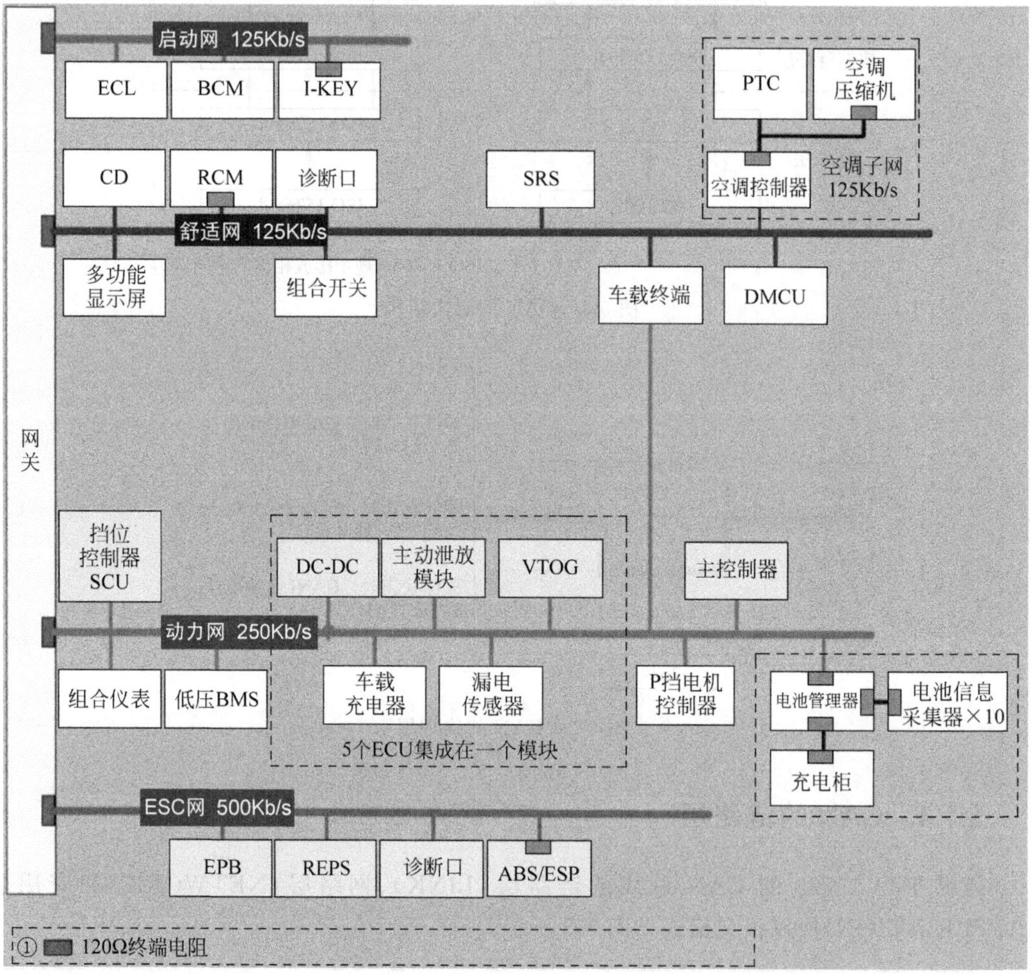

图 5-4 BYD E5 的 CAN 网络

BYD E5 CAN 总线汽车内分成如下几部分。

(1) 启动网 CAN：用于连接汽车启动过程中使用的智能钥匙、ECL 和 BCM 部件，速率为 125Kb/s。

(2) 舒适网 CAN：用于连接舒适网的空调、SRS、灯光、车窗和多媒体等系统，速率为 125Kb/s。空调系统内部还有一个 CAN 子网，即空调子网 CAN，用于连接空调控制器、PTC 和压缩机，速率为 125Kb/s。

(3) 动力网 CAN：用于连接汽车动力系统的所有部件，包括 BMS、高压电控总成、充电接口、组合仪表、主控制器和挡位控制器。速率为 250Kb/s。其中直流充电和 BMS 内部各有一个 CAN 子网：①直流充电 CAN，用于直流充电桩和 BMS 在充电时进行信息交互，速率为 250Kb/s；②BIC-BMS CAN，用于电池包的信息采集器 BIU 和电池控制器 BMS 进行信息交互。

(4) ESC 网 CAN：用于连接车身稳定系统的 ABS、EPS 和 EPB 部件，车载 OBD 诊断接口也连接到这条 CAN 总线上，速率为 500Kb/s。

由于车载总线中存在多个不同速率的 CAN 总线，各个 CAN 网络之间需要进行相互通信，需要一个中间设备进行转发，这个设备就是 CAN 网关控制器(见图 5-5)。网关控制器主要有以下 3 个功能：

(1) 报文转发。网关具有转发报文的功能，并对总线报文状态进行诊断。

(2) 格式转换。实现报文在不同 CAN 网络之间的格式转换。

(3) 网络管理。网络状态监测与统计，错误处理，休眠唤醒等。

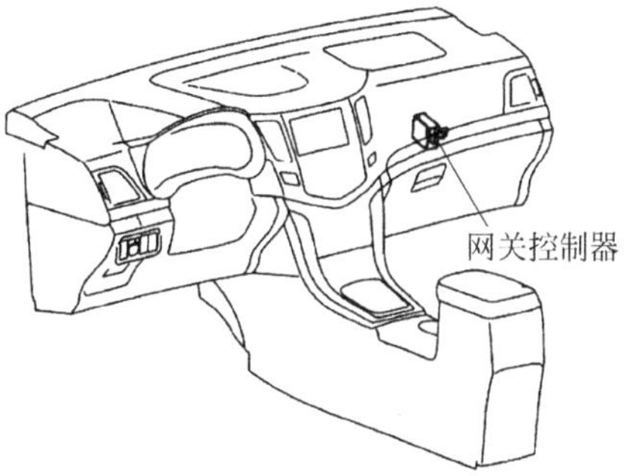

图 5-5 BYD E5 网关控制器

5.3 电路图

5.3.1 舒适网 CAN 总线电路

舒适网 CAN 总线的连接通过接插件 G08(A)、仪表板配电盒内部短接完成。舒适网 CAN 总线电路图如图 5-6 所示。

5.3.2 ESC 网 CAN 总线电路

ESC 网(底盘系统) CAN 总线的连接通过 CAN 短接端子 G08(D)内部短接完成。ESC 网 CAN 总线电路图如图 5-7 所示。

5.3.3 启动网 CAN 总线电路

启动网 CAN 总线的连接通过 CAN 短接端子 G08(B)内部短接实现。启动网 CAN 总线电路图如图 5-8 所示。

5.3.4 动力网 CAN 总线电路

动力网 CAN 总线的连接通过 CAN 短接端子 G08(C)内部短接完成。动力网 CAN 总线电路图如图 5-9 所示。

5.3.5 CAN 网关

CAN 网关用于完成 E5 汽车动力网 CAN、启动网 CAN、ESC 网 CAN、舒适网 CAN 的互通。CAN 网关电路图如图 5-10 所示。

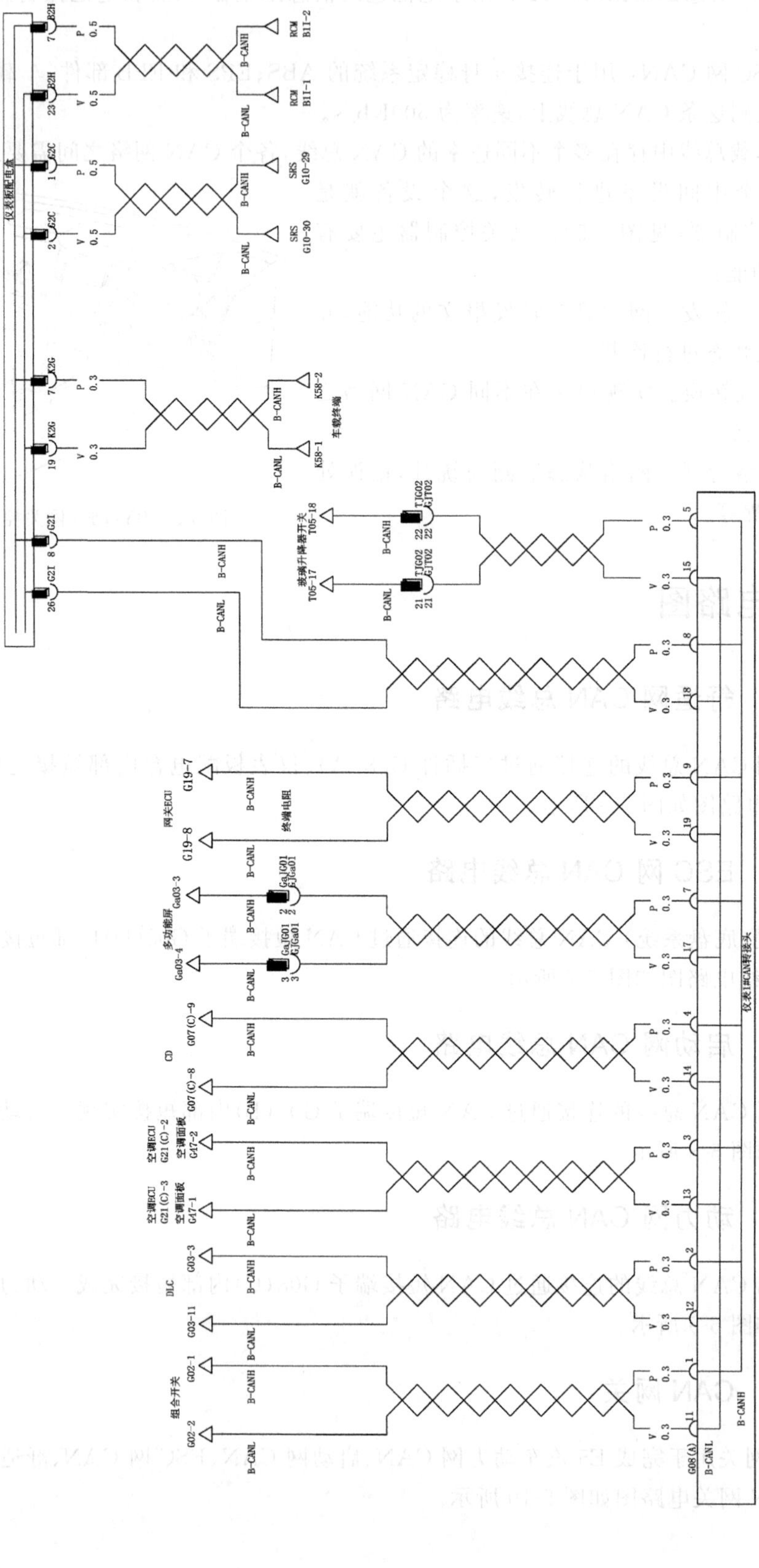

图 5-6 BYD E5 舒适网电路图

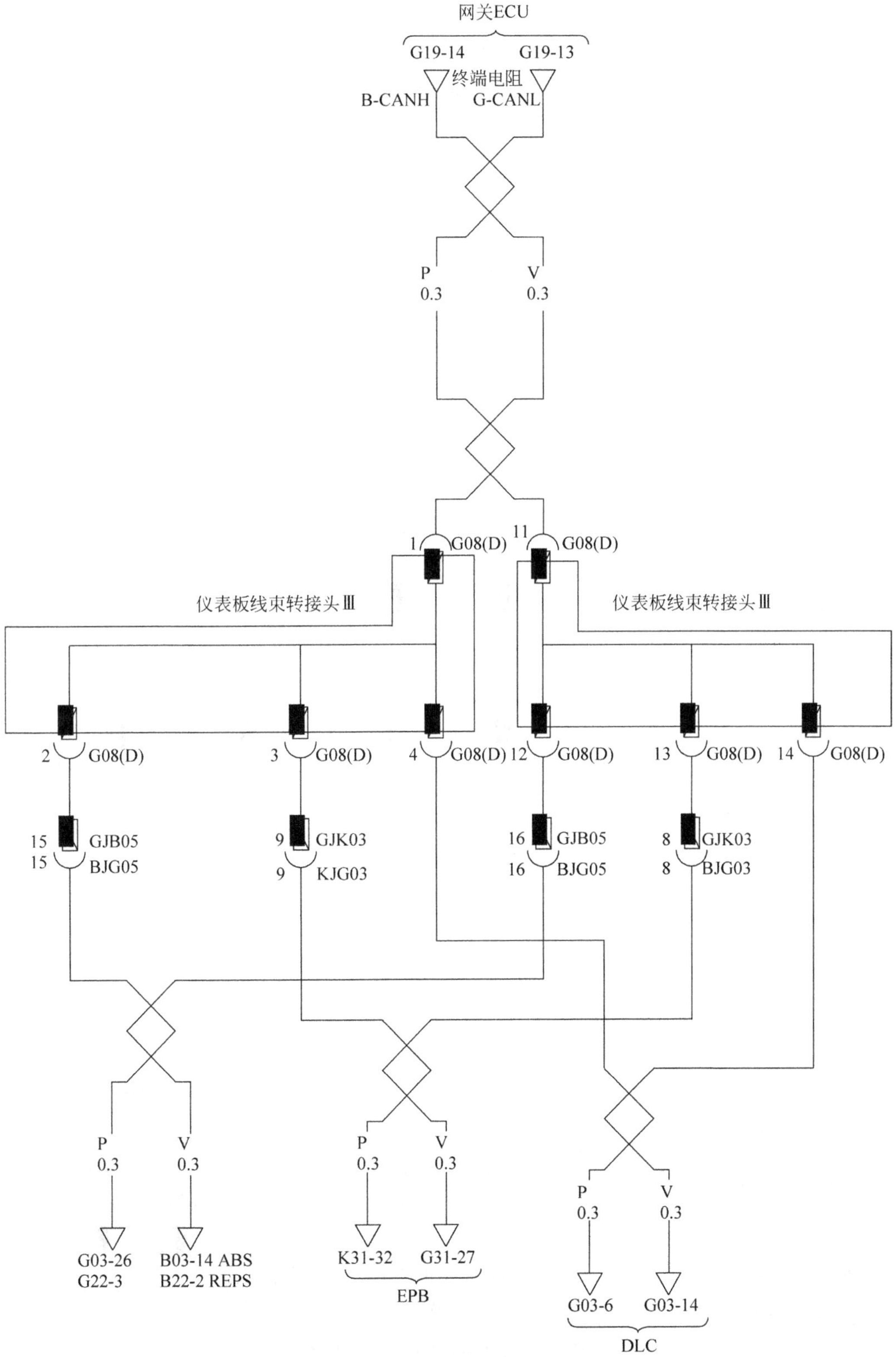

图 5-7 ESC 网 CAN 总线电路图

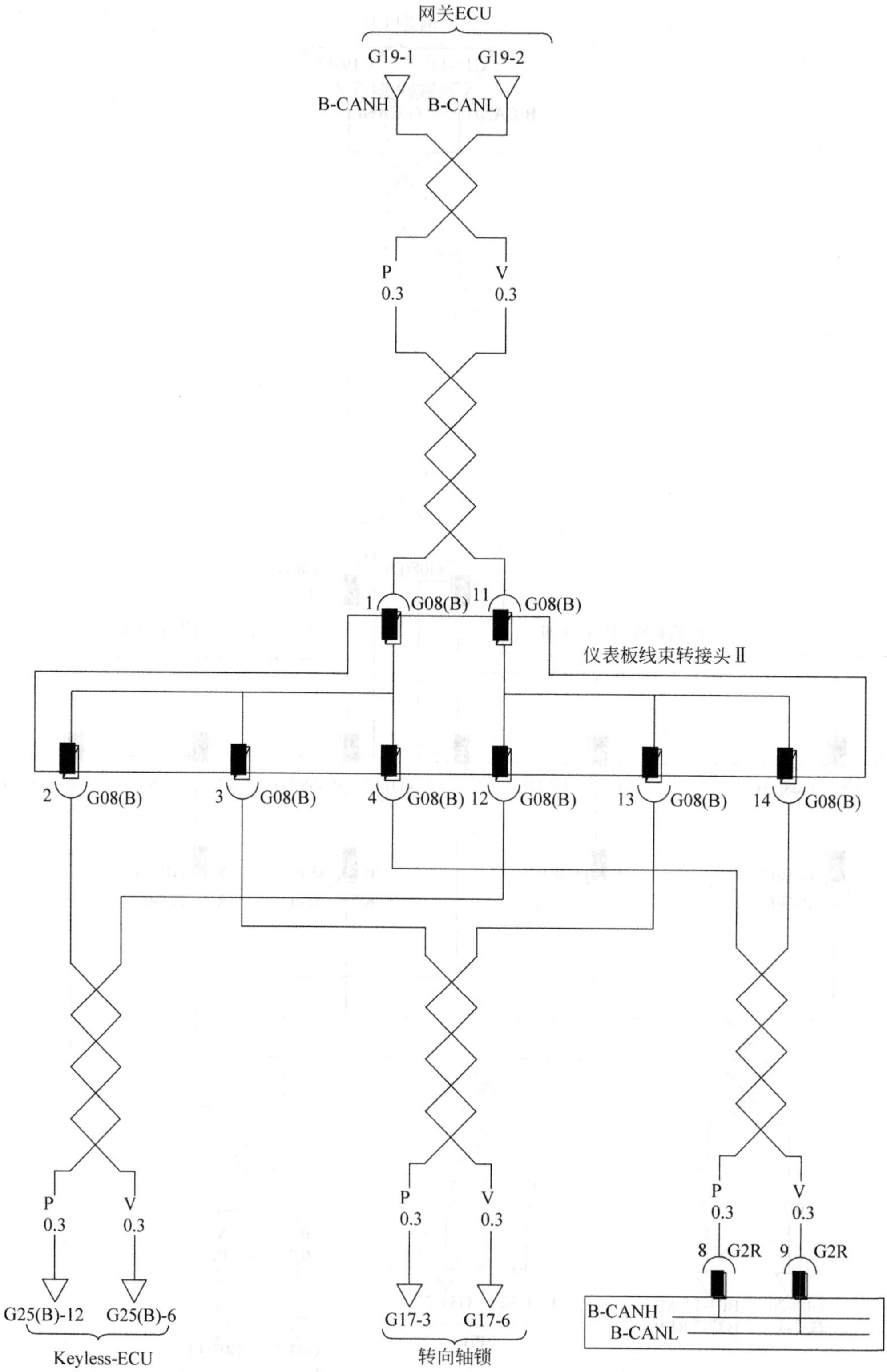

图 5-8　启动网 CAN 总线电路图

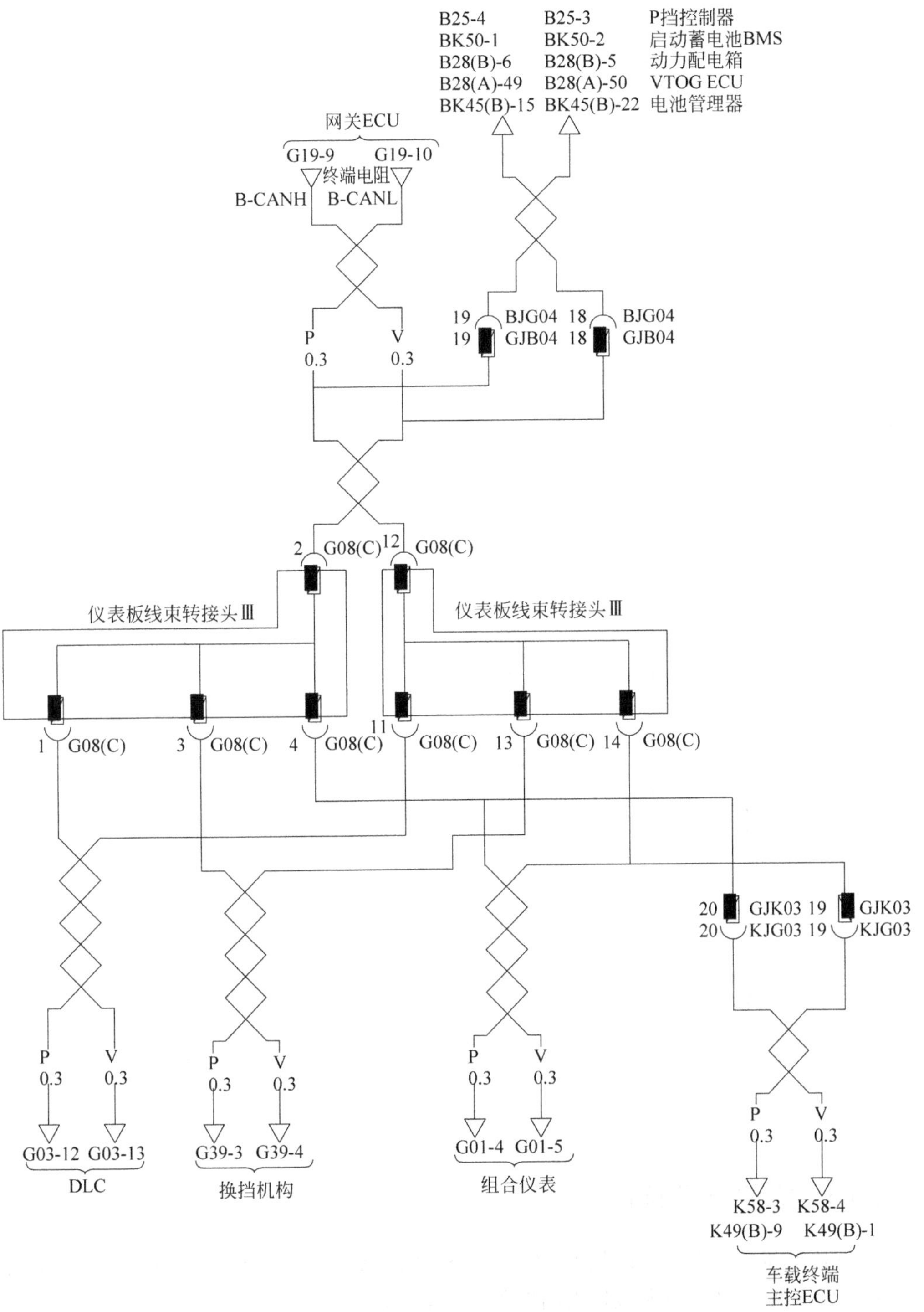

图 5-9 动力网 CAN 总线电路图

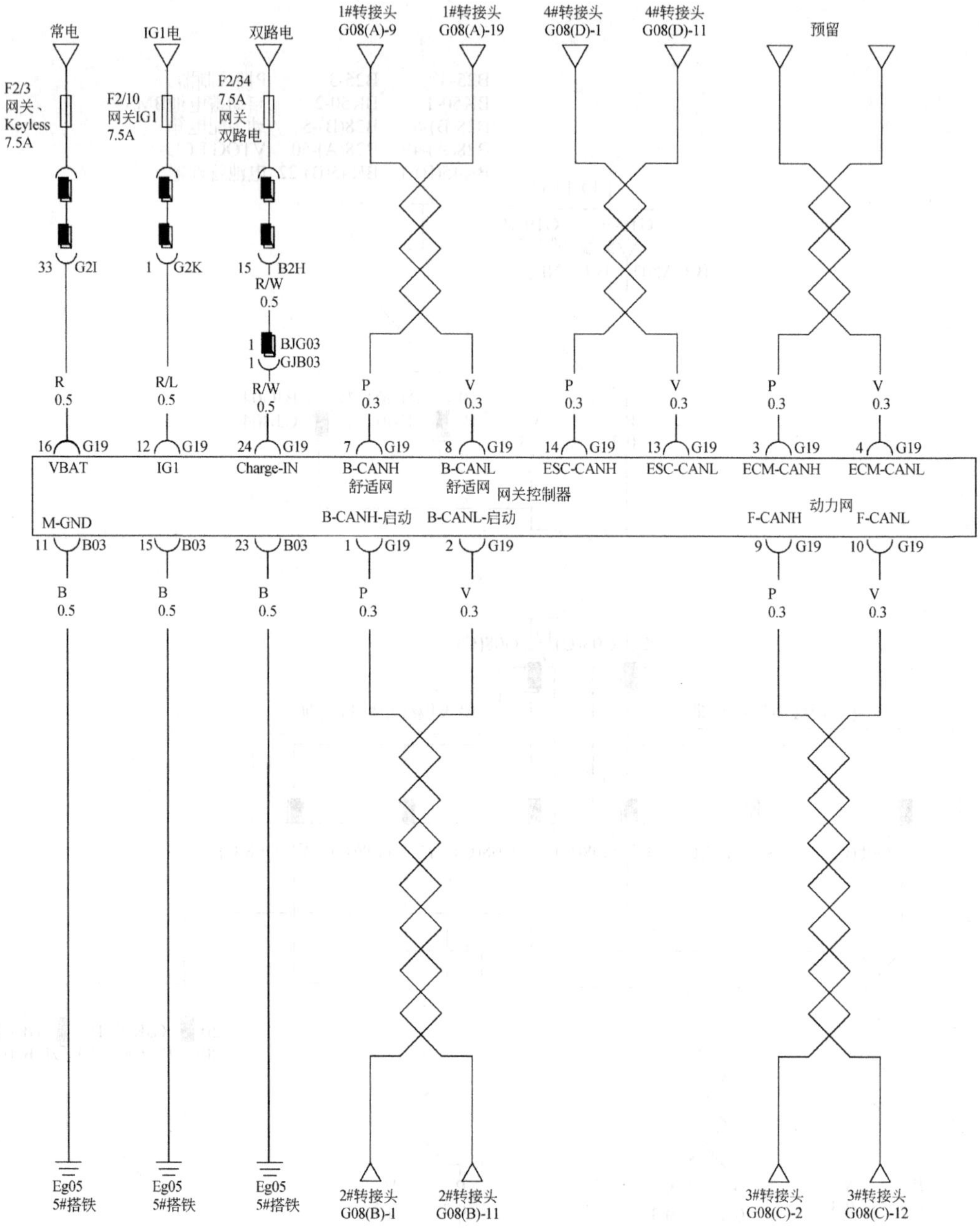

图 5-10　CAN 网关电路图

5.3.6 OBD 诊断接口

OBD 诊断接口将 E5 汽车动力网 CAN、ESC 网 CAN、舒适网 CAN 外接，用于外部对汽车内部进行诊断。OBD 诊断接口电路图如图 5-11 所示。

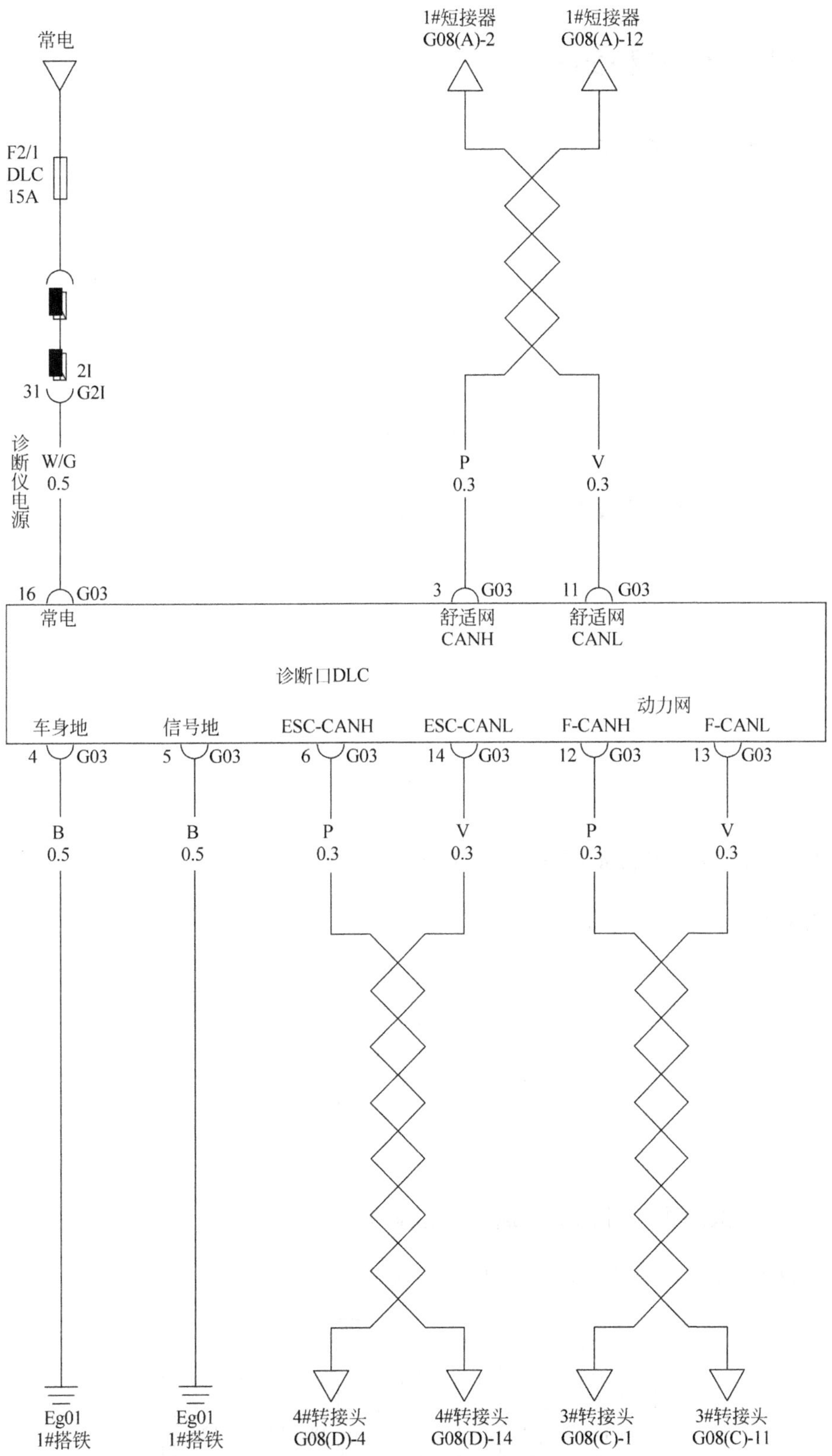

图 5-11　OBD 诊断接口电路图

5.4 低压线束和端子

5.4.1 舒适网 CAN 短接端子 G08(A)

舒适网 CAN 短接端子 G08(A)如图 5-12 所示。

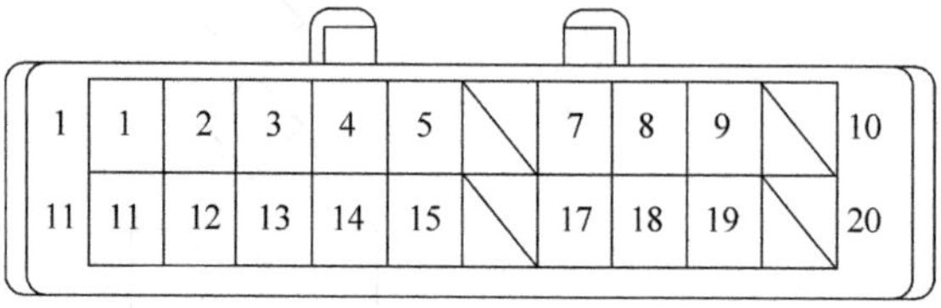

图 5-12 舒适网 CAN 短接端子 G08(A)

5.4.2 启动网 CAN 短接端子 G08(B)

启动网 CAN 短接端子 G08(B)如图 5-13 所示。

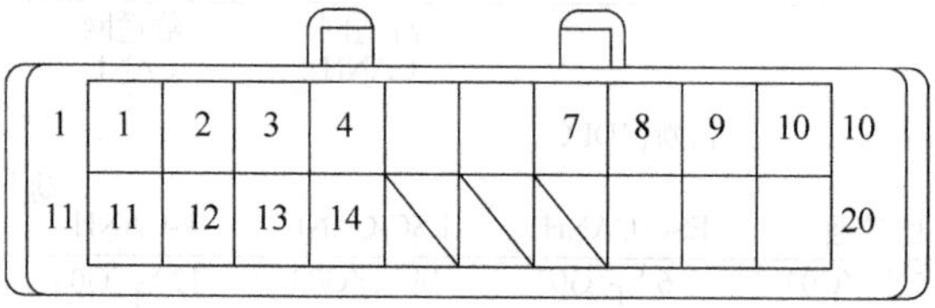

图 5-13 启动网 CAN 短接端子 G08(B)

5.4.3 动力网 CAN 短接端子 G08(C)

动力网 CAN 短接端子 G08(C)如图 5-14 所示。

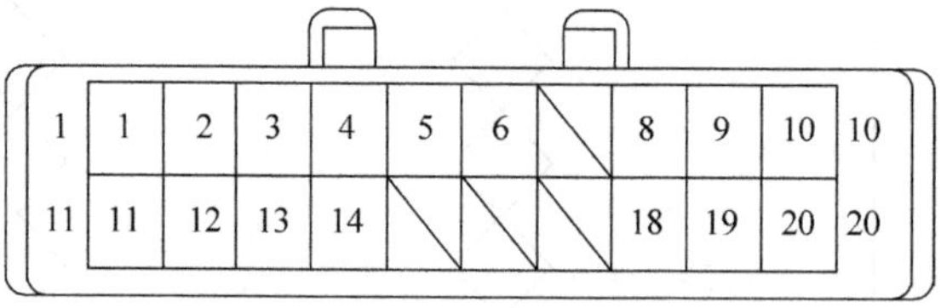

图 5-14 动力网 CAN 短接端子 G08(C)

5.4.4 ESC 网 CAN 短接端子 G08(D)

ESC 网 CAN 短接端子 G08(D)如图 5-15 所示。

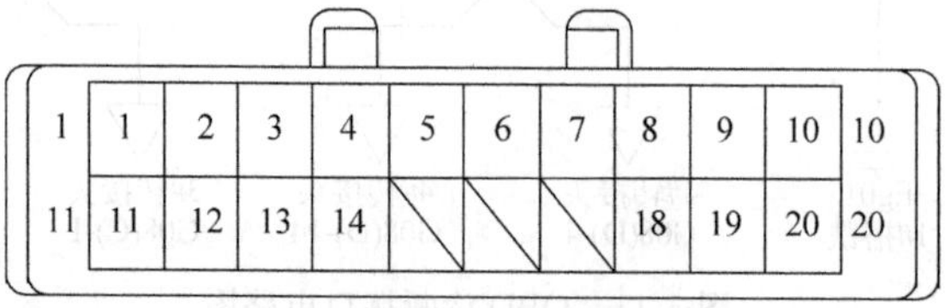

图 5-15 ESC 网 CAN 短接端子 G08(D)

5.4.5　网关连接端子 G19

网关连接端子 G19 如图 5-16 所示。

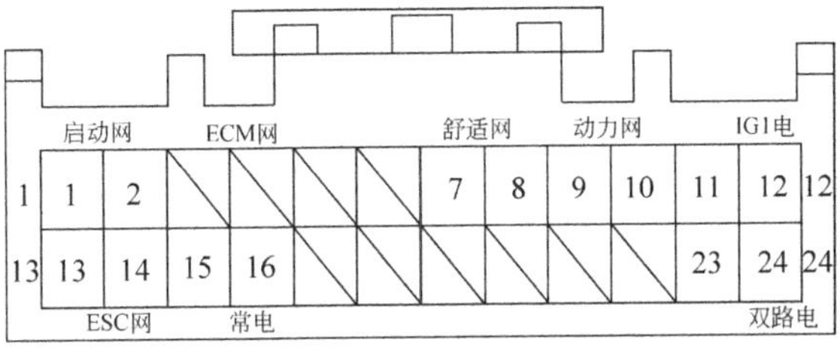

图 5-16　网关连接端子 G19

5.4.6　OBD 诊断插座 G03

OBD 诊断插座 G03 如图 5-17 所示。

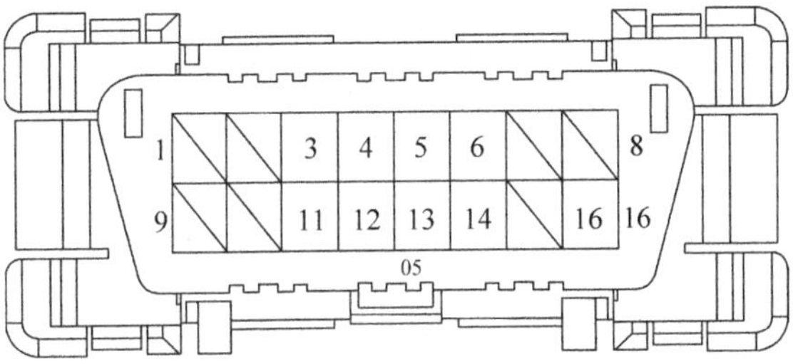

图 5-17　OBD 诊断插座 G03

5.5　工况数据

CAN 通信没有直接的工况数据和故障码可以读取，可通过如下间接方式获得 CAN 网络状态：

（1）读取部件的工作数据，如果出现返回为"连续超时"，则表明该部件的 CAN 通信可能存在问题。故障可能出现在线路上，也可能是部件本身，或者是网关。

（2）读取某个功能系统各个部件的工作数据，如果都返回为"连续超时"，则表明该功能系统的 CAN 总线或者网关出现问题。

（3）如果读取某个部件的故障码或者工作数据，出现"与××部件通信异常"可以判断××部件或者 CAN 线路出现问题。

5.6　可设置故障

可设置故障见表 5-1。

表 5-1　可设置故障

故障编号	线束/端子描述	位　　置	故障类型	故障表现	故障码	备　　注
CAN-1	启动网的 CAN-L	网关端子 G19-2	CAN-L 线断路	(1) 诊断仪无法与启动网所有 ECU 通信。 (2) 故障设置后汽车启动,汽车可以上电但不 OK	无	
CAN-2	启动网的 CAN-H	网关端子 G19-1	CAN-H 线对地短路	(1) 诊断仪无法与启动网所有 ECU 通信。 (2) 故障设置后汽车启动,汽车可以上电但不 OK	无	
CAN-3	启动网的 CAN-L/CAN-H	网关端子 G19-2/1	CAN-L 和 CAN-H 线间短路	(1) 诊断仪无法与启动网所有 ECU 通信。 (2) 故障设置后汽车启动,汽车可以上电但不 OK	无	
CAN-4	启动网的 CAN-L	网关端子 G19-2	CAN-L 线对 12V 电源短路	(1) 诊断仪无法与启动网所有 ECU 通信。 (2) 故障设置后汽车启动,汽车可以上电但不 OK	无	N/A
CAN-5	舒适网的 CAN-L	网关端子 G19-8	CAN-L 线断路	(1) 诊断仪无法与舒适网所有 ECU 通信。 (2) 故障设置后汽车启动,汽车可以上电并 OK	无	
CAN-6	舒适网的 CAN-H	网关端子 G19-7	CAN-H 线对地短路	(1) 诊断仪无法与舒适网所有 ECU 通信。 (2) 故障设置后汽车启动,汽车可以上电并 OK	无	
CAN-7	舒适网的 CAN-L/CAN-H	网关端子 G19-8/7	CAN-L 和 CAN-H 线间短路	(1) 诊断仪无法与舒适网所有 ECU 通信。 (2) 故障设置后汽车启动,汽车可以上电并 OK	无	
CAN-8	舒适网的 CAN-L	网关端子 G19-8	CAN-L 线对 12V 电源短路	(1) 诊断仪无法与舒适网所有 ECU 通信。 (2) 故障设置后汽车启动,汽车可以上电并 OK	无	N/A
CAN-9	动力网的 CAN-L	网关端子 G19-10	CAN-L 线断路	(1) 故障设置后再启动车辆,车辆可以上电但不 OK,出现“请检查动力系统”。 (2) 车辆运行过程中设置故障,会出现“请检查动力系统”	其他网络 ECU 与动力网 ECU 通信故障,故障码为 U×××	
CAN-10	动力网的 CAN-H	网关端子 G19-9	CAN-H 线对地短路	(1) 故障设置后再启动车辆,车辆可以上电但不 OK,出现“请检查动力系统”。 (2) 车辆运行过程中设置故障,会出现“请检查动力系统”	其他网络 ECU 与动力网 ECU 通信故障,故障码为 U×××	

续表

故障编号	线束/端子描述	位　　置	故障类型	故障表现	故障码	备　　注
CAN-11	动力网的 CAN-L/CAN-H	网关端子 G1910/9	CAN-L 和 CAN-H 线间短路	(1) 故障设置后再启动车辆，车辆可以上电但不OK，出现“请检查动力系统”。 (2) 车辆运行过程中设置故障，会出现“请检查动力系统”	其他网络 ECU 与动力网 ECU 通信故障，故障码为 U×××	
CAN-12	动力网的 CAN-L	网关端子 G19-10	CAN-L 线对 12V 电源短路	(1) 故障设置后再启动车辆，车辆可以上电但不OK，出现“请检查动力系统”。 (2) 车辆运行过程中设置故障，会出现“请检查动力系统”	其他网络 ECU 与动力网 ECU 通信故障，故障码为 U×××	N/A
CAN-13	ESC 网的 CAN-L	网关端子 G19-13	CAN-L 线断路	(1) 诊断仪无法与 ESC 网所有 ECU 通信。 (2) 故障设置后汽车启动，汽车可以上电并 OK，仪表上会出现“请检查制动系统”“请检查 ABS 系统”	其他网络 ECU 与 ESC 网 ECU 通信故障，故障码为 U×××	ESC CAN 故障并不影响正常的脚刹、手刹(EPB)功能
CAN-14	ESC 网的 CAN-H	网关端子 G19-14	CAN-H 线对地短路	(1) 诊断仪无法与 ESC 网所有 ECU 通信。 (2) 故障设置后汽车启动，汽车可以上电并 OK，仪表上会出现“请检查制动系统”“请检查 ABS 系统”		N/A
CAN-15	ESC 网的 CAN-L/CAN-H	网关端子 G19-13/14	CAN-L 和 CAN-H 线间短路	(1) 诊断仪无法与 ESC 网所有 ECU 通信。 (2) 故障设置后汽车启动，汽车可以上电并 OK，仪表上会出现“请检查制动系统”“请检查 ABS 系统”		N/A
CAN-16	ESC 网的 CAN-L	网关端子 G19-13	CAN-L 线对 12V 电源短路	(1) 诊断仪无法与 ESC 网所有 ECU 通信。 (2) 故障设置后汽车启动，汽车可以上电并 OK，仪表上会出现“请检查制动系统”“请检查 ABS 系统”		N/A

6 实训课程5：BYD E5动力电池和管理系统

6.1 BYD E5动力电池和管理系统工作原理

BYD E5 的动力电池和管理系统的基本构成以及在整个 E5 汽车动力网中的位置和连接关系如图 6-1 所示。

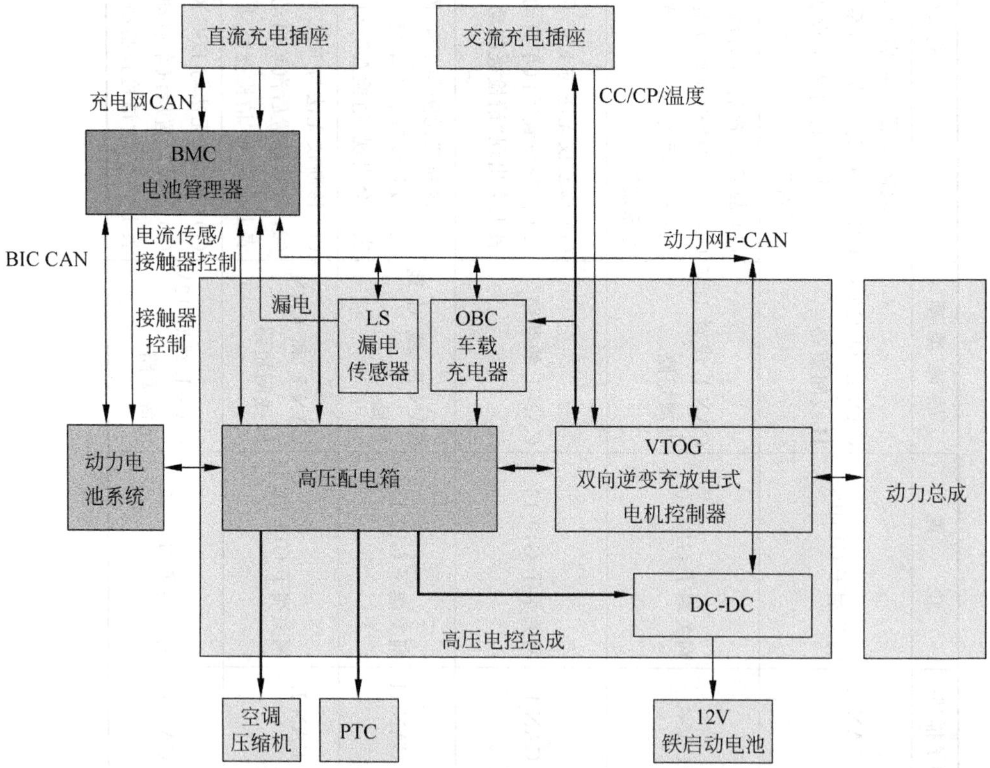

图 6-1 BYD E5 动力电池和管理系统框图

在高压线路上，动力电池包是动力源，为整个汽车提供高压直流电，经过高压配电箱从动力电池包到达电机控制器、空调压缩机、PTC 制暖器和 DC-DC 转换器。

在电池管理上，E5 采用分布式电池管理，电池管理控制器 BMC 是核心，分别与动力电池包、高压配电箱以及其他部件进行交互控制。

(1) BMC与动力电池包通过BIC CAN总线连接，收集各电池模组采样到的电池电压、温度和均衡信息；BMC通过硬线控制动力电池包的接触器开关，可以开启和关断电池的输出。

(2) BMC通过硬线控制高压配电箱的动力接触器，打开或者关闭电池与高压电器的动力连接；BMC通过内置于高压配电箱的电流霍尔传感器读取电池的实时输出电流值。

(3) BMC通过动力CAN网络与车内其他部件进行信息交互。

6.1.1 E5动力电池包

纯电动汽车的动力电池基本都是化学电池，以锂离子电池为主，材料主要有磷酸铁锂、三元锂、锰酸锂、钴酸锂、钛酸锂等。目前比较常用的三元锂和磷酸铁锂电池参数对比见表6-1。

表6-1 三元锂和磷酸铁锂电池参数对比

材料类别	镍钴锰酸锂(三元锂)	磷酸铁锂
克容量/(mA·h/g)	150	135
电压平台/V	3.6	3.2
循环寿命	3000＋	3000＋
高温性能	较好	较好
低温性能	较好	较差
安全性能	一般	非常好
价格	较高	一般
比能量	较高	稍低
选用的国内车企	北汽新能源、江淮汽车	比亚迪

可见，磷酸铁锂电池优点是高温特性好、安全可靠、循环寿命长，缺点是电压低、比能力低(同等电池容量下质量比较大)、低温特性比较差(在我国北方、西北地区冬天的使用问题比较多)。三元锂电池的优点是高低温性能比较好、比能力高(同等电池容量下质量比较小)，缺点是安全性能目前不如磷酸铁锂电池。

从安全角度出发，一般国内的电动大客车基本使用铁锂电池；在乘用轿车上，磷酸铁锂电池占主流。三元锂电池随着安全性能的改进提升，也慢慢占据相当的市场份额。

BYDE5的动力电池采用磷酸铁锂电池。E5的动力电池为一个大电池包，由动力电池模组和电池信息采集器外加电池模组的串联线、托盘、密封罩、电池采样线组成。

动力电池包额定总电压为653.4V，总电量约为42.47kW·h，容量为65A·h。电池包由13个电池模组依次串联而成，每个电池模组由若干个电池单体依次串联而成，整个电池包共有198个电池单体。

BYD E5动力电池包的基本构成如图6-2所示。

电池包分成上、下两层，上层为模组6～8、12、13，下层为模组1～5、9～11。每个模组都有一个电池信息采集器BIC，BIC之间通过BIC CAN连接，并与外部BMC连接。分压接触器1位于模组6内部，分压接触器2位于模组10内部，正极接触器位于13号模组内部，负极接触器位于1号模组内部，接触器均由外部BMC进行控制。

每个电池模组(见图6-3)包含若干个串联的电池单体，每个电池单体都有一个电池信息采集器(battery information collector，BIC)，电池信息采集器的主要功能有电池电压采样、温度采样、电池均衡、采样线异常检测等。每个电池单体电压为3.3V，容量为65A·h。

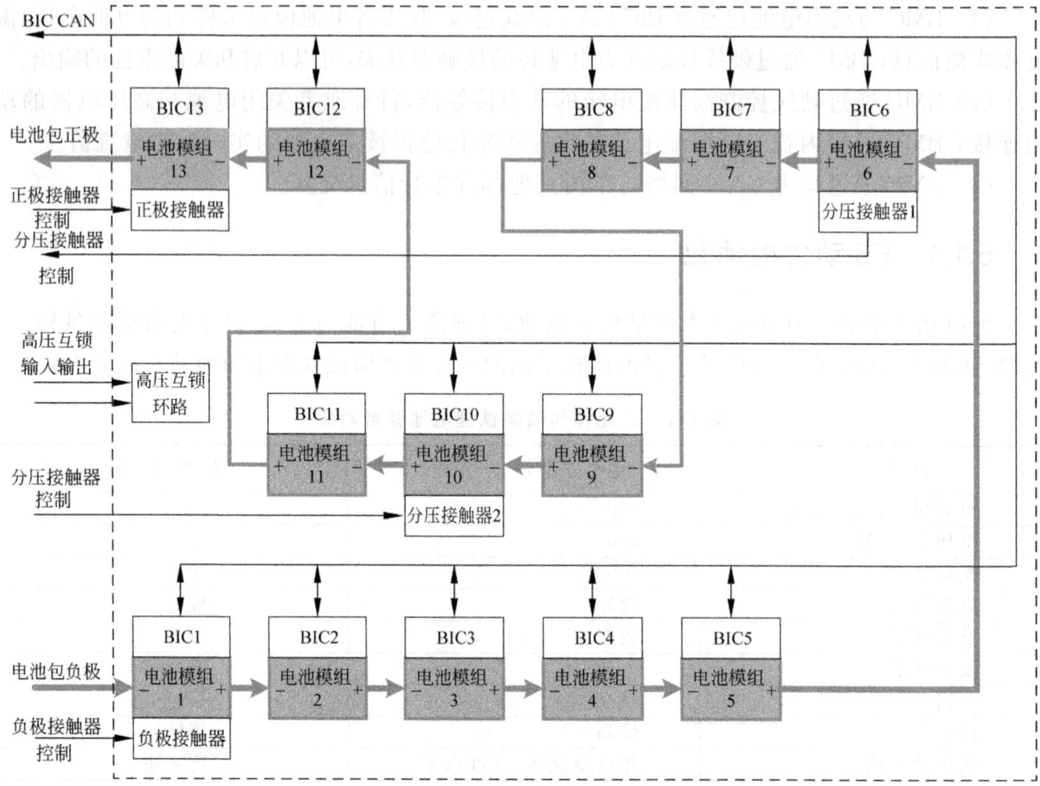

图 6-2　BYD E5 电池包组成示意图

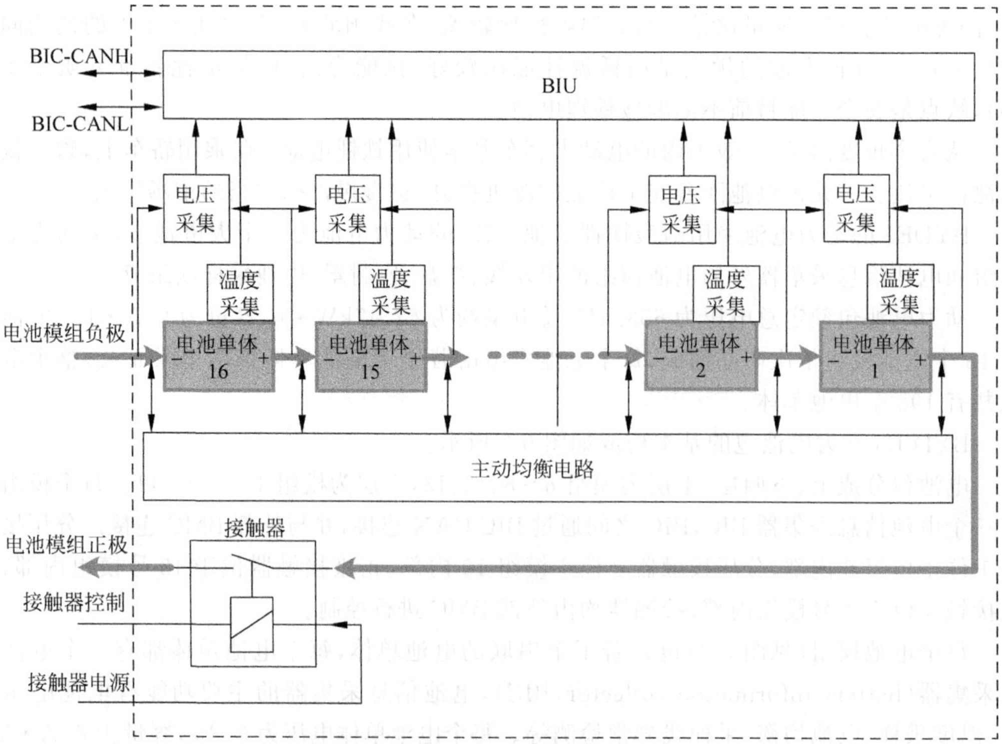

图 6-3　BYD E5 电池模组组成示意图

6.1.2 E5电池管理控制器

电池管理控制器(BMC)负责电池整体的控制，主要负责动力电池总体的电流检测、充放电管理、高压配电箱接触器控制、功率控制、电池异常状态报警和保护、SOC计算、自检以及通信功能等。

在汽车启动时，启动网控制双路电(IG2电)上电，BMC得电，通过动力网CAN接收来自启动网的CAN启动通知，自检通过后，接通高压配电箱的预充接触器，再接通主接触器，使电池对电机控制器放电、对DC-DC放电、为低压电器供电和低压充电。BMC控制汽车上电流程如图6-4所示。

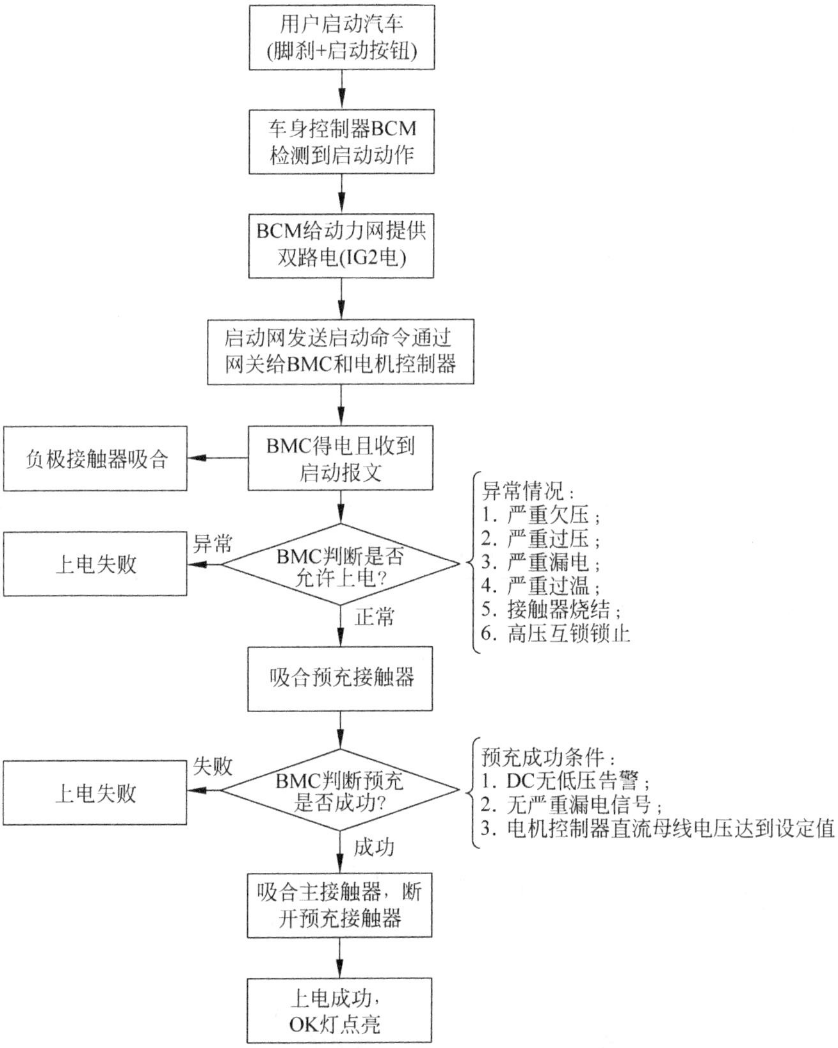

图6-4 BMC控制汽车上电流程

在汽车行驶(放电、能量回馈)和充电过程中，BMC实时检测电池的电压、电流、温度以及碰撞、漏电状态，在异常情况下切断动力输出或者通过动力网CAN通知电机控制器、交流车载充电器、直流充电桩进行放电/充电功率的控制，具体见表6-2～表6-5。

表 6-2　BMC 的电压检测和控制策略

序号	策略名称	电池工作状态	警报	触发条件	措施
1	动力电池电压	放电状态	单节电池电压过低严重报警	$U\leqslant 2.0$V	1. 大功率设备(主电机、空调压缩机和 PTC)停止用电。 2. 延迟 10s 切断主接触器,断开负极接触器。 3. 仪表灯亮。 4. 仪表显示报警信息
2			单节电池电压过低一般报警	2.0V$<U<$2.5V	1. 大功率设备(电视、空调压缩机和 PTC)降低当前电流,限功率工作。 2. 仪表显示报警信息。 3. 电机能量回馈禁止,直到报警清除。 4. 电压为 2.5V 时,SOC 修正为 0
3		充电状态	单节电池电压过高一般报警	3.85V$\leqslant U<$4.1V	1. 禁止动力电池进行充电。 2. 仪表显示报警信息。 3. 电压为 3.8V 时,SOC 修正为 100
4			单节电池电压过高严重报警	$U\geqslant 4.1$V	1. 延迟 10s,断开主电接触器,断开负极接触器,整车禁止充电。 2. 仪表灯亮。 3. 仪表显示报警信息

表 6-3　BMC 的电流、碰撞检测和控制策略

序号	策略名称	电池工作状态	警报	触发条件	措施
1	动力电池电流	电流放电电流	过流报警	$I\geqslant 360$A	1. 要求大功率用电设备(电机、空调压缩机和 PTC)降低电流,限功率工作。 2. 如果在过流报警发出后,电流依然在过流状态并持续 10s,断开主接触器
2		电池充电电流		$I\leqslant -100$A(负号表示充电)	电流在过流状态持续 10s,断开充电接触器
3		回馈充电电流		$I\leqslant -100$A(负号表示充电)	1. 要求电机控制器限制反馈电流。 2. 如果发出过流报警后,电流依然处于过滤状态并持续 10s,断开主接触器
4	碰撞保护策略	充、放电状态下	碰撞故障	接收碰撞信号	立即断开主接触器、负极接触器和分压接触器

表 6-4 BMC 的温度检测和控制策略

序号	策略名称	电池工作状态	警报	触发条件	措施
1	动力电池温度	充、放电状态下	电池组过热严重报警	$T_{max} \geqslant 70℃$	1. 充电设备关断充电，直到清除报警。 2. 大功率设备（驱动电机、空调压缩机和 PTC）停止用电。 3. 延迟 10s 切断主接触器、负极接触器。 4. 仪表灯亮。 5. 仪表显示报警信息
2			电池组过热一般报警	$65℃ \leqslant T_{max} < 70℃$	1. 充电设备降低当前充电电流。 2. 大功率设备（驱动电机、空调压缩机和 PTC）降低当前电流。 3. 仪表显示报警信息
3		充、放电状态下	电池组低温一般报警	$-30℃ \leqslant T_{min} < 0℃$	1. 限功率充电。 2. 仪表显示报警信息。 3. −20℃以上时，动力电池可以充、放电。 4. −30～−20℃之间时，动力电池可以放电但无法充电
4			电池组严重低温报警	$T_{min} < -31℃$	1. 限功率充电。 2. 仪表显示报警信息。 3. −30℃以下时，动力电池将无法进行充、放电

表 6-5 BMC 的漏电检测和控制策略

序号	策略名称	电池工作状态	警报	触发条件	措施
1	动力电池漏电	充、放电状态下	正常	$R > 500\Omega/V$	
2			一般漏电报警	$100\Omega/V < R \leqslant 500\Omega/V$	仪表灯亮，报动力系统故障
3		充、放电状态下	严重漏电报警	$R \leqslant 100\Omega/V$	行车中： 仪表灯亮，立即断开主接触器、分压接触器、负极接触器。 停车中： 1. 禁止上电； 2. 仪表灯亮，报动力系统故障。 充电中： 1. 断开交流充电接触器、分压接触器和负极接触器。 2. 仪表灯亮，报动力系统故障

6.1.3 E5 高压配电箱

E5 汽车的高压配电箱完成车内高压配电，也就是内部高压线路连接控制功能。BYD E5 高压配电箱组成示意图如图 6-5 所示。

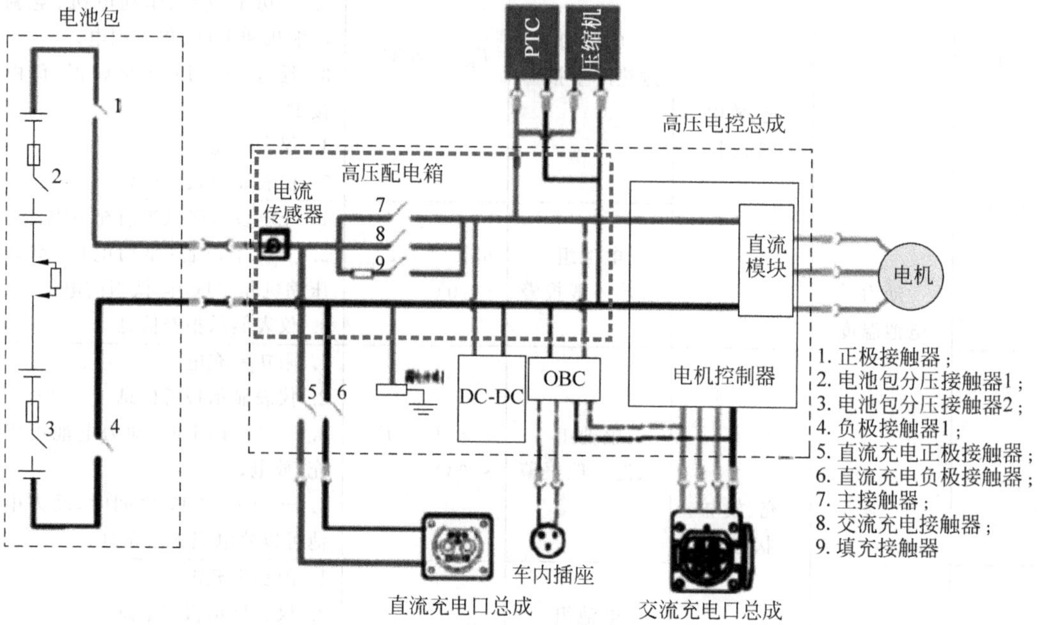

图 6-5 BYD E5 高压配电箱组成示意图

高压配电箱在 BMC 的低压硬线控制下，可以完成如下高压连接：

(1) 电池↔双向电机控制器(双向逆变器)，双向放电/充电。

电池→双向电机控制器(逆变器)，为放电方向。先闭合 9 号接触器，对电机的大电容进行预充，保证电流平稳；然后闭合 8 号主接触器，为电机供电。

双向电机控制器(逆变器)→电池，为能量回馈(充电)方向。在汽车为非加速或者制动时从电机产生电能，输入到电池。

(2) 电池↔车载充电器 OBC↔交流充电口，双向放电/充电。可以通过交流充电口给电池充电，也可以使用电池给车外 220V 电器放电。

(3) 直流充电口→电池，单向充电。

(4) 电池→空调/PTC，单向放电。

(5) 电池→DC/DC，单向放电。

高压配电箱内还有动力电池的电流检测传感器，使用霍尔传感方式，由 BMC 供电。电流霍尔传感器将测到的电流值通过硬线实时传送给 BMC。

6.2 部件的位置

动力电池包布置于整车地板下面，如图 6-6 所示。

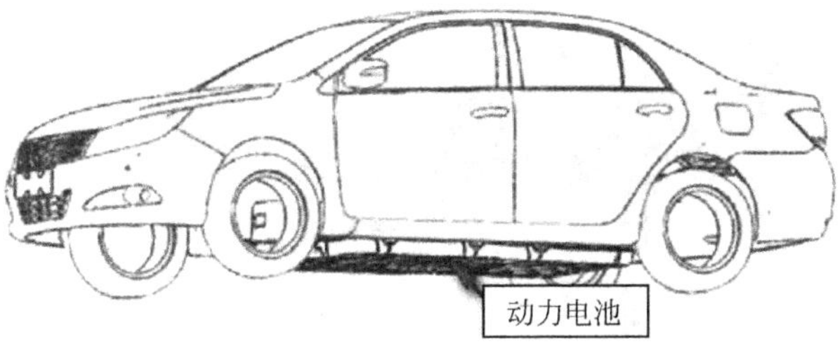

图 6-6 动力电池的位置

高压配电箱被集成于四合一的高压电控总成（电机控制器、车载充电器、DC-DC 转换器、漏电传感器）内，位于 E5 汽车前舱，如图 6-7 所示。电池管理控制器 BMC（见图 6-8）也位于前舱，在高压电控总成后面。

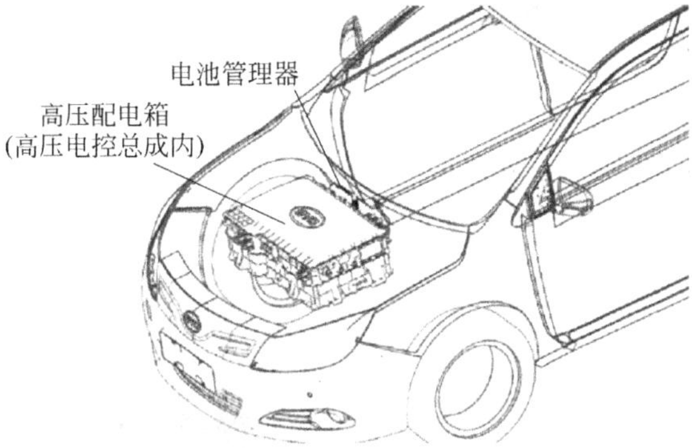

(a)

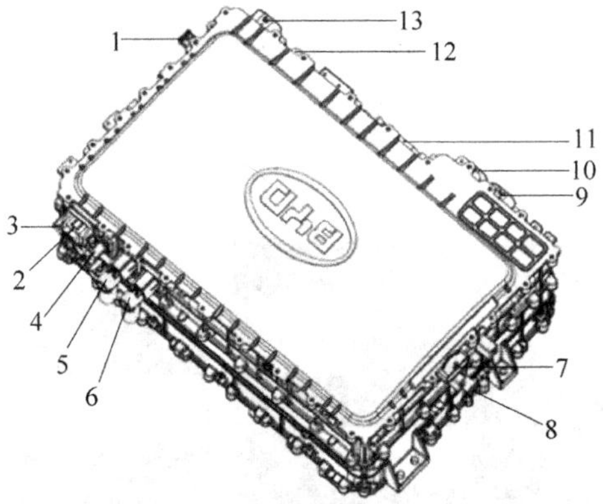

(b)

图 6-7 高压配电箱

(a) 高压配电箱、电池管理器的位置；(b) 高压配电箱(高压电控总成内)端子；
(c) 高压配电箱(内置于高压电控总成内)

(c)

图 6-7 （续）

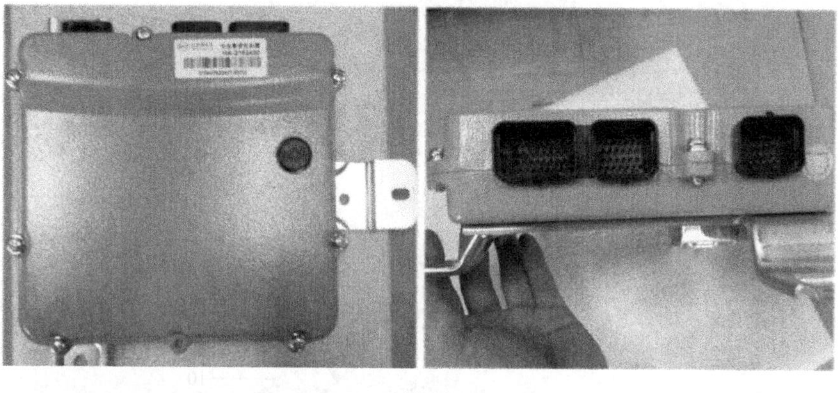

(a)

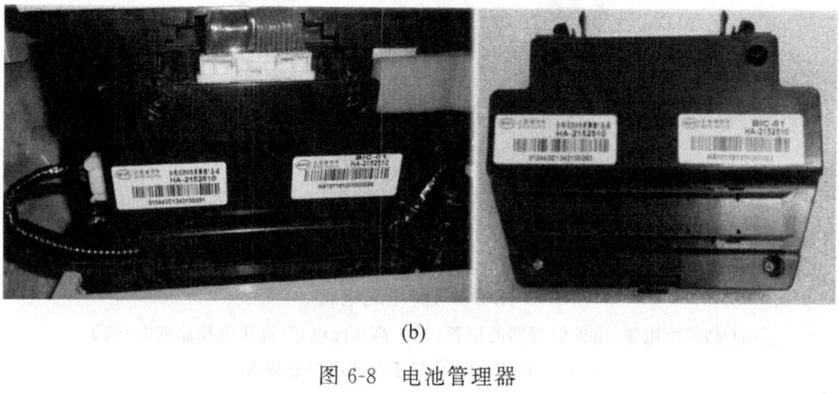

(b)

图 6-8　电池管理器

(a) BMC 电池管理器；(b) BIU 电池模组信息采集器

6.3 高压连接图

高压接线端子都用橙色粗套管套住，均在前舱，如图 6-9 所示。

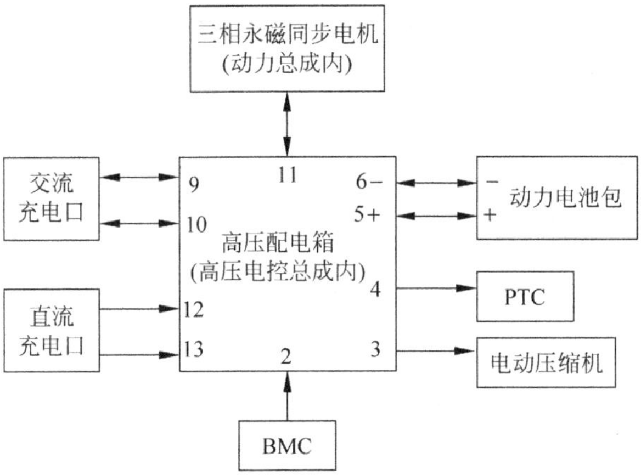

图 6-9　高压连接关系

注：因为高压线路和端子的操作存在危险，且不易测量，一般情况下不建议直接测量，可以通过诊断工具的诊断功能进行间接测量。

6.4 低压电路图

6.4.1 BMC 和电池包

BMC 和电池包低压电路图如图 6-10 所示。

6.4.2 高压配电箱

高压配电箱电路图如图 6-11 所示。

6.5 低压线束的位置

6.5.1 前舱低压线束

BMC 和高压配电箱的低压连接线束(见图 6-12)和端子位于前舱，为黑色线束，掀开前舱即可看到。线束/端子具体线路连接关系参见低压电路图。

6.5.2 地板线束

连接电池采样器的低压采样线位于地板上，需要拆开地板才能看到，为黑色线束(见图 6-13)。

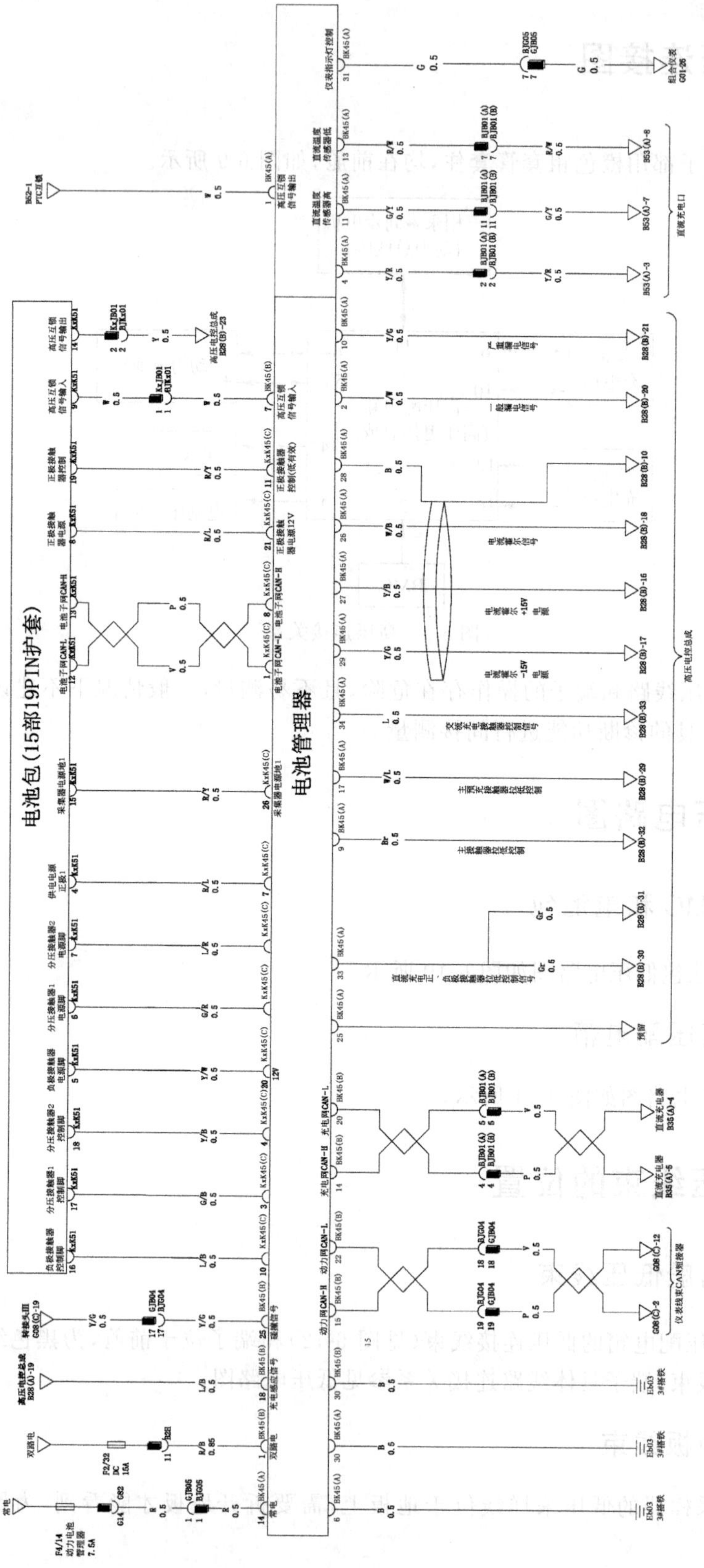

图 6-10 BMC和电池包低压电路图

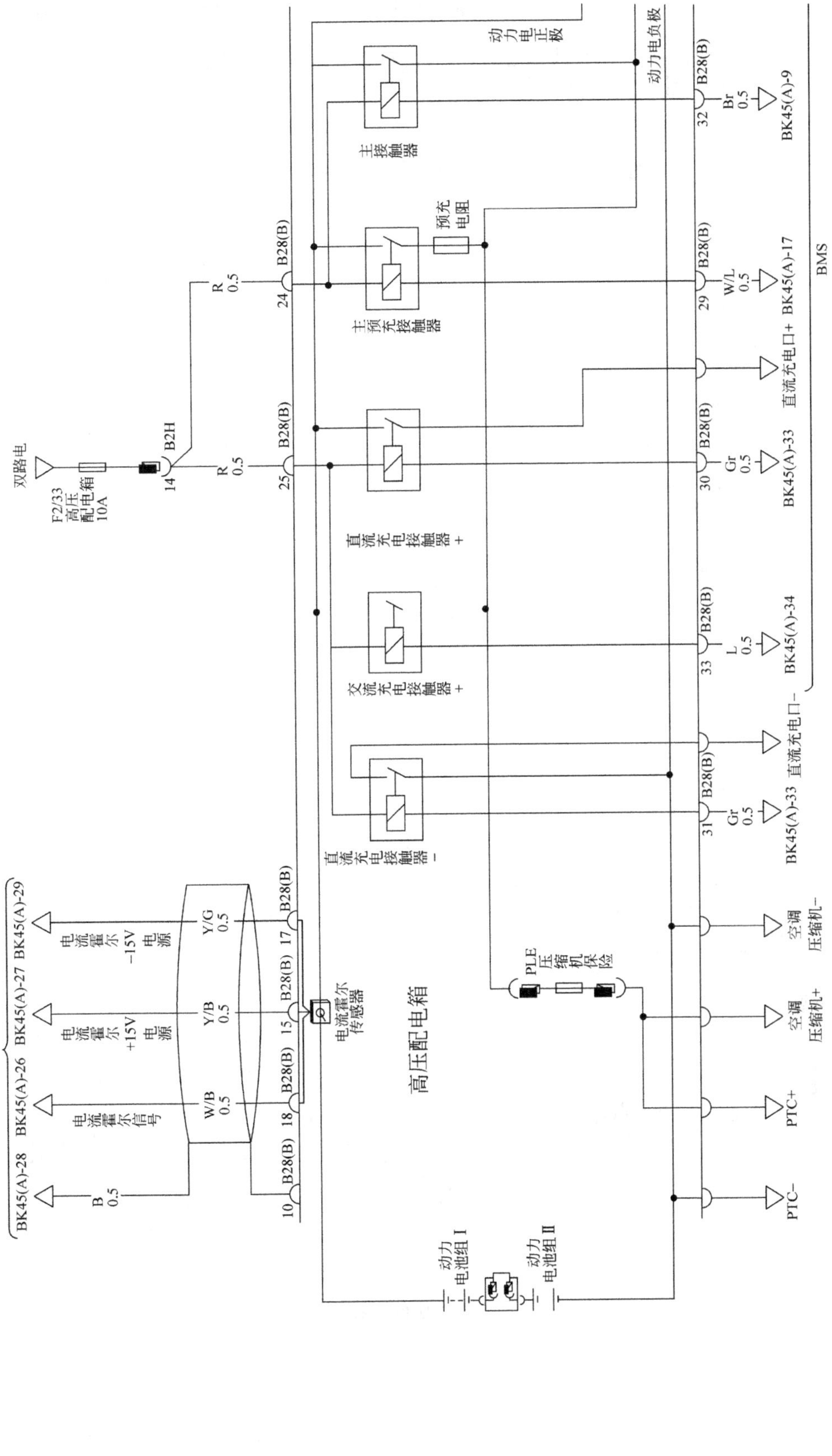

图 6-11 高压配电箱电路图

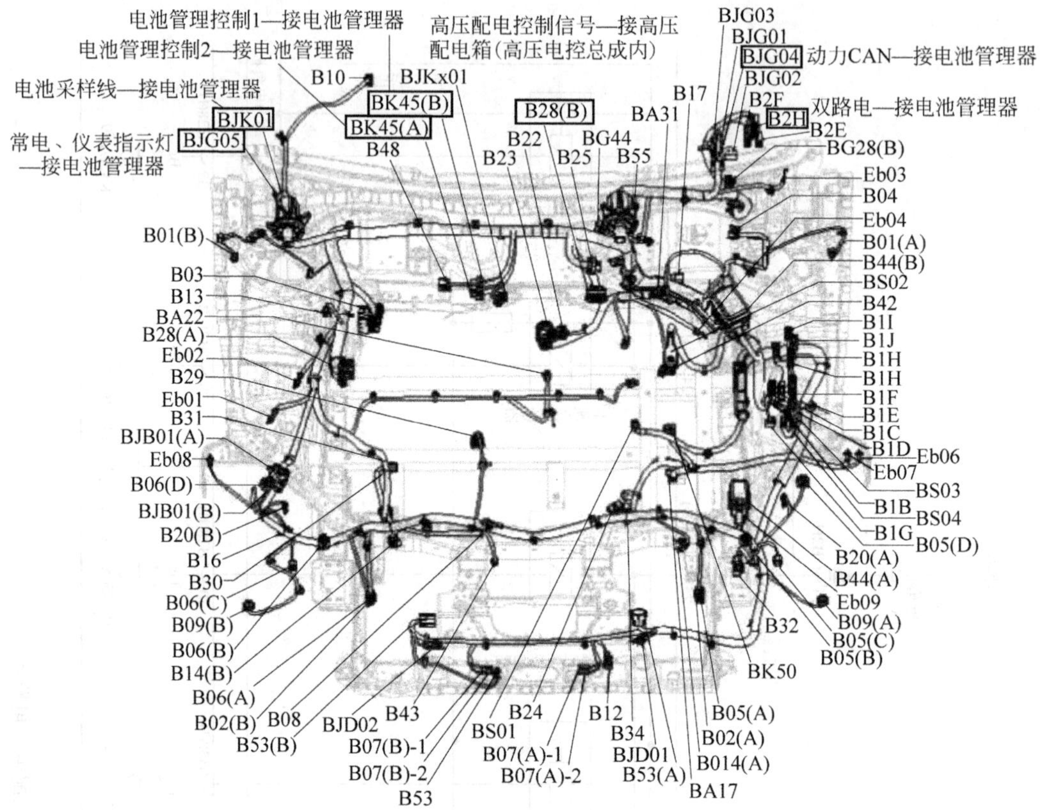

图 6-12　前舱低压线束

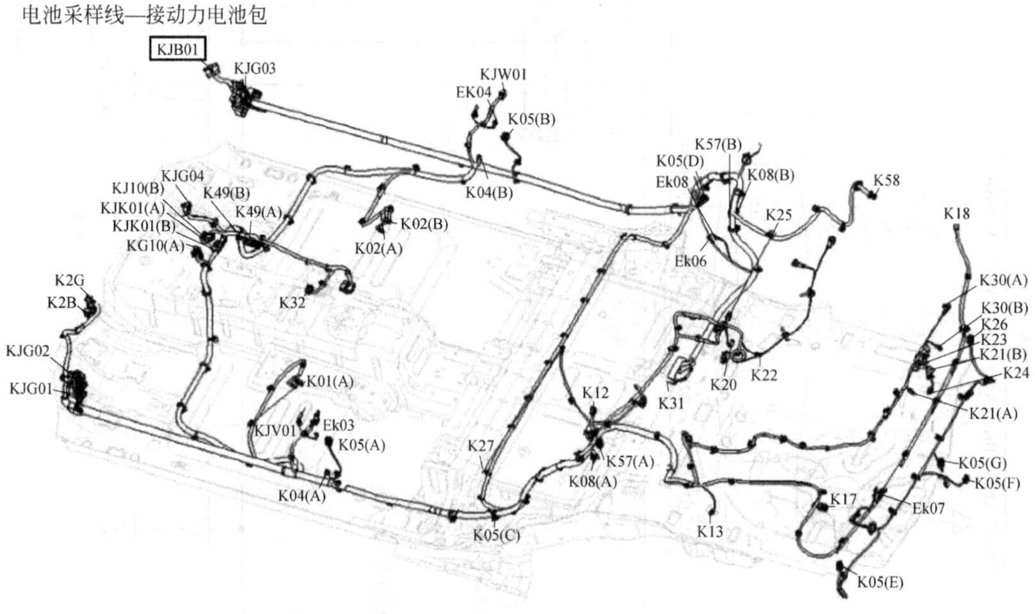

图 6-13　地板线束

6.6 低压线束端子信号

低压线束和接口如图 6-14 所示。

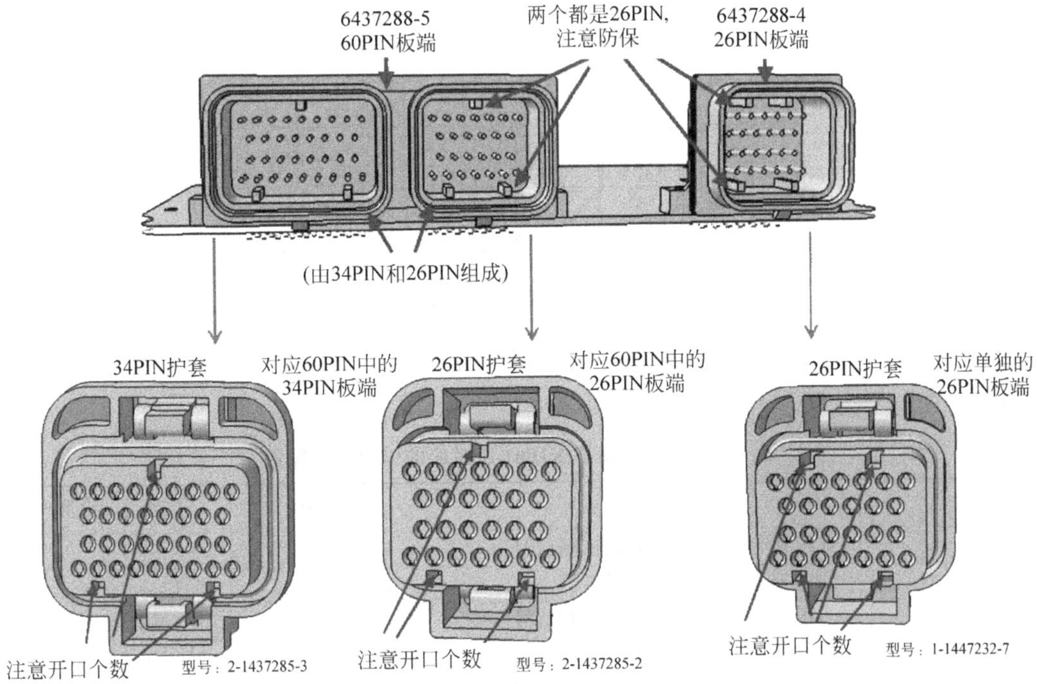

图 6-14 低压线束和接口

6.6.1 电池采集器 BIC 端子 BJK01

BMC 侧端子 BJK01 所对应的引脚号和颜色见表 6-6，BMC 侧端子 BJK01 外形如图 6-15 所示。

表 6-6 BMC 侧端子 BJK01 所对应的引脚号和颜色

编号	端子描述	对端	对端引脚
10	电池包总负极接触器控制信号	电池包	KXK51-16
20	电池包总负极接触器电源	电池包	KXK51-5(12V)
11	电池包总正极接触器控制信号	电池包	KXK51-19(低有效)
21	电池包总正极接触器电源	电池包	KXK51-8(12V)
3	电池包内部分压接触器 1 控制信号	电池包	KXK51-17
14	电池包内部分压接触器 1 电源	电池包	KXK51-6
4	电池包内部分压接触器 2 控制信号	电池包	KXK51-18
15	电池包内部分压接触器 2 电源	电池包	KXK51-7
26	采集器 BIC ECU 地	电池包	KXK51-15

续表

编号	端 子 描 述	对端	对 端 引 脚
7	采集器 BIC ECU 电源	电池包	KXK51-4
1	电池子网 CAN-L	电池包	KXK51-12
8	电池子网 CAN-H	电池包	KXK51-13
2	电池子网 CAN 屏蔽地	电池包	CAN 屏蔽地

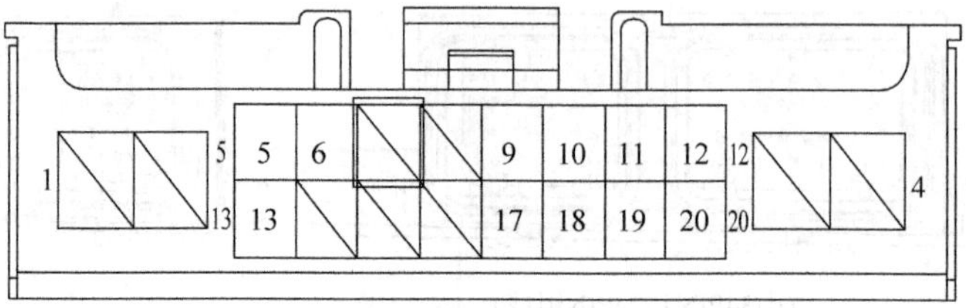

图 6-15　BMC 侧端子 BJK01 外形

电池侧端子 KJB01 所对应的引脚号和颜色见表 6-7，电池侧端子 KJB01 外形如图 6-16 所示。

表 6-7　电池侧端子 KJB01 所对应的引脚号和颜色

编号	端 子 描 述	对端	对 端 引 脚
16	电池包总负极接触器控制信号	BMS	
5	电池包总负极接触器电源	BMS	12V
19	电池包总正极接触器控制信号	BMS	(低有效)
21	电池包总正极接触器电源	BMS	12V
17	电池包内部分压接触器 1 控制信号	BMS	
6	电池包内部分压接触器 1 电源	BMS	
18	电池包内部分压接触器 2 控制信号	BMS	
7	电池包内部分压接触器 2 电源	BMS	
15	采集器 BIC ECU 地	BMS	
4	采集器 BIC ECU 电源	BMS	
12	电池子网 CAN-L	BMS	
13	电池子网 CAN-H	BMS	
9	高压互锁输入	BMS	高压互锁输入
14	高压互锁输出	高压电控总成	高压互锁输出

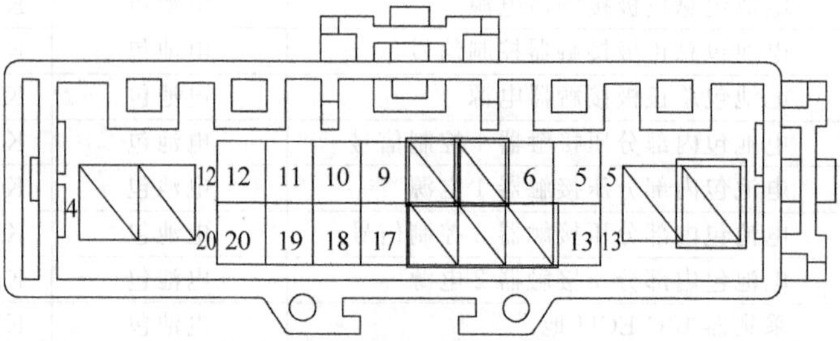

图 6-16　电池侧端子 KJB01 外形

6.6.2 整车其他低压接口 BK45(B)

BMC 侧端子 BK45(B)所对应的引脚号和颜色见表 6-8，BMC 侧端子 BK45(B)外形如图 6-17 所示。

表 6-8 BMC 侧端子 BK45(B)所对应的引脚号和颜色

编号	端子描述	线色	方向	对端	对端引脚
1	双路电			前舱配电盒	
6	搭铁			车身搭铁	
25	碰撞信号			转接头 G08(C)	G08(C)-19/G2R/SRS ECU
7	高压互锁输入			电池包	
15	动力网 CAN-H			仪表线束 CAN 短接器 G08	
22	动力网 CAN-L				
16	动力网 CAN 屏蔽信号				
18	交流充电感应信号			高压电控总成	
13	直流充电口温度传感器高				
11	直流充电口温度传感器低				
4	直流充电感应信号				
21	充电子网 CAN 屏蔽地				
20	充电子网 CAN-L				
14	充电子网 CAN-H				

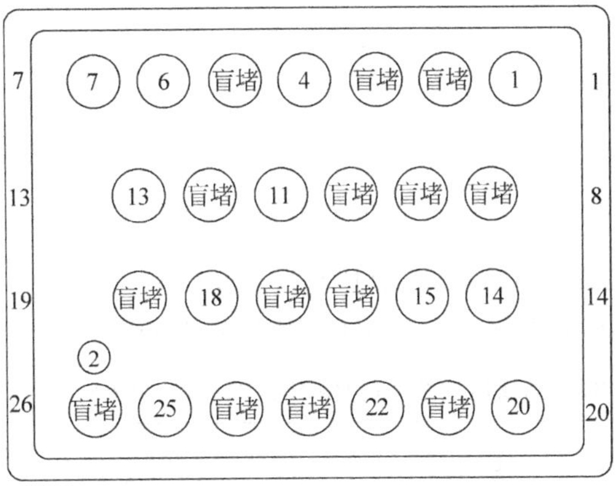

图 6-17 BMC 侧端子 BK45(B)外形

6.6.3 高压配电箱(高压电控总成)接口 BK45(A)

BMC 侧端子 BK45(A)所对应的引脚号和颜色见表 6-9，BMC 侧端子 BK45(A)外形如图 6-18 所示。

表 6-9　BMC 侧端子 BK45(A)所对应的引脚号和颜色

编号	端子描述	线色	方向	对端	对端引脚
33	直流充电正负极拉低控制信号				
9	主接触器拉低控制				
17	主预充接触器拉低控制				
34	交流充电器接触器控制信号				
29	电流霍尔－15V 电源				
27	电流霍尔＋15V 电源				
26	电流霍尔信号				
28	电流霍尔屏蔽地				
2	一般漏电信号				
10	严重漏电信号				
14	常电(仪表配电盒)				
31	仪表指示灯				
1	高压互锁输出(PTC)				
6	搭铁				
30	搭铁				

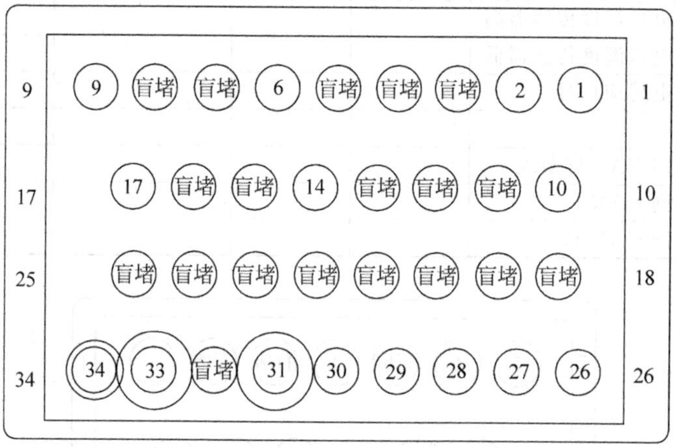

图 6-18　BMC 侧端子 BK45(A)外形

高压配电箱(高压电控总成内)侧端子 B28(B)-33PIN 所对应的引脚号和颜色见表 6-10,高压配电箱(高压电控总成内)侧端子 B28(B)-33PIN 外形如图 6-19 所示。

表 6-10　高压配电箱(高压电控总成内)侧端子 B28(B)-33PIN 所对应的引脚号和颜色

引脚号	端口名称	端口定义	线束接法	电源性质及电压标准值	备注
4,5		VCC 双路电电源		双路电	
8,9		GND 双路电电源地	车身地	双路电	
10		GND	直流霍尔屏蔽地		
13	GND	CAN 屏蔽地			
14	CAN-H	动力网 CAN-H			

续表

引脚号	端口名称	端 口 定 义	线束接法	电源性质及电压标准值	备注
15	CAN-L	动力网 CAN-L			
16		直流霍尔电源＋	BMS		
17		直流霍尔电源－	BMS		
18		直流霍尔信号	BMS		
19					
20		一般漏电信号	BMS		
21		严重漏电信号	BMS		
22	驱动/充电	高压互锁＋	BMS		
23	驱动/充电	高压互锁－			
24		主接触器/预充接触器电源		双路电	
25		交直流充电正负极接触器电源		双路电	
29		主预充接触器控制信号	BMS		
30		直流充电正极接触器控制信号	BMS		
31		直流充电负极接触器控制信号	BMS		
32		主接触器控制信号	BMS		
33		交流充电接触器控制信号	BMS		

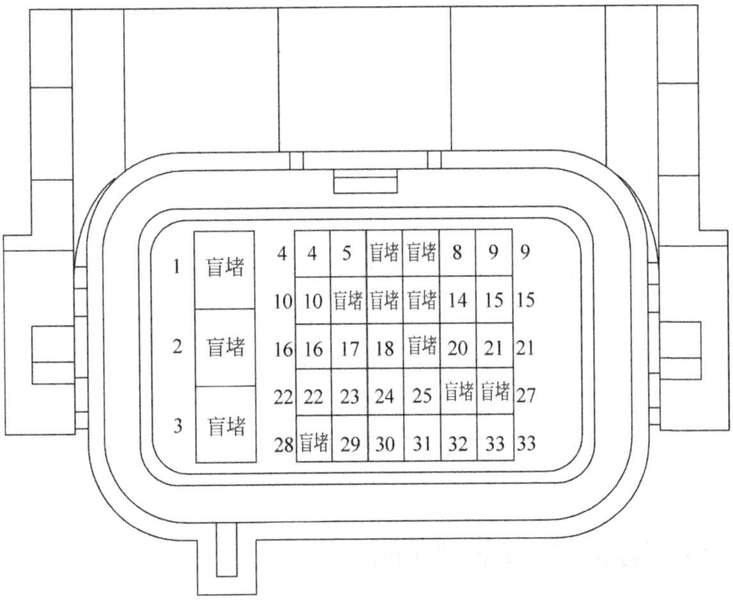

图 6-19 高压配电箱(高压电控总成内)侧端子 B28(B)-33PIN 外形

6.6.4 其他相关接插件端子

其他相关端子如图 6-20 所示。

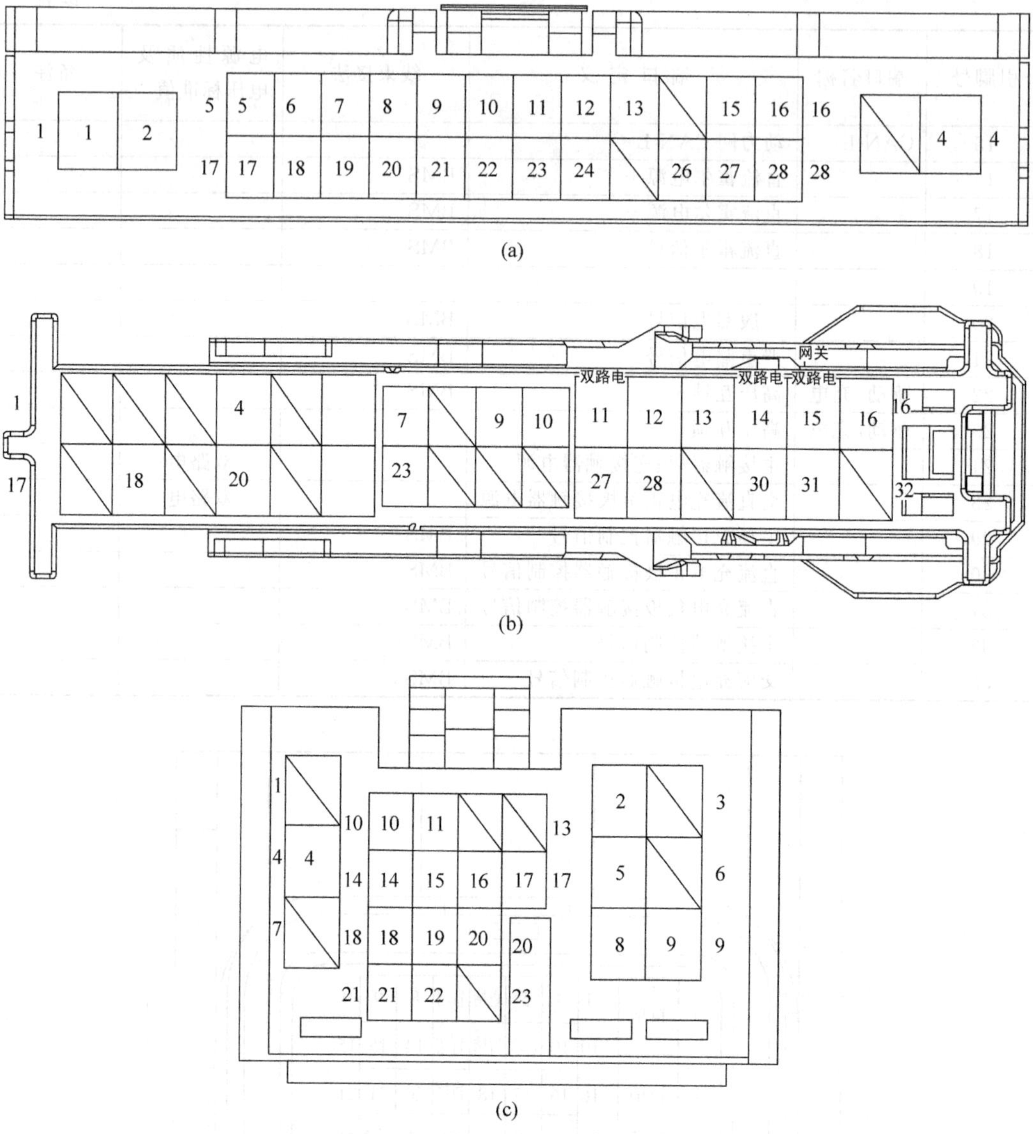

图 6-20 相关接插件端子

(a) BJG05 接插件端子；(b) B2H 接插件端子；(c) BJG04 接插件端子

6.7 工作数据信息和故障码

6.7.1 实时数据

使用诊断工具进入 BYD→“电池管理器 BMS”→“读取数据”(见表 6-11)，可以读到 E5 电池、电池采集器、电池管理器以及高压配电箱的实时数据，包括高压数据。

表 6-11 电池管理器实时数据

数据名称	含义	备注
SOC	剩余电量	0～100%
电池组当前总电压	动力电池输出(放电)/输入(充电)直流动力电压	正常情况约 650V
电池组当前总电流	动力电池输出(放电)/输入(充电)直流动力电流	正为放电输出，负为充电输入
预充状态	电池到电机放电的预充过程是否完成	正常上电后应为完成
主接触器状态	高压配电箱的主接触器的吸合/断开状态	正常上电后应为吸合
预充接触器状态	高压配电箱的预充接触器的吸合/断开状态	正常上电后先吸合，后断开
充电接触器状态	高压配电箱的直流或者交流充电接触器的吸合/断开状态	非充电时应为断开
正极接触器状态	动力电池包的正极接触器的吸合/断开状态	正常上电后应为吸合
负极接触器状态	动力电池包的负极接触器的吸合/断开状态	正常上电后应为吸合
分压接触器 1 状态	动力电池包的分压接触器 1 的吸合/断开状态	正常上电后应为吸合
分压接触器 2 状态	动力电池包的分压接触器 2 的吸合/断开状态	正常上电后应为吸合
最低电压电池编号	动力电池包中电压最低的单体编号	共 198 个电池单体
最高电压电池编号	动力电池包中电压最高的单体编号	共 198 个电池单体
最低温度电池编号	动力电池包中温度最低的单体编号	共 198 个电池单体
最高温度电池编号	动力电池包中温度最高的单体编号	共 198 个电池单体
最低单节电池电压	动力电池包中电压最低的单体的电压	正常情况约 3.2V
最高单节电池电压	动力电池包中电压最高的单体的电压	正常情况约 3.2V
最低单节电池温度	动力电池包中温度最低的单体的温度	正常情况下 40℃左右
最高单节电池温度	动力电池包中温度最高的单体的温度	正常情况下 40℃左右
电池组平均温度	动力电池包所有单体温度的平均值	正常情况下 40℃左右
均衡状态	动力电池是否处于均衡状态	一般在满充后进行均衡
放电是否允许	动力电池是否允许放电	正常上电后应为允许
充电是否允许	动力电池是否允许充电	正常上电后应为允许
智能充电是否允许	动力电池是否允许向 12V 低压铁电池充电	正常上电后应为允许
用电设备是否允许	空调、PTC 等设备是否可以使用	正常上电后应为允许
VTOL 放电是否允许	车对车放电是否允许	正常上电后应为允许
车内插座是否允许	车内使用 220V 交流电是否可以	正常上电后应为允许
DC 工作是否允许	DC-DC 是否允许工作	正常上电后应为允许
主动泄放是否允许	动力电池是否允许主动泄放	正常上电后应为允许

使用诊断工具进入 BYD→“电池模组 BIU”→“读取数据”(见表 6-12)，可以读到 E5 电池包内 13 个电池模组和 BIU 的采样信息。

表 6-12 电池模组数据

数据名称	备注
BIC1 最低单节电池电压	正常情况约 3.2V
BIC1 最高单节电池电压	正常情况约 3.2V
BIC1 最低单节电池温度	正常情况下 40℃左右
BIC1 最高单节电池温度	正常情况下 40℃左右

续表

数据名称	备　注
BIC1 最低电压电池编号	
BIC1 最高电压电池编号	
BIC1 最低温度电池编号	
BIC1 最高温度电池编号	
⋮	
BIC13 最低单节电池电压	正常情况约 3.2V
BIC13 最高单节电池电压	正常情况约 3.2V
BIC13 最低单节电池温度	正常情况下 40℃左右
BIC13 最高单节电池温度	正常情况下 40℃左右
BIC13 最低电压电池编号	正常情况约 3.2V
BIC13 最高电压电池编号	
BIC13 最低温度电池编号	
BIC13 最高温度电池编号	

6.7.2 故障码

使用诊断工具进入 BYD→"电池管理器 BMS"→"读取故障"，可以读到 E5 电池、电池采集器、电池管理器以及高压配电箱的当前和历史故障。

为了保证读出的故障为当前实时故障，需要清除一次故障后，再次读取。

电池系统可能产生的故障码见表 6-13。

表 6-13　电池管理器可能产生的故障码

故障码	故障名称	备　注
P1A3400	预充失败	电机或者 DC-DC 未达到预充电压
P1A3500	单节电池电压严重过高	动力
P1A3600	单节电池电压一般过高	
P1A3700	单节电池电压严重过低	
P1A3800	单节电池电压一般过低	
P1A3900	单节电池温度严重过高	
P1A3A00	单节电池温度一般过高	
P1A3B00	单节电池温度严重过低	
P1A3C00	单节电池温度一般过低	
P1A3D00	负极接触器回检故障	负极接触器异常
P1A3E00	主接触器回检故障	主接触器异常
P1A3F00	预充接触器回检故障	预充接触器异常
P1A4000	充电接触器回检故障	
P1A4300	电池管理器＋15V 供电过高	
P1A4400	电池管理器＋15V 供电过低	BIC 供电线路异常
P1A4500	电池管理器－15V 供电过高	
P1A4600	电池管理器－15V 供电过低	
P1A4D00	电流霍尔传感器故障	(高压配电箱)电流霍尔信号异常

续表

故障码	故障名称	备注
P1A4E00	电池组过流告警	
P1A4F00	电池管理系统初始化错误	
P1A5000	电池管理系统自检故障	
P1A5500	电池管理器12V电源输入过高	常电/双路电信号异常
P1A5600	电池管理器12V电源输入过低	
P1A5700	大电流拉断接触器故障	
P1A5800	放电回路故障	
P1A5900	与高压电控器通信故障	动力CAN线路故障
P1A5C00	分压接触器1回检故障	分压接触器1异常
P1A5D00	分压接触器2回检故障	分压接触器2异常
P1A6000	高压互锁故障	
P1A9000	因温度低导致限充电功率为0	
P1A9100	因温度高导致限充电功率为0	
P1A9200	因温度低导致限放电功率为0	
P1A9300	因温度高导致限放电功率为0	
P1A9400	因电压低导致限放电功率为0	
P1A9500	因采集器故障导致充放电功率为0	
P1A9600	因电压高导致无法回馈	
U029700	有感应信号但没有车载报文	
U012200	有感应信号但没有启动低压BMS报文	动力CAN线路故障
U20B000	BIC1 CAN通信超时	BIC CAN线路故障
U20B100	BIC2 CAN通信超时	
U20B200	BIC3 CAN通信超时	
U20B300	BIC4 CAN通信超时	
U20B400	BIC5 CAN通信超时	
U20B500	BIC6 CAN通信超时	
U20B600	BIC7 CAN通信超时	
U20B700	BIC8 CAN通信超时	
U20B800	BIC9 CAN通信超时	
U20B900	BIC10 CAN通信超时	
U20BA00	BIC11 CAN通信超时	
U20BB00	BIC12 CAN通信超时	
U20BC00	BIC13 CAN通信超时	

6.8 可设置故障

可设置故障见表6-14。

表 6-14 可设置故障

故障编号	线束/端子描述	位置	故障类型	故障表现	故障码/实时数据	备注
BMS-1	电池包总负极接触器控制信号	BK45(C)-10	线束断路	汽车可以上电但不OK。故障取消后汽车不会自动恢复,要重新上电	P1A3D 负极接触器回检故障	直接断动力电可能存在危险,仅在上电前进行故障设置
BMS-2	电池包内部分压接触器1控制信号	BK45(C)-3	线束断路	汽车可以上电但不OK。故障取消后汽车不会自动恢复,要重新上电	P1A5C 分压接触器1回检故障	直接断动力电可能存在危险,仅在上电前进行故障设置
BMS-3	电池子网 CAN-H	BK45(C)-8	线束断路	汽车无法上电,运行中出现“请检查动力系统”。故障取消后汽车不会自动恢复,要重新上电	U20B0-BC BIC1-12 CAN 通信超时。 P1A95 因采集器故障导致充放电功率为0	
BMS-4	主预充接触器拉低控制	B28(B)-29	线束断路	汽车无法正常启动,不OK,没有“请检查动力系统”。故障取消后可以自动恢复	无故障码。实时数据:未预充,预充接触器断开	直接断动力电可能存在危险,请勿在汽车上电完成后断开,仅在上电前进行故障设置
BMS-5	主接触器拉低控制	B28(B)-32	线束断路	汽车无法正常启动,不OK,没有“请检查动力系统”。故障取消后可以自动恢复	无故障码。实时数据:未预充,预充接触器断开	直接断动力电可能存在危险,请勿在汽车上电完成后断开,仅在上电前进行故障设置
BMS-6	电流霍尔信号	B28(B)-18	线束断路	汽车可以正常上电,OK	无故障码。实时数据:BMS的电池电流接近0	
BMS-7	电池管理器及电机控制器 CAN-H	GJB04-19	线束断路	出现“请检查动力系统”。故障取消后可以自动恢复	诊断仪连接超时	
BMS-8	电池管理器仪表指示灯	BJG05-7	线束断路	汽车可以正常启动,显示OK	无	
BMS-9	碰撞信号	GJB04-17	线束断路	运行过程中,电池不再输出动力电,电机停止工作	N/A	N/A

7 实训课程6：BYD E5直流充电

E5 电动车有两种充电方式：直流充电和交流充电。直流充电主要是通过充电站的直流充电桩将直流高压电直接通过直流充电口给动力电池充电。

E5 的直流充电支持最新的国家标准：

(1)《电动汽车传导充电系统　第 1 部分：通用要求》(GB/T 18487.1—2015)。

(2)《电动汽车传导充电连接装置　第 1 部分：通用要求》(GB/T 20234.1—2015)。

(3)《电动汽车传导充电连接装置　第 3 部分：直流充电接口》(GB/T 20234.3—2015)。

(4)《电动汽车非车载传导式充电机与电池管理系统之间的通信协议》(GB/T 27930—2015)。

E5 的充电口(见图 7-1)位于车前保险杠处，通过车内的充电口开关打开，右侧充电口为直流充电口。注意直流充电时必须将汽车置于 OFF 断电状态，禁止置于 ON 上电状态。

E5 的电池电压为 650V，因此要选择输出电压高于 650V 的直流充电桩(见图 7-2)进行充电。

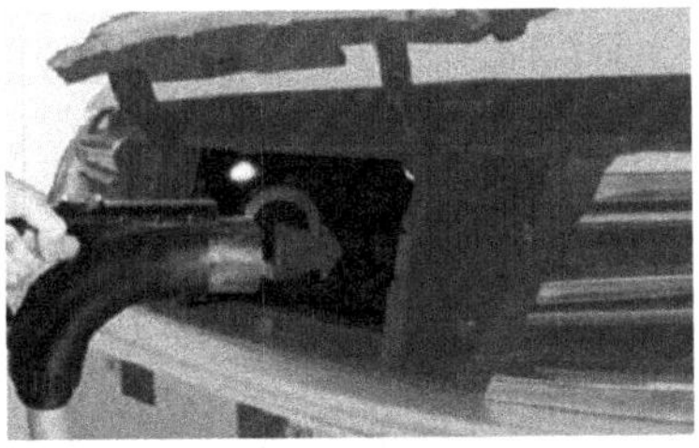

图 7-1　充电口

图 7-2　直流充电桩

7.1　E5 直流充电工作原理

BYD E5 的充电系统，在整个 E5 汽车动力网中的位置和连接关系如图 7-3 所示。直流充电桩经过高压配电箱为动力电池充电。在充电过程中，BMC 和充电桩充电网 CAN 总线进行握手交互，BMC 通过硬线 CC2 检测充电枪是否插入，通过硬线控制高压配电箱的直流充电接触器，开启或者中断充电过程。

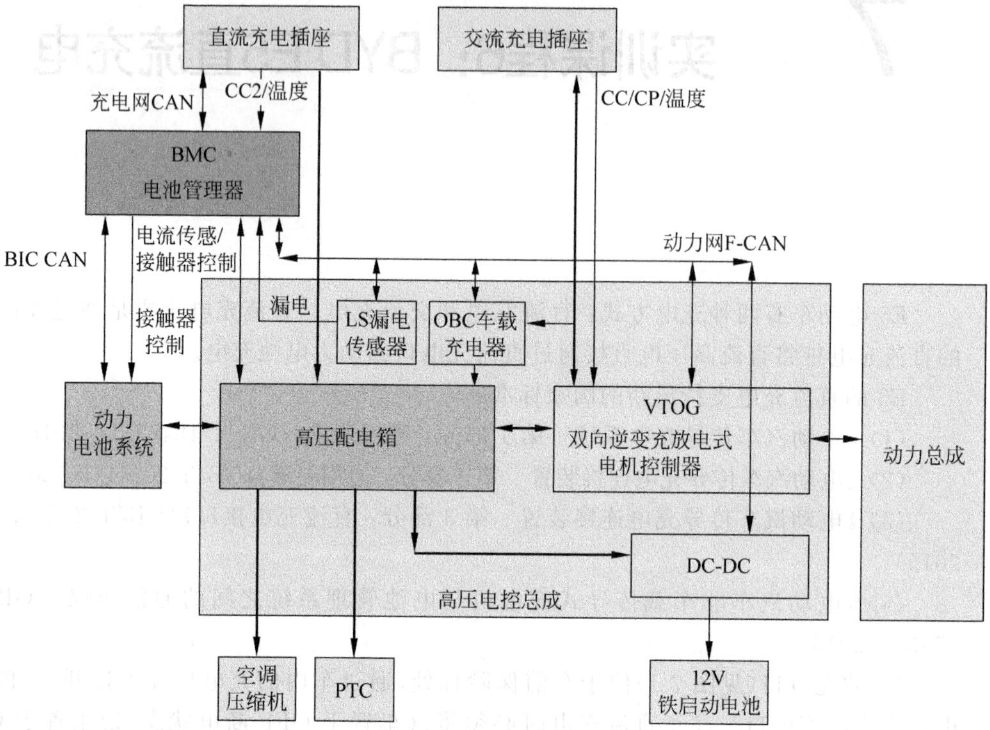

图 7-3　充电系统框图

7.1.1　E5 直流充电接口

E5 直流充电接口及触头电气参数值、功能定义如图 7-4 所示。

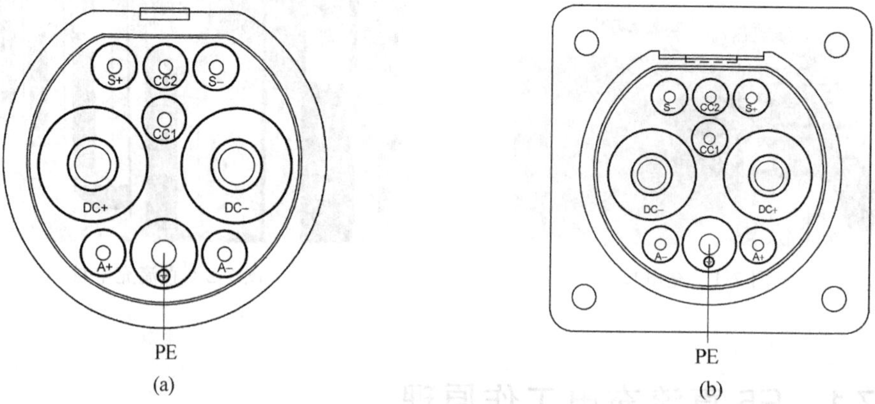

图 7-4　直流充电接口

(a) 直流充电插头(充电枪上)；(b) 直流充电插座(车上)；(c) 触头电气参数值、功能定义

触头编号	标识	额定电压和额定电流	功能定义
1	DC+	750 V，125 A/250 A	直流电源正，连接直流电源正与电池正极
2	DC−	750 V，125 A/250 A	直流电源负，连接直流电源负与电池正极
3	⏚	—	保护接地(PE)，连接供电设备地线和车辆车身地线
4	S+	30 V，2 A	充电通信CANH，连接非车载充电机与电动汽车的通信线[a]
5	S−	30 V，2 A	充电通信CANL，连接非车载充电机与电动汽车的通信线[a]
6	CC1	30 V，2 A	充电连接确认1
7	CC2	30 V，2 A	充电连接确认2
8	A+	30 V，2 A	低压辅助电源正，连接非车载充电机，为电动汽车提供的低压辅助电源
9	A−	30 V，2 A	低压辅助电源负，连接非车载充电机，为电动汽车提供的低压辅助电源

注：表示非车载充电机控制装置和车辆控制装置应有CAN总线终端电阻，建议为120 W。通信线宜采用屏蔽双绞线，非车载充电机端屏蔽层接地。

(c)

图 7-4 （续）

7.1.2 E5和直流充电桩的交互

符合国家标准的直流充电过程如图 7-5 所示。

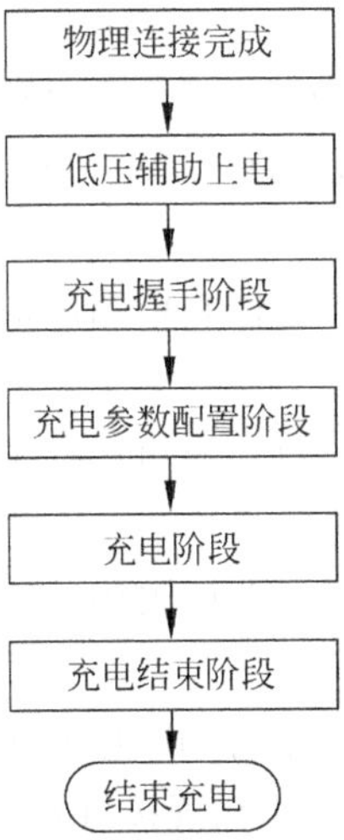

图 7-5 直流充电流程

在充电过程中，存在硬件交互和协议交互两个层面，硬件交互通过充电插座插头的CC1、CC2 硬件信号实现，协议交互通过充电网 CAN 总线硬件进行 CAN 报文交互实现。

直流充电插头和充电插座的硬件连接示意图如图 7-6 所示。

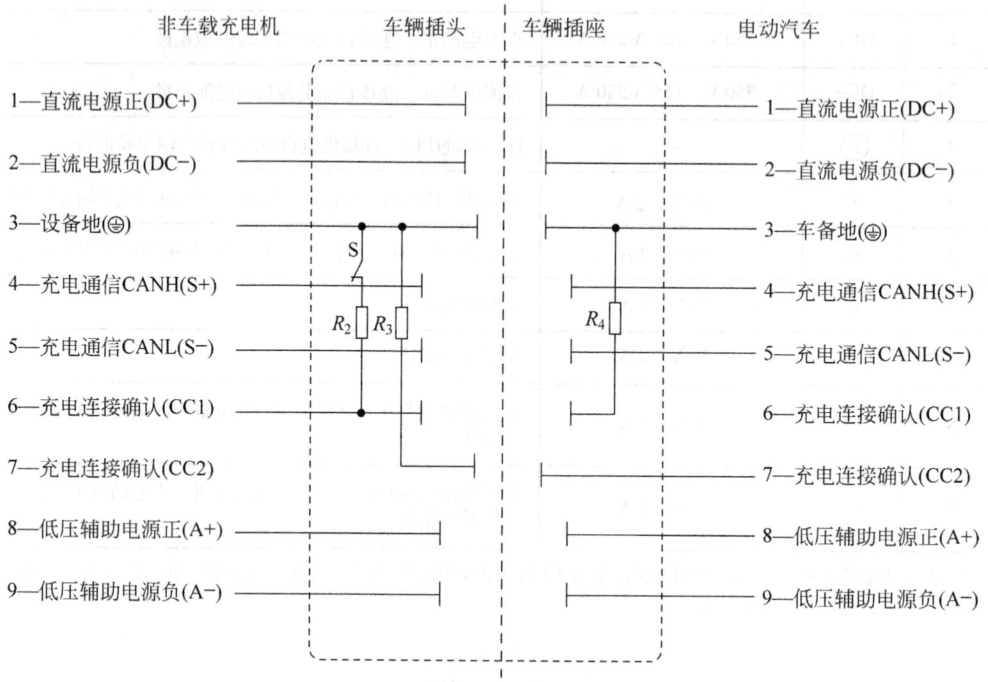

图 7-6　直流充电插头和充电插座的硬件连接示意图

具体流程如下：

(1) 物理连接。直流充电桩选择充电模式(按时间、金额或者电量)，然后将充电枪插入车上的充电插座。充电插座正确插入后，CC1 和 CC2 的电压会变化，CC2 信号送给 BMC 告知充电枪已经插入，CC1 信号送给充电桩告知充电枪已经插入。

(2) 低压辅助上电。充电桩检测 CC1 确认充电枪插入后，发送充电网 CAN 握手报文给汽车 BMC，同时输出 12V 辅助电源给 E5，E5 用于开启双路电(IG2 电)，此时 BMC 可以正常上电工作。

(3) 充电握手阶段。BMC 上电后自检和检测电池状态，是否允许充电，并检测 CC2 信号正常后，回应充电桩的握手 CAN 报文。

(4) 充电参数配置阶段。握手完成后，充电桩与 BMC 进行 CAN 交互，协商充电参数，包括充电电压、充电电流等。

(5) 充电阶段。CAN 协商完成后，BMC 关闭高压配电箱中的直流充电正极和负极接触器，开始充电。

(6) 充电结束阶段。等充电完成条件(电池 SOC＝100％且电池均衡完成)满足时，BMC 通知充电完成。在充电过程中，如果出现接口异常、电池或者充电桩的电压、电流、温度异常，则 BMC 或者充电桩通知对方结束充电。充电结束后，BMC 关闭充电接触器，充电完成。

7.1.3 E5 电池管理器

在充电过程中，BMC 通过实时检测充电枪的硬件检测信号 CC2，判断充电枪的插入和拔出，以及充电枪的温度情况，决定触发充电开启或者中断。

此外，在充电过程中，BMC实时检测电池的电压、电流、温度以及漏电状态，在异常情况下切断动力输出或者通过充电网CAN通知直流充电桩进行充电电流的控制。

7.1.4 E5高压配电箱

高压配电箱在BMC的低压硬线控制下，吸合或者断开接触器5（正极）和接触器6（负极），实现直流充电口到电池的单向充电。

7.2 部件位置

E5的充电口位于车前保险杠处，通过车内的充电口开关打开，右侧充电口为直流充电口。

动力电池包布置于整车地板下面。

高压配电箱被集成于四合一的高压电控总成（电机控制器、车载充电器、DC－DC转换器、漏电传感器）内，位于E5汽车前舱。电池管理器BMC也位于前舱，在高压电控总成后面。

7.3 高压连接图

高压接线端子都用橙色粗套管套住，均在前舱。

注：因为高压线路和端子的操作存在危险，且不易测量，一般情况下不建议直接测量，可以通过诊断工具的诊断功能进行间接测量。

7.4 低压电路图

7.4.1 直流充电插座

直流充电插座低压电路图如图7-7所示。

7.4.2 电池管理器

电池管理器电路图如图7-8所示。

7.4.3 高压配电箱

高压配电箱低压电路图如图7-9所示。

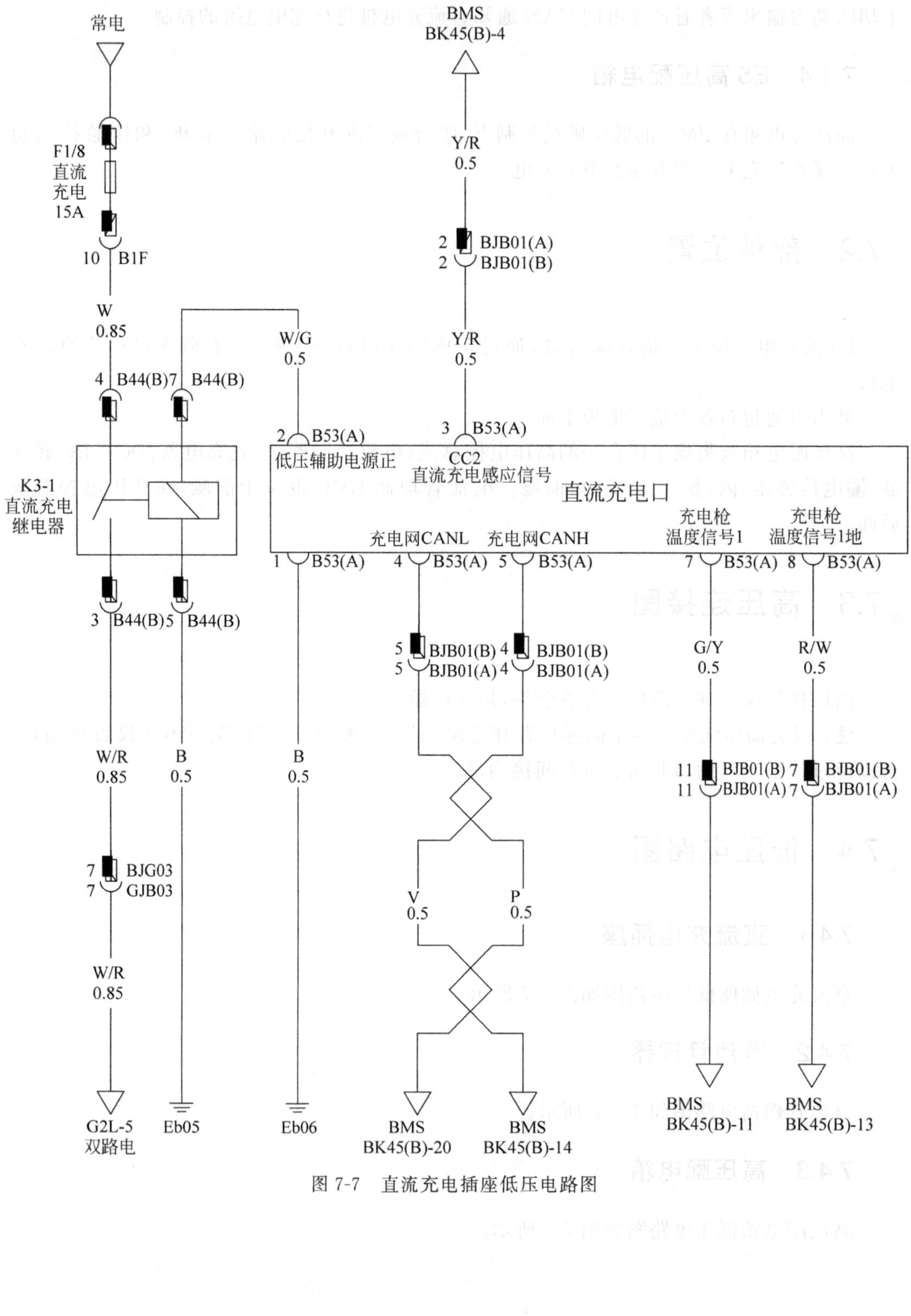

图 7-7 直流充电插座低压电路图

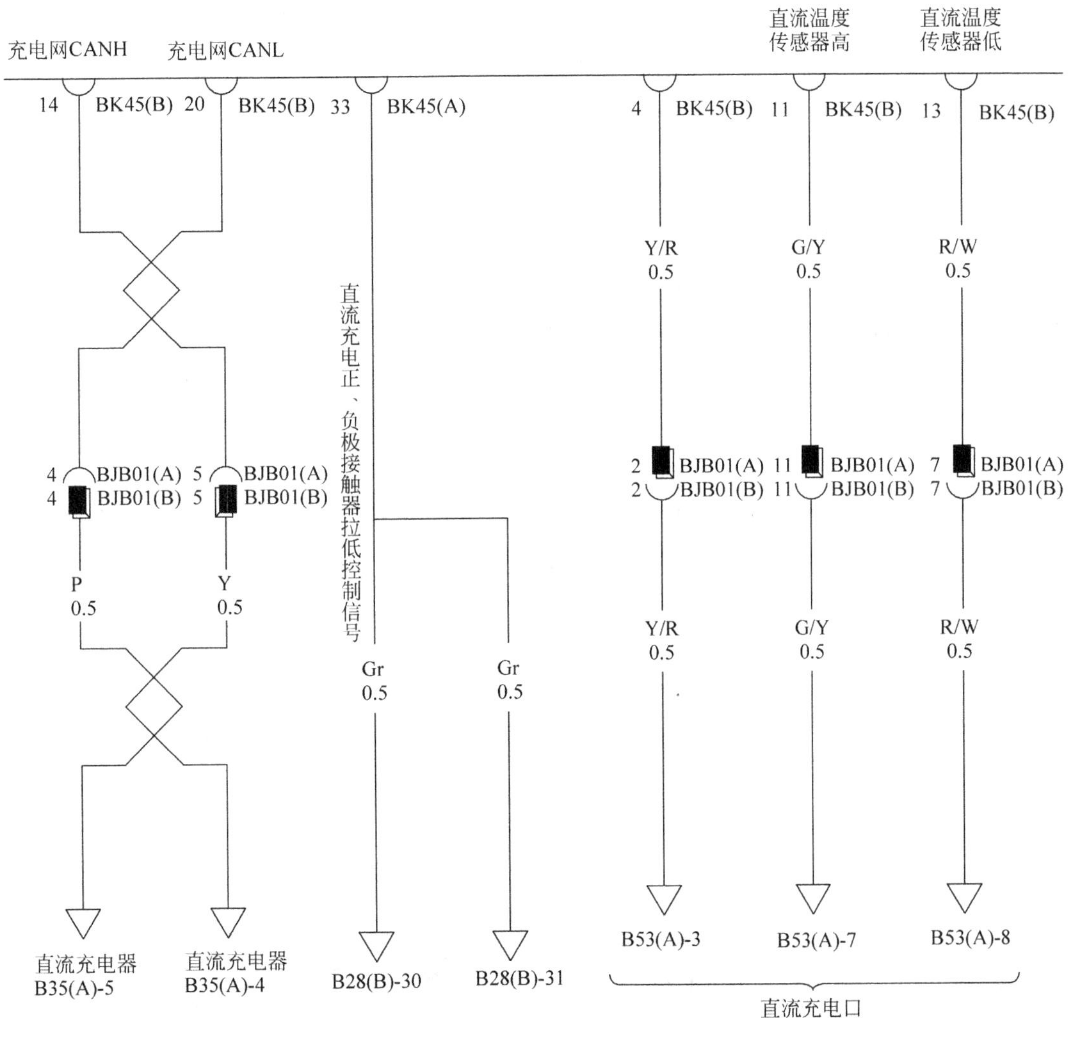

图 7-8　电池管理器电路图

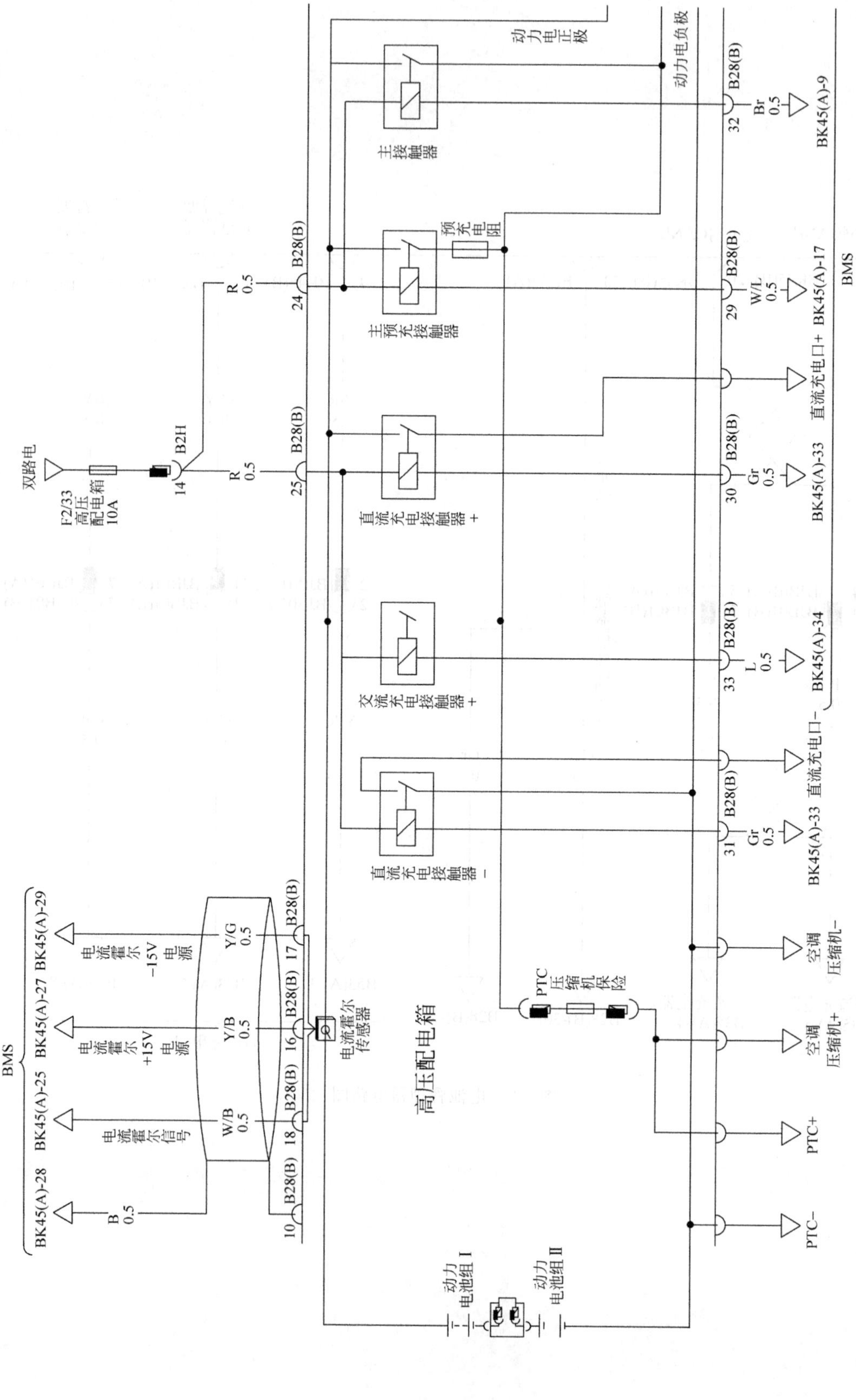

图 7-9　高压配电箱低压电路图

7.5 低压线束的位置

直流充电相关的所有低压连接线束和端子位于前舱，为黑色线束，掀开前舱即可看到。线束/端子具体的连接线路与连接关系参见图 7-9。

7.6 低压线束端子信号

7.6.1 直流充电口端子 B53(A)

直流充电口侧端子 B53(A)所对应的端口定义见表 7-1，直流充电口侧端子 B53(A)外形如图 7-10 所示。

表 7-1 直流充电口侧端子 B53(A)所对应的端口定义

编号	端 子 描 述	线色	方向	对端	对 端 引 脚
7	直流充电口温度传感器高			BMC	
8	直流充电口温度传感器低			BMC	
3	直流充电感应信号 CC2			BMC	
4	充电子网 CAN-L			BMC	
5	充电子网 CAN-H			BMC	

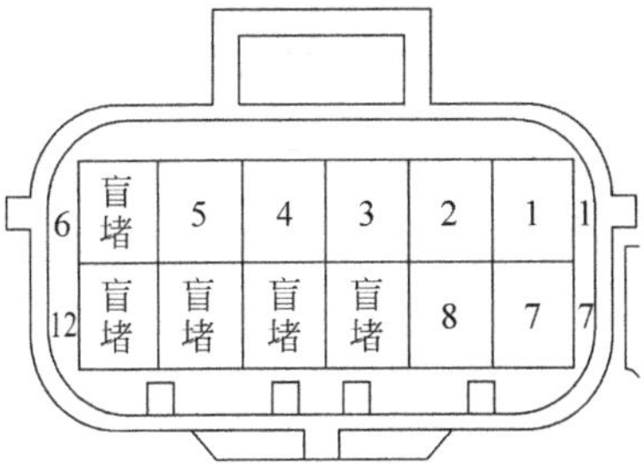

图 7-10 直流充电口侧端子 B53(A)外形

BMC 侧端子 BK45(B)所对应的端口定义见表 7-2，BMC 侧端子 BK45(B)外形如图 7-11 所示。

表 7-2 BMC 侧端子 BK45(B)所对应的端口定义

编号	端 子 描 述	线色	方向	对端	对端引脚
13	直流充电口温度传感器高				
11	直流充电口温度传感器低				
4	直流充电感应信号			直流充电口	
21	充电子网 CAN 屏蔽地				
20	充电子网 CAN-L			直流充电口	
14	充电子网 CAN-H			直流充电口	

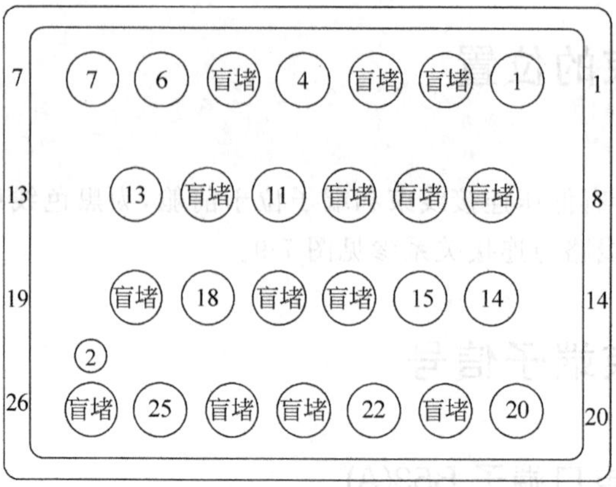

图 7-11　BMC 侧端子 BK45(B)外形

7.6.2　高压配电箱端子 B28(B)

高压配电箱(高压电控总成内)侧端子 B28(B)-33PIN 所对应的端口定义见表 7-3,高压配电箱(高压电控总成内)侧端子 B28(B)-33PIN 外形如图 7-12 所示。

表 7-3　高压配电箱(高压电控总成内)侧端子 B28(B)-33PIN 所对应的端口定义

引脚号	端口名称	端 口 定 义	线束接法	电源性质及电压标准值	备注
30		直流充电正极接触器控制信号	BMS		
31		直流充电负极接触器控制信号	BMS		

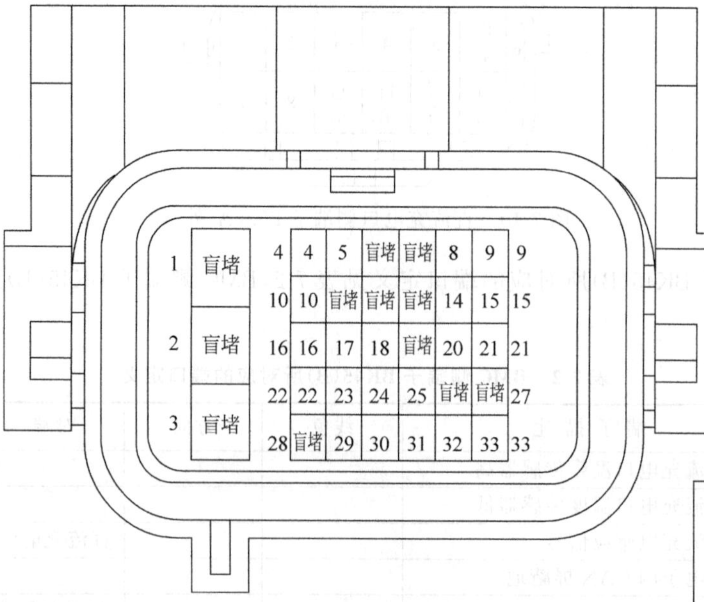

图 7-12　高压配电箱(高压电控总成内)侧端子 B28(B)-33PIN 外形

BMC01～高压配电箱(高压电控总成)接口 BK45(A)所对应的端口定义见表 7-4，BMC01～高压配电箱(高压电控总成)接口 BK45(A)外形如图 7-13 所示。

表 7-4　BMC01～高压配电箱(高压电控总成)接口 BK45(A)所对应的端口定义

编号	端子描述	线色	方向	对端	对端引脚
33	直流充电正负极拉低控制信号				

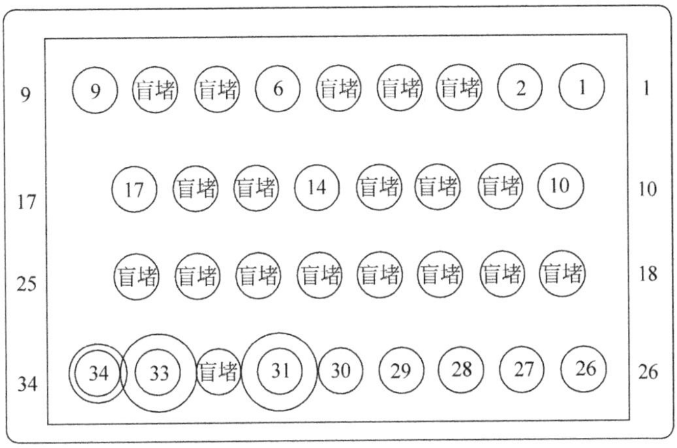

图 7-13　BMC01～高压配电箱(高压电控总成)接口 BK45(A)外形

7.6.3　其他端子

B44(B)(见图 7-14)是前舱配电盒Ⅱ的连接端子，前舱配电盒Ⅱ内部的 K3-1 受直流充电口的 12V 辅助电源输入控制，具体引脚为 B44(B)-7，输出双路电(IG2)给 BMC 系统，用于 BMC 正常工作。

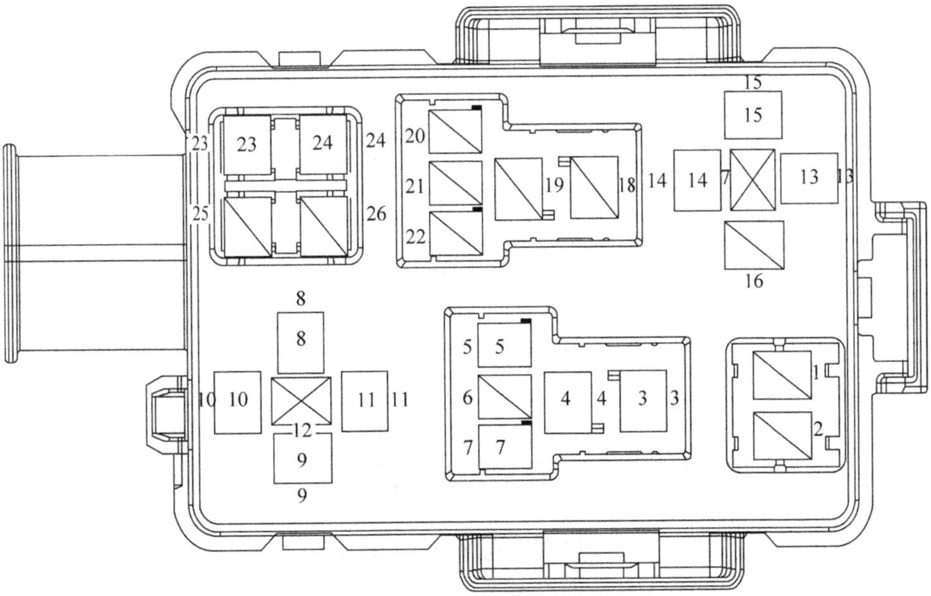

图 7-14　B44(B)端口

BJG03(见图 7-15)为 BMC 提供双路电输入。

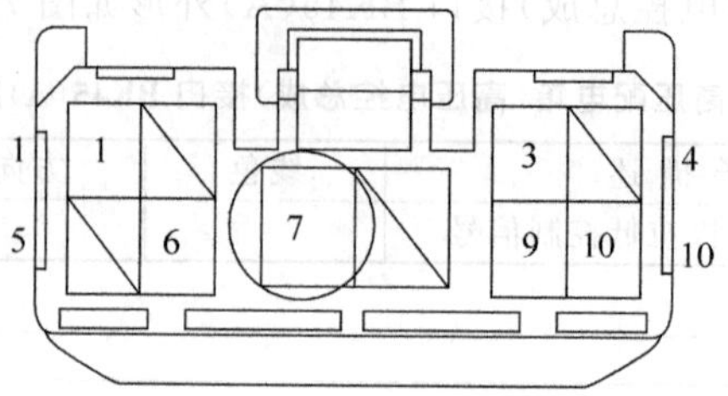

图 7-15　BJG03 端口

BJB01(A)(见图 7-16)、BJB01(B)(见图 7-17)为直流充电口、BMC 的 CAN 与温度传感信号的转接端子。

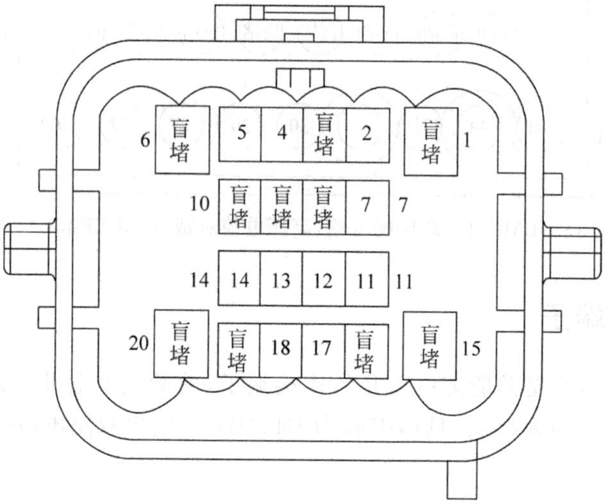

图 7-16　BJB01(B)接插件

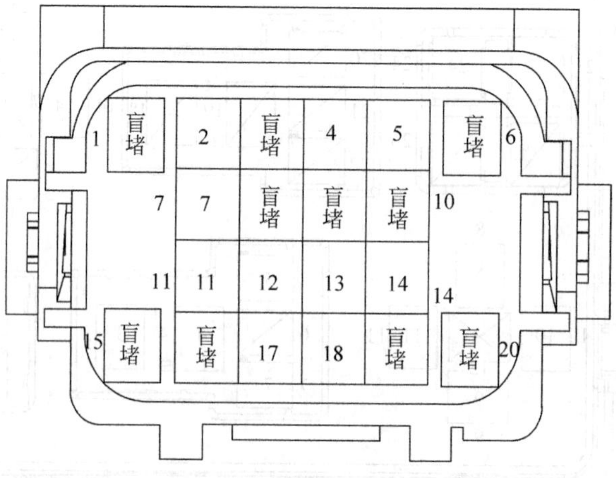

图 7-17　BJB01(A)接插件

7.7 工作数据信息和故障码

7.7.1 实时数据

使用诊断工具进入BYD→“电池管理器BMS”→“读取数据”，可以读取E5直流充电和高压配电箱的实时数据（见表7-5），包括高压数据。

表7-5 E5直流充电和高压配电箱的实时数据

数据名称	含义	备注
SOC	剩余电量	0～100%
电池组当前总电压	动力电池输出（放电）/输入（充电）直流动力电压	正常情况约650V
电池组当前总电流	动力电池输出（放电）/输入（充电）直流动力电流	充电时应该为负
预充状态	电池到电机放电的预充过程是否完成	完成或者未完成都有可能
主接触器状态	高压配电箱的主接触器的吸合/断开状态	充电时应为断开
预充接触器状态	高压配电箱的预充接触器的吸合/断开状态	充电时应为断开
充电接触器状态	高压配电箱的直流或者交流充电接触器的吸合/断开状态	充电时应为吸合
正极接触器状态	动力电池包的正极接触器的吸合/断开状态	充电时应为吸合
负极接触器状态	动力电池包的负极接触器的吸合/断开状态	充电时应为吸合
分压接触器1状态	动力电池包的分压接触器1的吸合/断开状态	充电时应为吸合
分压接触器2状态	动力电池包的分压接触器2的吸合/断开状态	充电时应为吸合
充电是否允许	动力电池是否允许充电	充电时应为允许
直流充电感应信号	BMC是否检测到直流充电枪插入	正常插入充电枪时应该为是

使用诊断工具进入BYD→“电机控制器”→“读取数据”，实际读取的是高压电控总成内高压配电箱的高压数据（见表7-6）。

表7-6 高压配电箱的高压数据

数据名称	备注
直流充电目标输入电压	正常情况约650V
直流充电实际输入电压	正常情况约650V
直流充电实际输入电流	<50A

7.7.2 故障码

使用诊断工具进入BYD→“电池管理器BMS”→“读取故障”，可以读取E5直流充电和高压配电箱的当前和历史故障。

为了保证读出的故障为当前实时故障，需要清除一次故障后，再次读取。

可能产生的故障见表7-7。

表 7-7　可能产生的故障

故障码	故障名称	备　注
P1A4000	充电接触器回检故障	接触器异常

7.8 可设置故障

可设置故障见表 7-8。

表 7-8　可设置故障

故障编号	线束/端子描述	位置	故障类型	故障表现	故障码	备　注
DCC-1	直流充电正极接触器控制信号	B28(B)-30	线束断路	无法进行正常的直流充电	P1A4000 充电接触器回检故障	直接断动力电可能存在危险，请勿在汽车充电时断开，仅在充电前进行故障设置
DCC-2	直流充电感应信号 CC2	BJB01-2	线束断路	汽车检测不到直流充电枪插入，无法进行正常的直流充电	无	
DCC-3	直流充电口温度传感器	BJB01-11	线束断路	直流充电过程中由于温度异常而终止	无	
DCC-4	直流充电子网 CAN-L	BJB01-5	线束断路	无法充电	无	

8 实训课程7：BYD E5交流充电

E5 电动车有两种充电方式：直流充电和交流充电。交流充电主要是通过交流充电桩(三相或者单相)、壁挂式充电盒以及家用供电插座接入交流充电口，通过车内的车载充电器将交流电转为 650V 直流高压电给动力电池充电。

E5 的交流充电支持最新的国家标准：

(1)《电动汽车传导充电系统　第 1 部分：通用要求》(GB/T 18487.1—2015)。

(2)《电动汽车传导充电连接装置　第 1 部分：通用要求》(GB/T 20234.1—2015)。

(3)《电动汽车传导充电连接装置　第 2 部分：交流充电接口》(GB/T 20234.2—2015)。

E5 的充电口位于前保险杠处，通过车内的充电口开关打开，左侧充电口为交流充电口。注意交流充电时必须将汽车置于 OFF 断电状态，禁止置于 ON 上电状态。

BYD E5 基本可以支持所有的符合国家标准的交流充电设备，大致可以分成表 8-1 所列的几类。

表 8-1　BYD E5 可以支持的符合国家标准的交流充电设备的种类

设备形态	场景	额定电压	额定电流/功率	供电设备要求	设备实物
交流充电连接装置	家用	220V/交流	8A/1.6kW	普通家用插座	
壁挂式充电盒	家用	220V/交流	16A/3.3kW	支持 16A 的家用插座	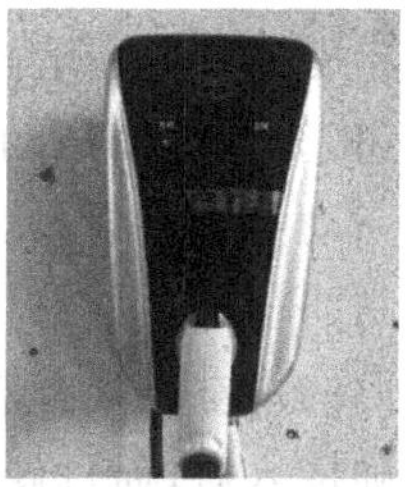

续表

设备形态	场景	额定电压	额定电流/功率	供电设备要求	设备实物
壁挂式充电盒	家用/商用	220V/交流	32A/7kW	专用供电线路	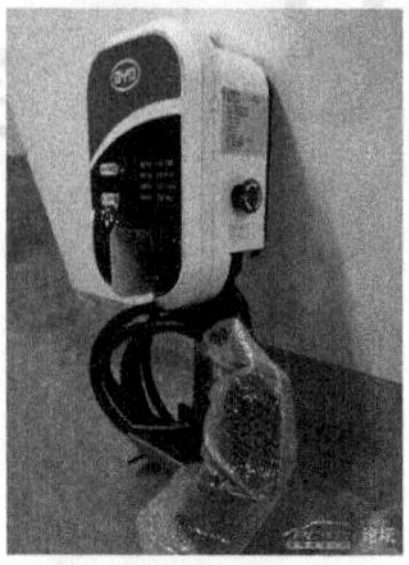
壁挂式充电盒	商用	380V/交流	63A/42kW	专用供电线路	

8.1 E5交流充电工作原理

BYD E5 的交流充电系统在整个 E5 汽车动力网中的位置和连接关系如图 8-1 所示。

高压线路连接上，交流充电插座的 L1、N 相(交流单相)连接到 OBC 车载充电器 OBC(位于高压电控总成内)，L1、L2、L3、N 相(交流三相)连接到双向电机控制器(双向逆变器，位于高压电控总成内)，交流充电插座的 CC、CP 控制信号连接到双向电机控制器上。车载充电器 OBC 和双向电机控制器(双向逆变器)都可以将交流高压变换成直流高压，通过高压配电箱充入动力电池包。

因此，E5 的交流充电有以下两种工作模式。

(1) 小功率交流充电模式：充电电流/功率小于等于 16A/3.3kW 的 220V 单相充电。高压动力路径为：交流充电插座→车载充电器 OBC→高压配电箱→动力电池包，见图 8-1 中的路径①。

(2) 大功率交流充电模式：充电电流/功率大于 16A(3.3kW)的 220V 单相充电或者 380V 三相充电。高压动力路径为：交流充电插座→双向电机控制器(双向逆变器)→高压配电箱→动力电池包，见图 8-1 中的路径②。

控制路径上，由双向电机控制器(双向逆变器)检测来自交流充电口的 CP 线的 PWM 信号波形的占空比来判断采用哪种模式。当双向电机控制器(双向逆变器)确认交流充电枪已经正确接入后，通过硬线通知 BMC 吸合高压配电箱中的交流充电接触器，进行充电；在充电完成或者异常时，BMC 可以断开交流充电接触器，结束充电。

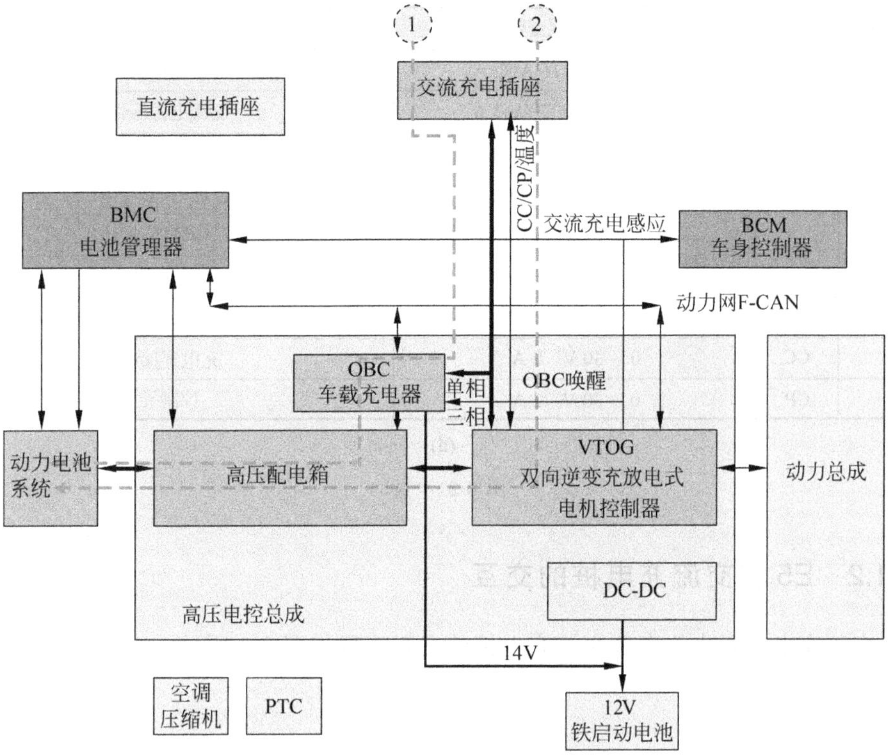

图 8-1　交流充电框图

此外，动力电池还可以通过车载充电机 OBC 和双向电机控制器(双向逆变器)对外进行交流放电，此功能不在此详细描述。

本实训内容主要针对交流充电中的小功率充电模式，也就是使用车载充电机 OBC 进行充电的方式。

8.1.1　E5 交流充电接口

E5 交流充电接口及触头电气参数值及功能定义如图 8-2 所示。

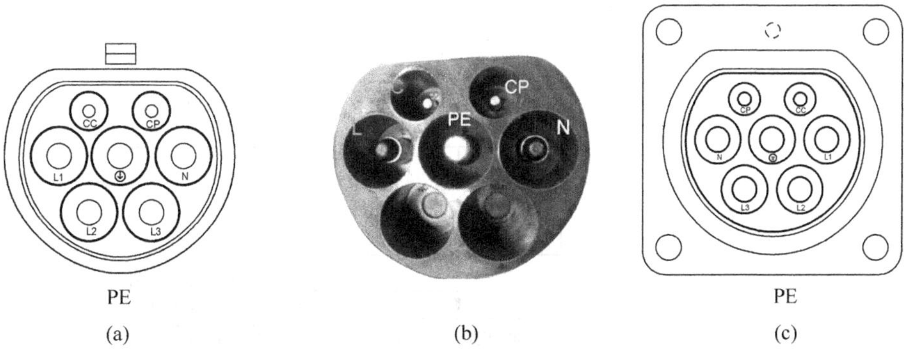

图 8-2　交流充电口

(a) 通用交流充电插头(充电枪上)；(b) 单相交流充电插头(充电枪上)；
(c) 通用交流充电插座(车上)；(d) 触头电气参数值及功能定义

触头编号	标识	额定电压和额定电流	功能定义
1	L1	250 V，10 A/16 A/32 A	交流电源(单相)
		440 V，16 A/32 A/63 A	交流电源(三相)
2	L2	440 V，16 A/32 A/63 A	交流电源(三相)
3	L3	440 V，16 A/32 A/63 A	交流电源(三相)
4	N	250 V，10 A/16 A/32 A	中线(单相)
		440 V，16 A/32 A/63 A	中线(三相)
5	⏚	—	保护接地(PE)，连接供电设备地线和车辆电平台
6	CC	0 ~ 30 V，2 A	充电连接确认
7	CP	0 ~ 30 V，2 A	控制导引

(d)

图 8-2 （续）

8.1.2 E5和交流充电桩的交互

E5 交流充电过程中汽车和交流充电桩的交互流程如图 8-3 所示。

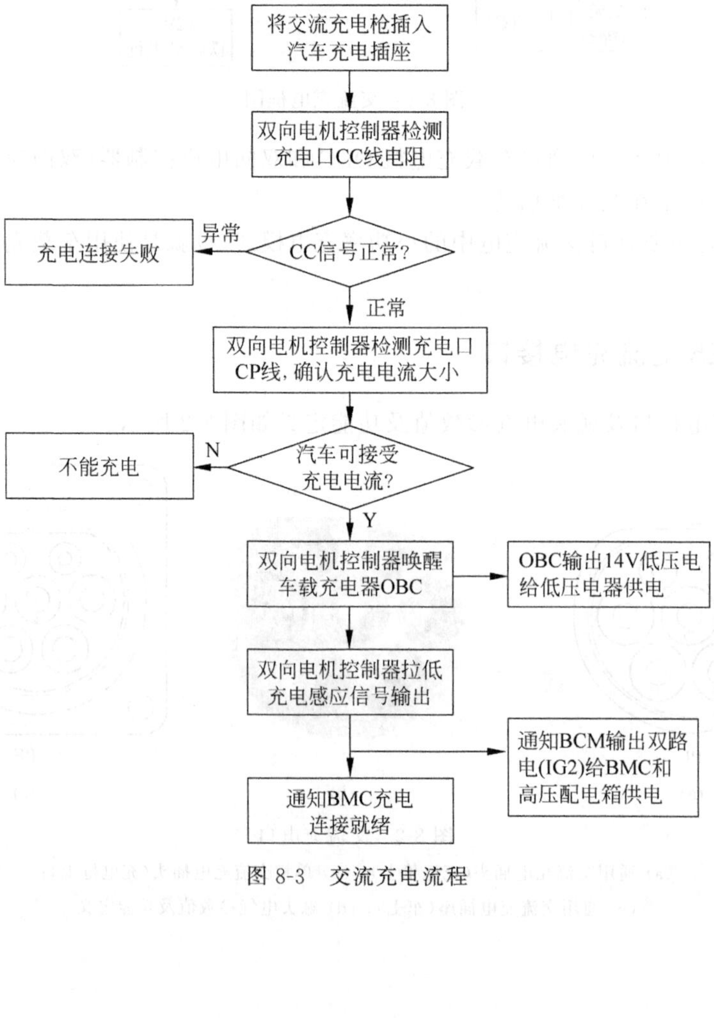

图 8-3 交流充电流程

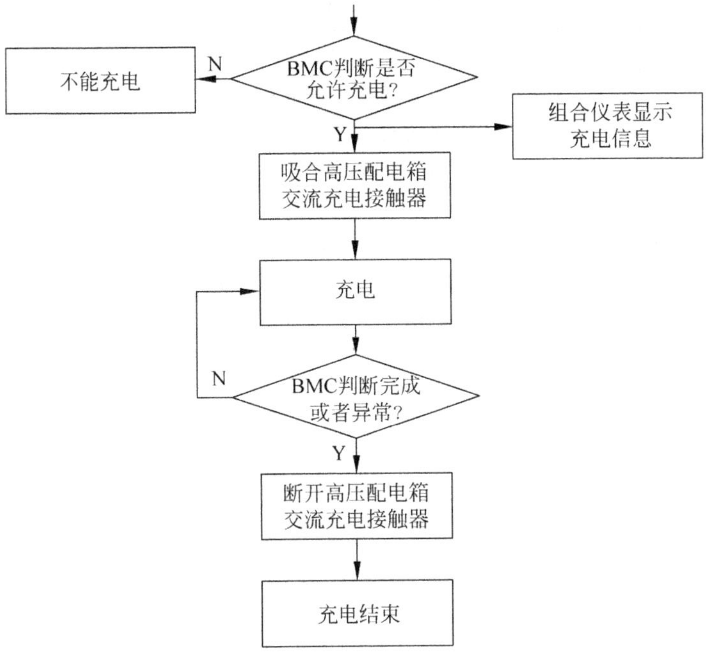

图 8-3 （续）

交流充电枪和车上充电插座的物理连线如图 8-4 所示。

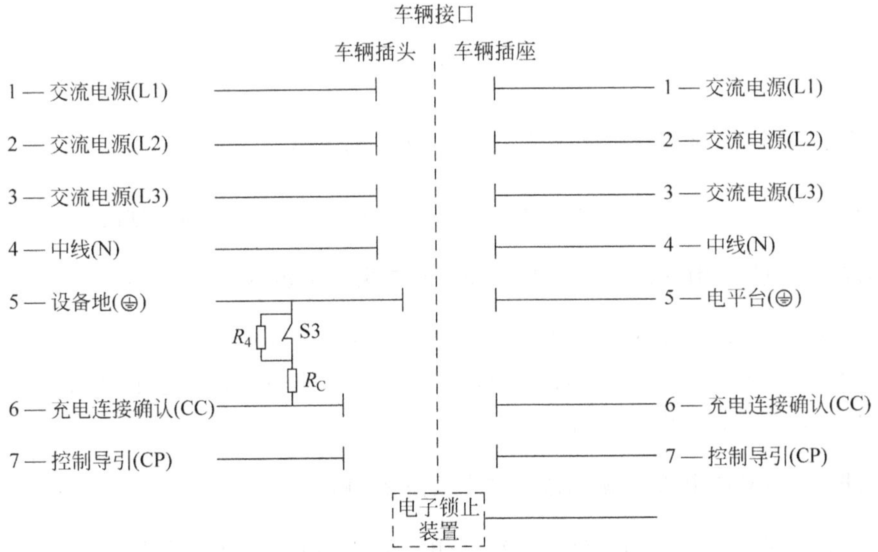

图 8-4 交流充电插头和充电插座的硬件连接

在充电过程中，E5 通过检测 CC 线和 PE 的电阻是否正常判断充电枪是否正常插入，E5 是否可以支持。其电阻值见表 8-2。

表 8-2 CC 与 PE 的电阻值

编　号	类　型	电阻/Ω
1	3.3kW 及以下充电盒	680
2	7kW 充电盒	220
3	40kW 充电盒	100

E5 通过判断充电插座的 CP 线的 PWM 信号(见图 8-5)判断充电桩的输入电流。如果 PWM 占空比小于等于 20%,则充电电流小于等于 16A,为小功率交流充电模式,使用车载充电机 OBC 进行交流/直流变换完成充电。

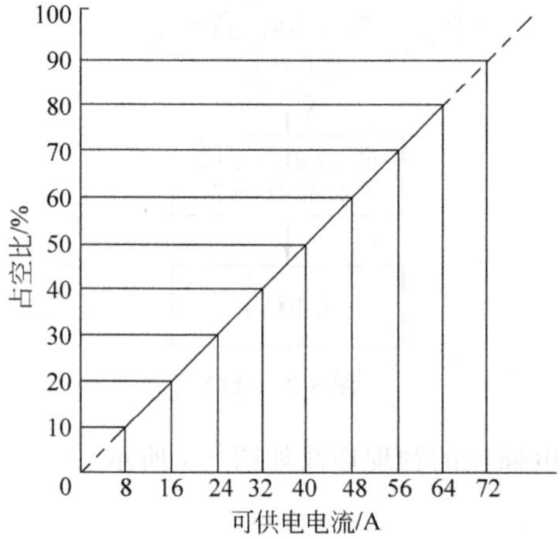

图 8-5 交流充电电流对应 CP PWM 占空比

8.1.3 双向电机控制器(VTOG 双向逆变器)

在 OBC 交流充电过程中,双向电机控制器(双向逆变器)为中间处理的角色。

1. 双向电机控制器(双向逆变器)接收交流充电插座的输入

(1) 输入 CC、CP 信号,用于判断充电枪是否正确插入以及充电电流大小。

(2) 输入充电枪温度,用于判断充电枪温度是否正常,将温度信息通过动力网 CAN 送给 BMC 用于控制进行充电还是结束充电。

2. 根据输入,双向电机控制器(双向逆变器)进行输出

(1) 输出交流充电感应信号(硬线)给 BMC,通知充电输入已经就绪。

(2) 输出交流充电感应信号(硬线)给 BCM 车身控制器,为 BMC 和高压配电箱供双路电(IG2 电)。

(3) 输出 OBC 唤醒信号(硬线)给 OBC 车载充电器,使 OBC 进行高压交流/直流变换。

8.1.4 车载充电器 OBC

车载充电机的主要功能是:

(1) 进行交流/直流转换，输出高压直流给动力电池。

(2) 实时检测 OBC 内部的交流和直流的电压、电流和温度，判断是否正常。

(3) 将 OBC 状态信息通过动力网 CAN 送给 BMC，用于判断充电过程是否正常。

充电时 OBC 的电气规格见表 8-3。

表 8-3　OBC 电气规格

输入电压(AC)/V	180～240
交流电频率/Hz	50±1
高压输出功率/kW	3(额定功率)
高压输出电压(DC)/V	432～820.8
低压输出电压(DC)/V	14±0.5
高压输出过压保护点(DC)/V	750

8.1.5　E5 电池管理器

BMC 控制交流充电的通断，在接收到双向电机控制器(双向逆变器)的交流充电感应信号后，判断是否可以进行充电，决定是否吸合高压配电箱的交流充电接触器。

在充电过程中，BMC 实时检测电池的 SOC、电压、电流、温度以及漏电状态，充电枪的连接状态，以及从动力网 CAN 接收来自 OBC 的工作状态信息，在异常情况下切断动力输入或者通过动力网 CAN 通知 OBC 进行充电电流的控制。

此外，BMC 还将充电信息通过动力网 CAN 经网关转发到组合仪表，将充电信息在组合仪表上显示，如图 8-6 所示。

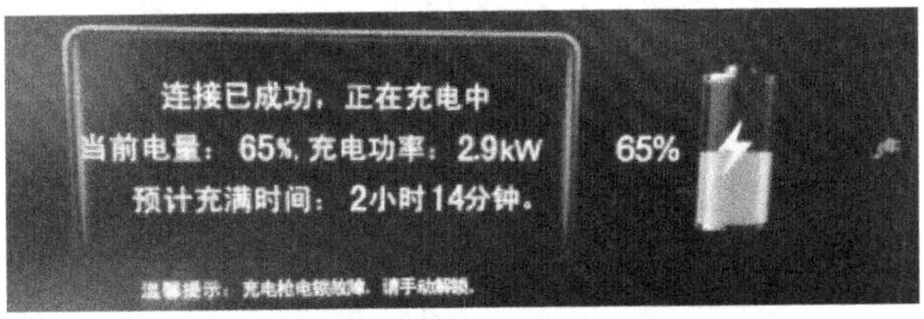

图 8-6　组合仪表显示充电信息

8.1.6　E5 高压配电箱

高压配电箱在 BMC 的低压硬线控制下，吸合或者断开交流充电接触器。

8.2　部件位置

E5 的充电口位于车前保险杠处，可通过车内的充电口开关打开，左侧充电口为交流充电口。

动力电池包布置于整车地板下面，高压配电箱、车载充电器 OBC 和双向电机控制器(双向逆变器)被集成于四合一的高压电控总成(电机控制器、车载充电器、DC-DC 转换器、漏电传感器)内,位于E5汽车前舱,如图8-7所示。电池管理控制器BMC也位于前舱,在高压电控总成后面。车载充电器OBC内置于高压电控总成内。

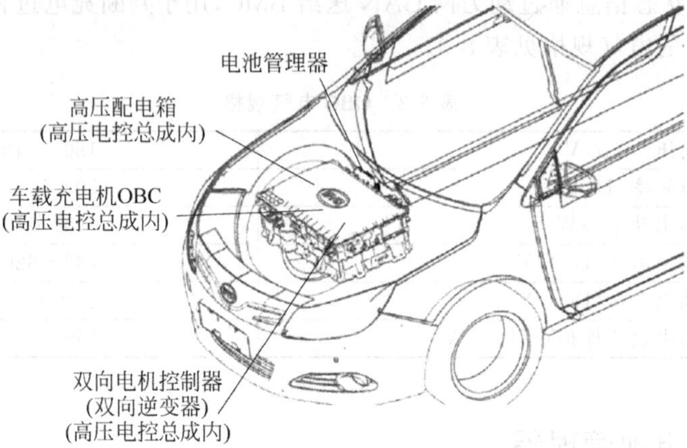

图8-7　高压配电箱

8.3　高压连接图

高压接线端子都用橙色粗套管套住,均在前舱,如图8-8所示。

图8-8　交流充电高压线束

注:因为高压线路和端子的操作存在危险,且不易测量,一般情况下不建议直接测量,可以通过诊断工具的诊断功能进行间接测量。

8.4　低压电路图

8.4.1　交流充电插座

交流充电插座低压电路图如图8-9所示。

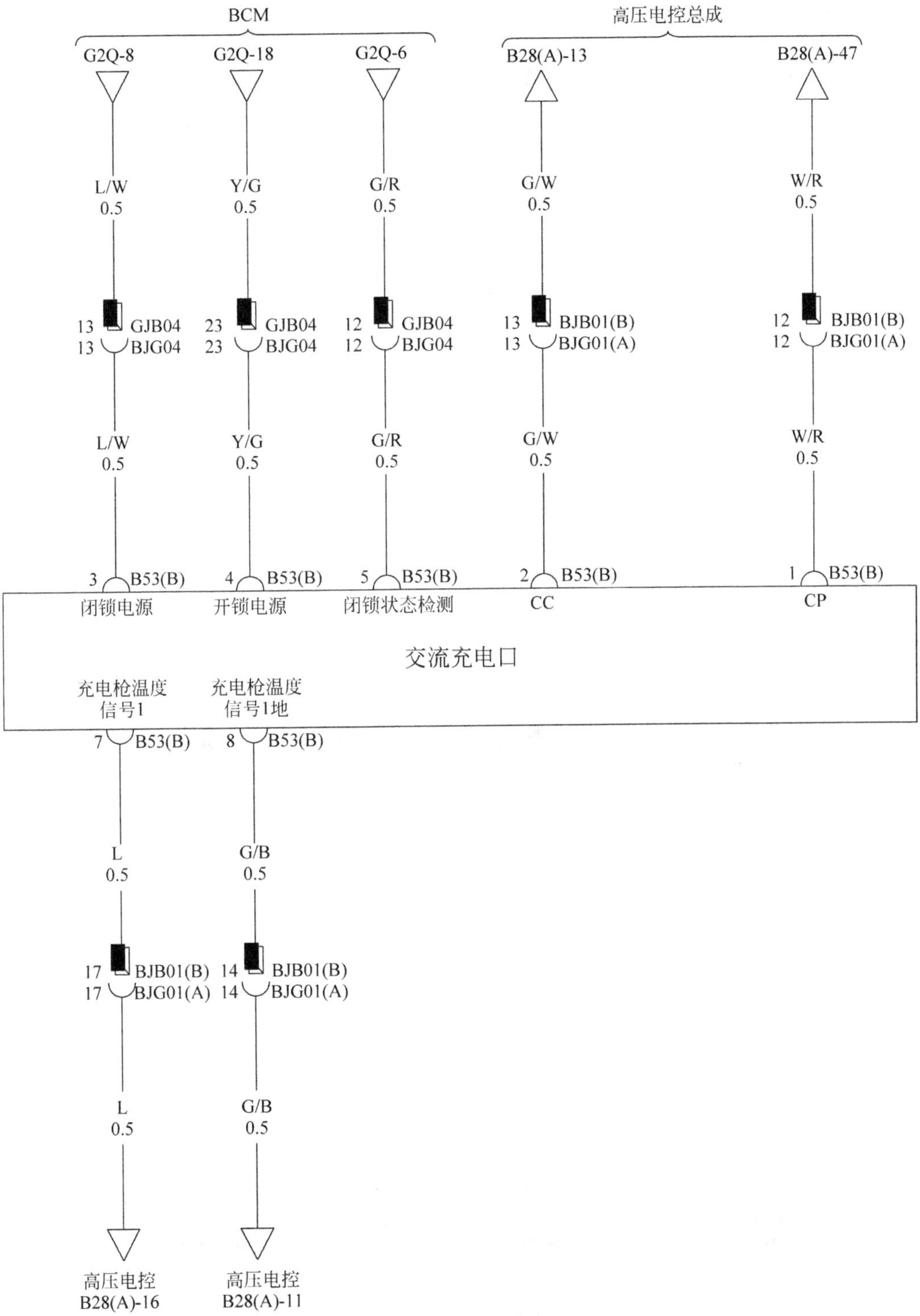

图 8-9 交流充电插座低压电路图

8.4.2 高压电控总成

交流充电相关的部件，包括 OBC 车载充电器、双向电机控制器(双向逆变器)以及高压配电箱都集成在高压电控总成内。高压电控总成充电插座 CC、CP 和温度信号连接如图 8-10 所示，高压电控总成 OBC 连接信号如图 8-11 所示，交流充电感应信号输出到 BCM 和 BMC 线路如图 8-12 所示，高压配电箱的电路图如图 8-13 所示。

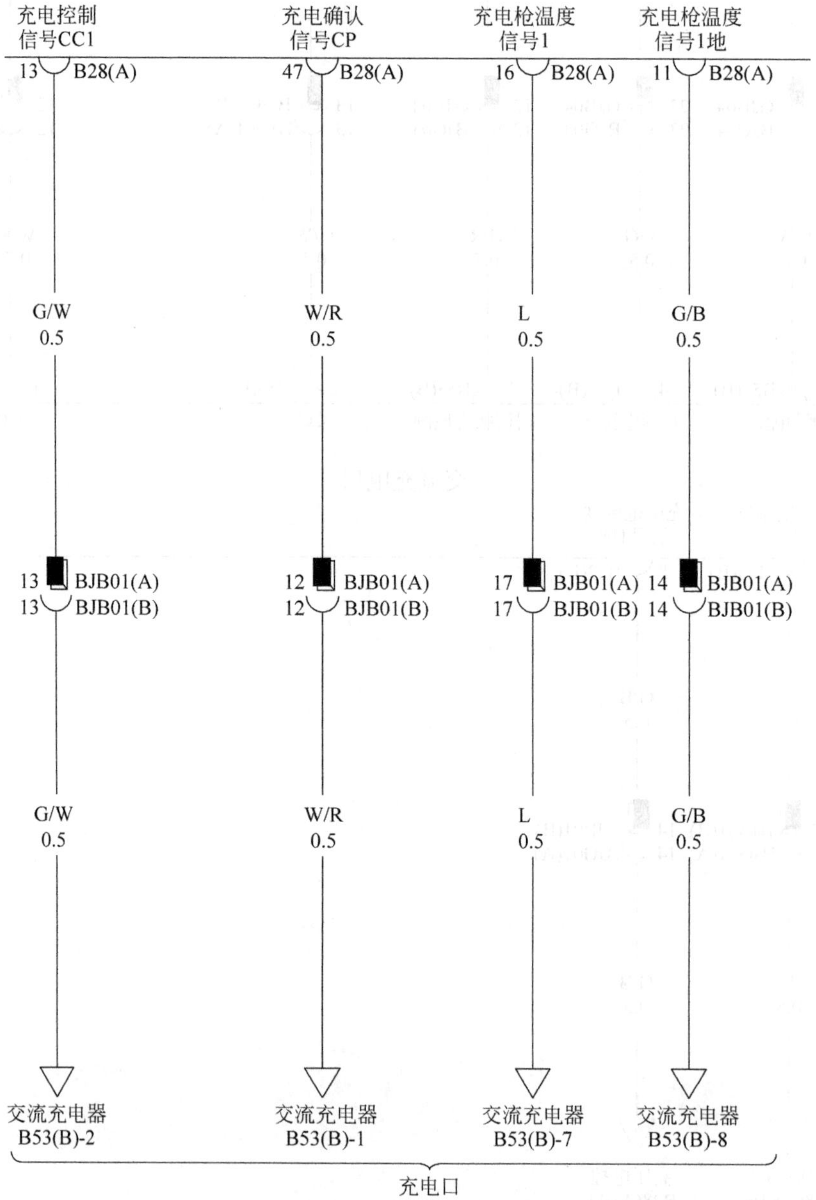

图 8-10 高压电控总成充电插座 CC、CP 和温度信号连接

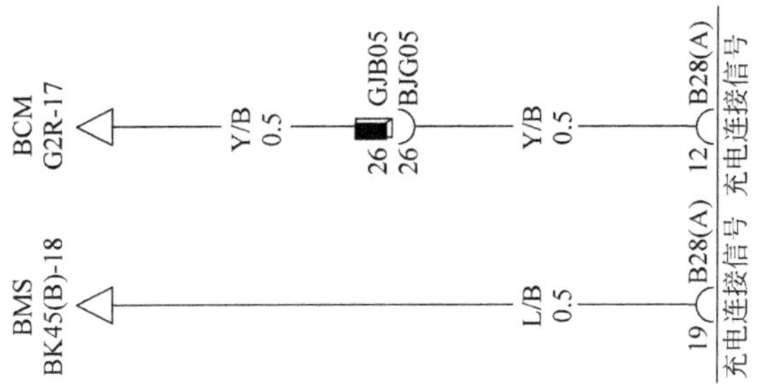

图 8-12 交流充电感应信号输出到 BCM 和 BMC

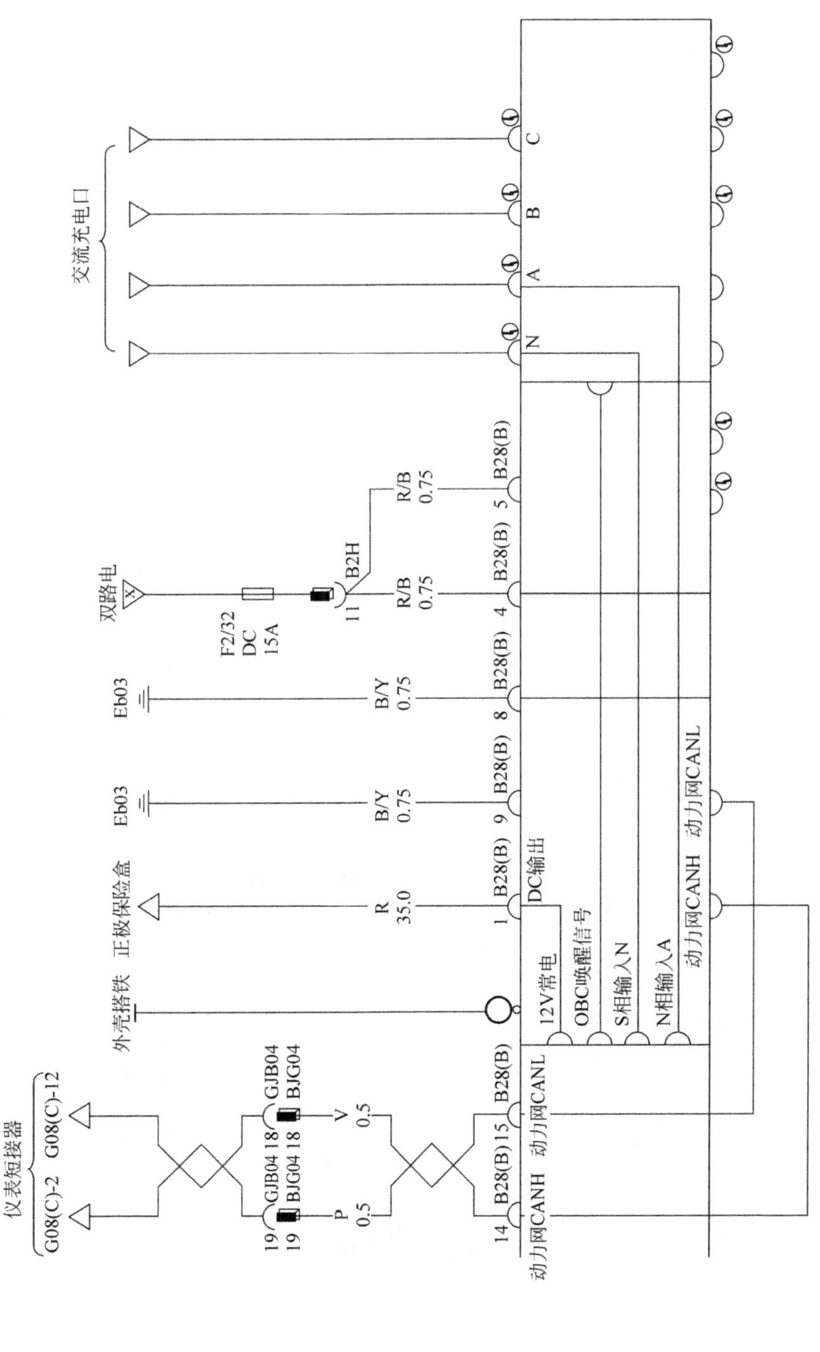

图 8-11 高压电控总成 OBC 连接信号

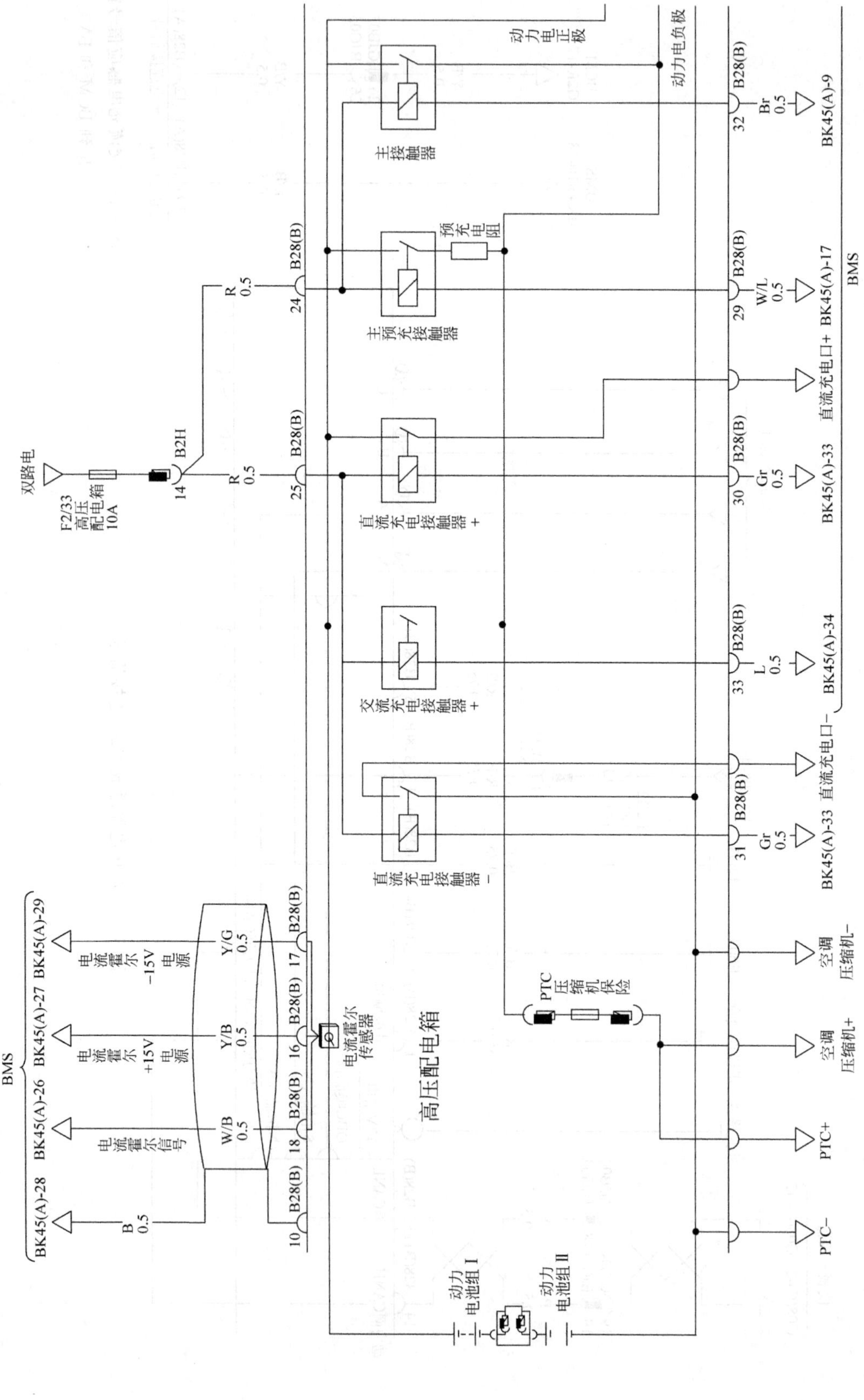

图 8-13 高压配电箱电路图

8.4.3 电池管理器

送给高压配电箱的充电接触器控制来自高压电控总成的交流充电感应信号，其电路图如图 8-14 所示。

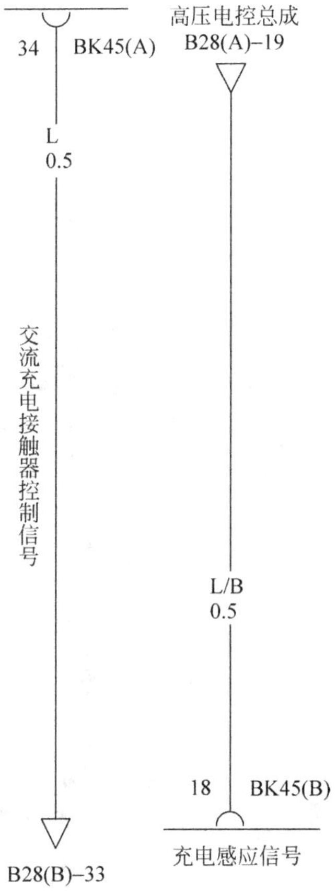

图 8-14 交流充电感应电路图

8.5 低压线束的位置

8.5.1 前舱线束

交流充电相关的主要低压连接线束和端子位于前舱，为黑色线束，如图 8-15 所示，掀开前舱即可看到。

8.5.2 前舱保险杠线束

前舱保险杠线束如图 8-16 所示。

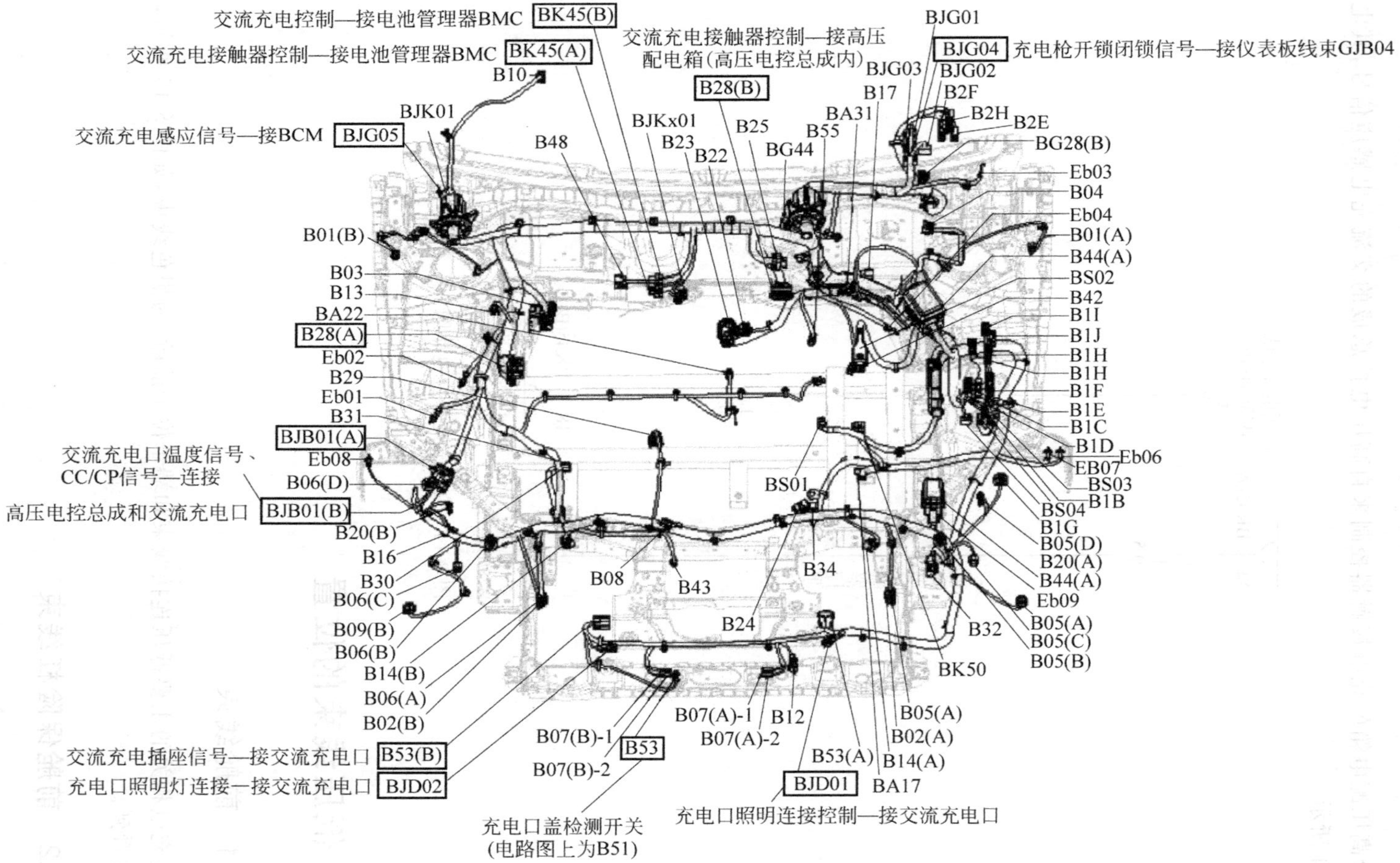
交流充电控制—接电池管理器BMC BK45(B)
交流充电接触器控制—接电池管理器BMC BK45(A)
B10
BJK01
交流充电感应信号—接BCM BJG05
B48
交流充电接触器控制—接高压配电箱(高压电控总成内)
B28(B)
BJKx01
B23
B22
B25
B55
BG44
BA31
B17
BJG03
BJG01
BJG04 充电枪开锁闭锁信号—接仪表板线束GJB04
BJG02
B2F
B2H
B2E
BG28(B)
Eb03
B04
Eb04
B01(A)
B44(A)
BS02
B42
B1I
B1J
B1H
B1H
B1F
B1E
B1C
B1D
Eb06
EB07
BS03
B1B
BS04
B1G
B05(D)
B20(A)
B44(A)
Eb09
B05(A)
B05(C)
B05(B)
B32
BK50
B01(B)
B03
B13
BA22
B28(A)
Eb02
B29
Eb01
B31
BJB01(A)
交流充电口温度信号、CC/CP信号—连接
Eb08
B06(D)
高压电控总成和交流充电口 BJB01(B)
B20(B)
B16
B30
B06(C)
B09(B)
B06(B)
B14(B)
B06(A)
B02(B)
B08
B43
BS01
B34
B24
交流充电插座信号—接交流充电口 B53(B)
充电口照明灯连接—接交流充电口 BJD02
B07(B)-1
B53
B07(B)-2
充电口盖检测开关
(电路图上为B51)
B07(A)-1
B12
B07(A)-2
B53(A)
BJD01
充电口照明连接控制—接交流充电口
B05(A)
B02(A)
B14(A)
BA17

图 8-15　前舱线束

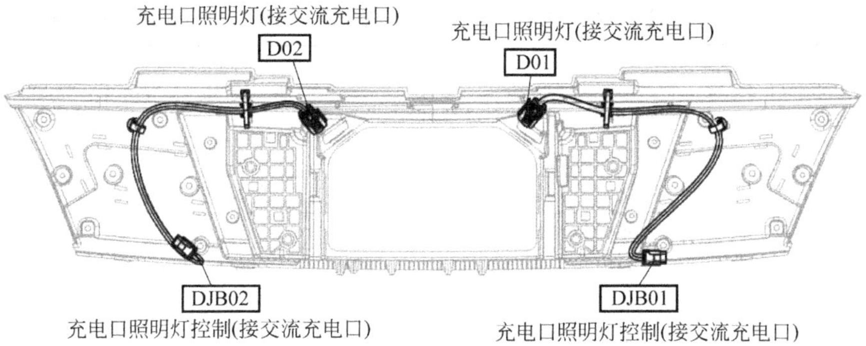

图 8-16 前舱保险杠线束

8.6 低压线束端子信号

8.6.1 交流充电口端子 B53(B)

交流充电口侧端子 B53(B)所对应的端口定义见表 8-4，交流充电口侧端子 B53(B)外形如图 8-17 所示。

表 8-4 交流充电口侧端子 B53(B)所对应的端口定义

编号	端子描述	线色	方向	对端	对端引脚
1	交流充电感应信号 CP			高压电控总成	
2	交流充电感应信号 CC			高压电控总成	
3	闭锁电源			BCM(MICU)	
4	开锁电源			BCM(MICU)	
5	闭锁状态检测			BCM(MICU)	
7	交流充电口温度传感器高			高压电控总成	
8	交流充电口温度传感器低			高压电控总成	

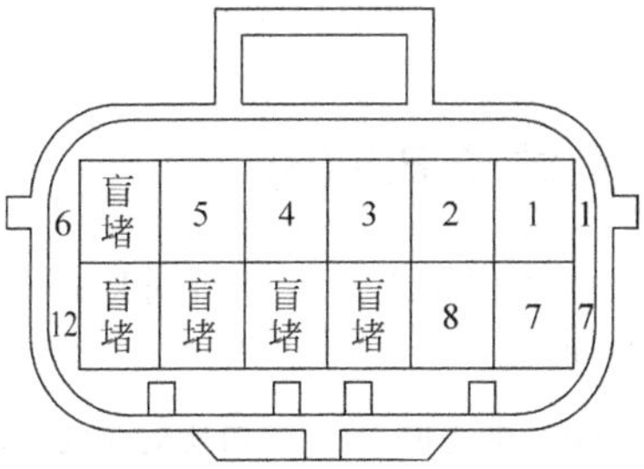

图 8-17 交流充电口侧端子 B53(B)外形

8.6.2 高压电控总成侧端子 B28(A)

交流充电控制、双向电机控制器(双向逆变器)CAN 接口所对应的端口定义见表 8-5，高压电控总成侧端子 B28(A)外形如图 8-18 所示。

表 8-5　交流充电控制、双向电机控制器(双向逆变器)CAN 接口所对应的端口定义

引脚号	端口名称	端口定义	线束接法	电源性质及电压标准值	备注
13	NET-CC	充电控制信号 CC	交流充电口		
47	NET-CP	充电电流确认信号 CP	交流充电口		
16	CHAR-TEMP1	充电枪座温度信号	交流充电口		
11	GND	充电枪温度地	交流充电口		
12	MES-BCM	交流充电感应信号	BCM		
19	MES-BMS-OUT	交流充电感应信号	BMS		
49	CAN-H	双向电机控制器的动力网 CAN-H	动力网 CAN-H		
50	CAN-L	双向电机控制器的动力网 CAN-L	动力网 CAN-L		

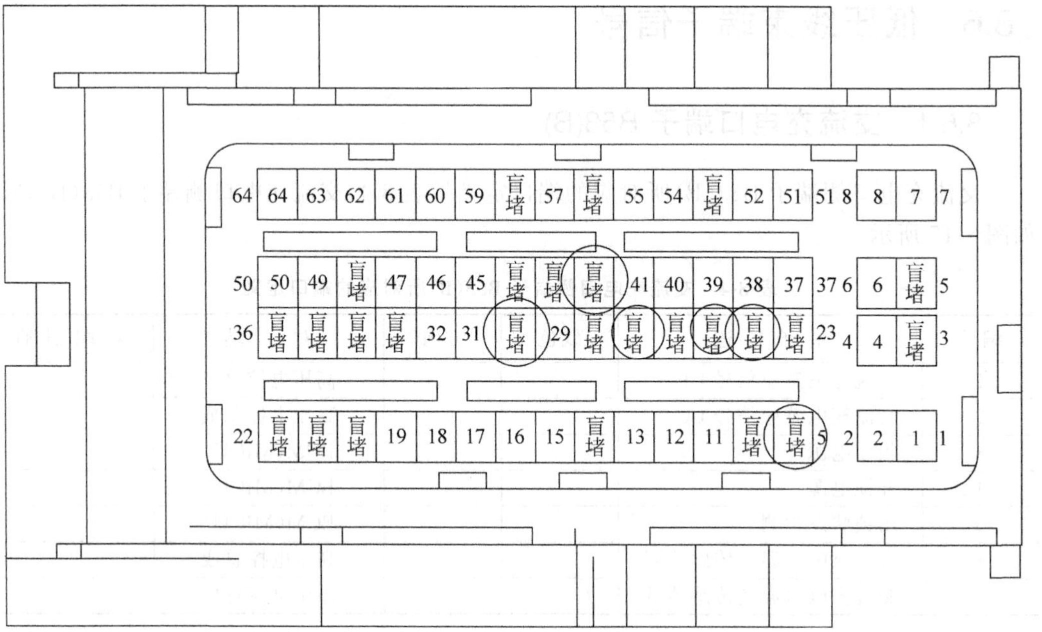

图 8-18　高压电控总成侧端子 B28(A)外形

8.6.3　高压电控总成侧端子 B28(B)

交流充电接触器控制 OBC 动力网 CAN 接口所对应的端口定义见表 8-6，高压电控总成侧端子 B28(B)外形如图 8-19 所示。

表 8-6　OBC 动力网 CAN 接口所对应的端口定义

引脚号	端口名称	端口定义	线束接法	电源性质及电压标准值	备注
14	CAN-H	OBC 动力网 CAN-H	动力网 CAN-H		
15	CAN-L	OBC 动力网 CAN-L	动力网 CAN-L		
33	交流充电接触器控制信号	交流充电接触器控制信号	BMS		

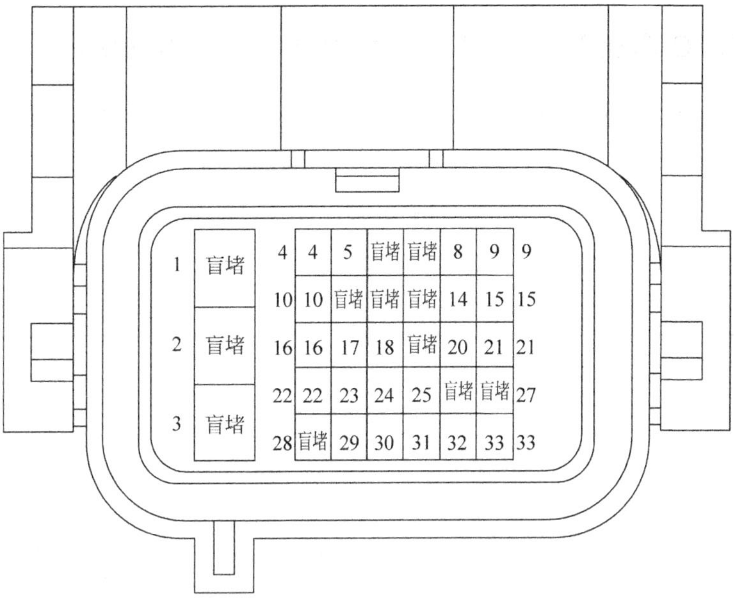

图 8-19　高压电控总成侧端子 B28(B)外形

8.6.4 BMC 整车其他低压接口 BK45(B)

BMC 侧端子 BK45(B)所对应的端口定义见表 8-7，BMC 侧端子 BK45(B)外形如图 8-20 所示。

表 8-7　BMC 侧端子 BK45(B)所对应的端口定义

编号	端子描述	线色	方向	对端	对端引脚
15	动力网 CAN-H			动力网 CAN-H	仪表线束 CAN 短接器 G08
22	动力网 CAN-L			动力网 CAN-L	
16	动力网 CAN 屏蔽信号				
18	交流充电感应信号			高压电控总成	

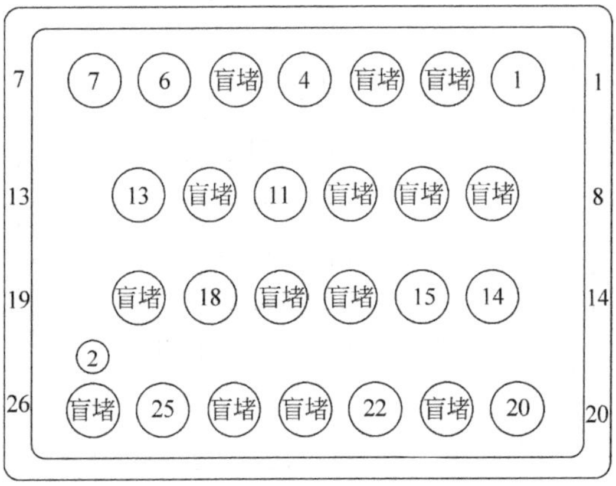

图 8-20　BMC 侧端子 BK45(B)外形

8.6.5 BMC 高压配电箱(高压电控总成)接口 BK45(A)

BMC 侧端子 BK45(A)所对应的端口定义见表 8-8,BMC 侧端子 BK45(A)外形如图 8-21 所示。

表 8-8 BMC 侧端子 BK45(A)所对应的端口定义

编号	端子描述	线色	方向	对端	对端引脚
34	交流充电器接触器控制信号			高压电控总成	高压配电箱

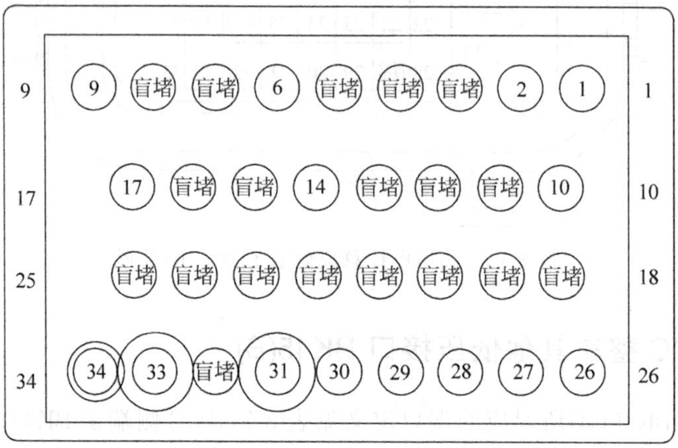

图 8-21 BMC 侧端子 BK45(A)外形

8.6.6 其他端子

BJB01(B)(见图 8-22)、BJB01(A)(见图 8-23)为高压电控总成、交流充电口的 CAN 和温度传感信号的转接端子。

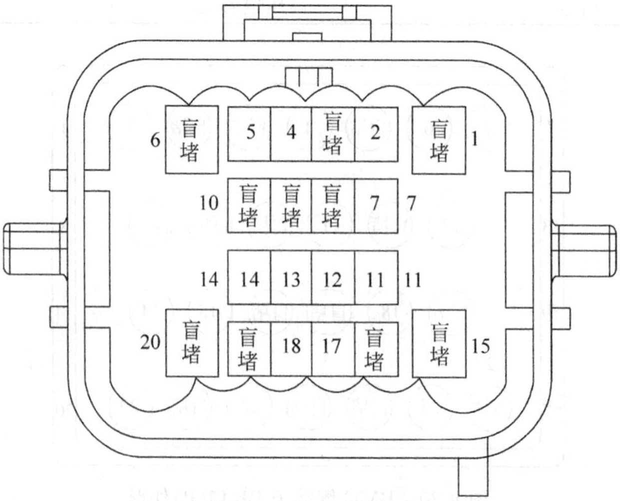

图 8-22 BJB01(B)接插件

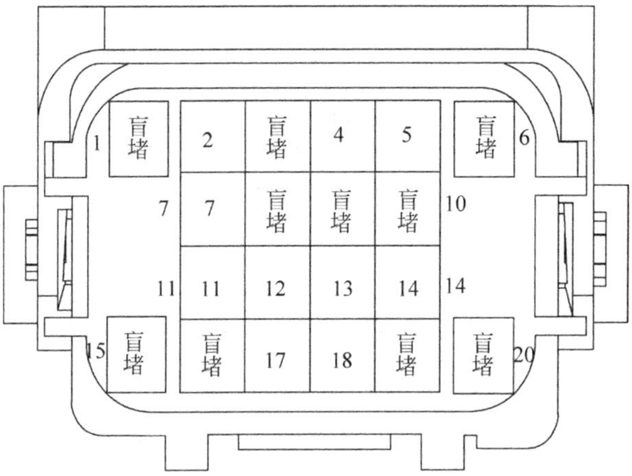

图 8-23 BJB01(A)接插件

8.7 工作数据信息和故障码

8.7.1 实时数据

E5 交流充电涉及的部件比较多，包括 OBC 车载充电机、双向电机控制器(双向逆变器)、BMC 电池管理器，因此需要从诊断仪读取这 3 个部件实时数据信息才能获得交流充电全面的工作数据信息。

(1) OBC 车载充电器，可以读取 OBC 获得交流/直流转换的工作数据。具体为：使用诊断工具进入 BYD→OBC(车载充电器)→“读取数据”，可以读到 E5 OBC 的实时数据，见表 8-9。

表 8-9 E5 OBC 的实时数据

数据名称	含　义	备　注
交流侧输入电压	交流侧输入电压	正常情况约 220V
高压侧输出电压	高压侧输出电压	正常情况约 650V
高压侧输出电流	高压侧输出电流	8A、16A
交流侧频率	交流侧单相电压频率	50Hz
PFC 桥温度	OBC 内部 PFC 桥温度	
DC 逆变桥温度	OBC 内部 DC 逆变桥温度	
PWM 波占空比	PWM 波占空比	
12V 输出电压	12V 输出电压	12～14V
本次累计充电量	本次累计充电量	充电时应为吸合
交流侧功率	交流侧功率	
工作状态	工作状态	正常
故障状态	故障状态	
PFC 输出状态	PFC 输出状态	
充电枪连接状态	充电枪连接状态	正常
应急充电是否允许	应急充电是否允许	

续表

数据名称	含　义	备　注
车载充电功率状态	车载充电功率状态	
交流外充设备故障状态	交流外充设备故障状态	
交流外充接地状态	交流外充接地状态	
交流互锁故障	交流互锁故障	
风扇状态	风扇状态	
接地状态	接地状态	

(2) BMC电池管理器,可以读取BMC获得电池状态以及高压配电箱的工作数据。具体为:使用诊断工具进入BYD→BMS(电池管理器)→"读取数据",可以读到E5 BMC的实时数据,见表8-10。

表8-10　E5 BMC的实时数据

数据名称	含　义	备　注
SOC	剩余电量	0~100%
电池组当前总电压	动力电池输出(放电)/输入(充电)直流动力电压	正常情况约650V
电池组当前总电流	动力电池输出(放电)/输入(充电)直流动力电流	充电时应该为负
充电接触器状态	高压配电箱的直流或者交流充电接触器的吸合/断开状态	充电时应为吸合
正极接触器状态	动力电池包的正极接触器的吸合/断开状态	充电时应为吸合
负极接触器状态	动力电池包的负极接触器的吸合/断开状态	充电时应为吸合
分压接触器1状态	动力电池包的分压接触器1的吸合/断开状态	充电时应为吸合
分压接触器2状态	动力电池包的分压接触器2的吸合/断开状态	充电时应为吸合
充电是否允许	动力电池是否允许充电	充电时应为允许
交流充电感应信号	BMC检测双向电机控制器是否送入交流充电感应信号	正常插入充电枪时应该为有

(3) 双向电机控制器,获取交流充电口的连接状态,见表8-11。使用诊断工具进入BYD→"电机控制器"→"读取数据"。

表8-11　交流充电口连接状态

数据名称	含　义	备　注
充放电系统工作状态	充放电系统工作状态	"初始化状态""充电准备状态""充电开始""充电结束""充电暂停""充电停止"
充电连接装置状态	充电连接装置状态	"未连接""连接正常"
交流充电继电器动作请求命令	来自BMC的对高压配电箱交流充电接触器动作请求命令	"无请求""请求断开"
充放电系统故障状态	充放电系统故障状态	
充电母线电压	充电母线电压	
充电直流侧电流	充电直流侧电流	
控制器充电功率比	控制器充电功率比	
电网交流频率	电网交流频率	50Hz
交流A相电压	交流A相电压	220V
交流B相电压	交流B相电压	单相充电时为0

续表

数据名称	含　义	备　注
交流 C 相电压	交流 C 相电压	单相充电时为 0
电网交流 A 相电流	电网交流 A 相电流	
电网交流 B 相电流	电网交流 B 相电流	
电网交流 C 相电流	电网交流 C 相电流	
充电方式	充电方式	小功率充电应为 OBC，大功率时为 VTOG（电机控制器）
充电设备允许最大电流	充电设备允许最大电流	
直流侧充电电流目标值	直流侧充电电流目标值	
充电口电锁请求	充电口电锁请求	
OBC 充放电请求	OBC 充放电请求	
充电口温度	充电口温度	
充电口插拔次数	充电口插拔次数	
充电枪温度采样值	充电枪温度采样值	
CC 采样值	交流充电口 CC 对 PE 的电阻值	680Ω 或者 200Ω
CP 占空比	交流充电口 CP 的 PWM 波形占空比	10%～20%，为小功率充电
充电 S2 形状吸合标志	充电 S2 形状吸合标志	断开
发送 CP 标志位	发送 CP 标志位	发送

8.7.2 故障码

E5 交流充电涉及的部件比较多，包括 OBC 车载充电机、双向电机控制器（双向逆变器）、BMC 电池管理器，因此需要从诊断仪读取这 3 个部件实时数据信息才能获得交流充电全面的工作数据信息。

为了保证读出的故障为当前实时故障，需要清除一次故障后，再次读取。

可能产生的故障为：

(1) OBC 故障。使用诊断工具进入 BYD→OBC（车载充电器）→“读取故障”，可以读到 E5 OBC 的当前和历史故障，见表 8-12。

表 8-12　OBC 的故障码

序号	故障码	故障定义
1	P150000	车载充电器输入欠压
2	P150100	车载充电器输入过压
3	P150200	车载充电器高压输出断线故障
4	P150300	车载充电器高压输出电流过流
5	P150400	车载充电器高压输出电流过低
6	P150500	车载充电器高压输出电压低
7	P150600	车载充电器高压输出电压高
8	P150700	车载充电器接地状态故障
9	P150800	车载充电器风扇状态故障
10	P150900	DC 逆变桥温度故障
11	P150A00	PFC 输出状态故障
12	P150B00	PFC 桥温度故障

续表

序号	故障码	故障定义
13	P150C00	供电设备故障
14	P150D00	低压输出断线
15	P150E00	低压铁电池电压过低
16	P150F00	低压铁电池电压过高
17	P151000	交流充电感应信号断线故障
18	U011100	与动力电池管理器通信故障
19	U015500	与组合仪表通信故障

(2) BMC故障。使用诊断工具进入BYD→BMC(电池管理器)→"读取故障",可以读到E5 BMC关于交流充电的当前和历史故障,见表8-13。

表8-13　BMC故障码

故障码	故障名称	故障含义	备注
P1A4700	交流充电感应信号断线	来自双向电机控制器(逆变器)的充电感应信号短线	
P1A4000	充电接触器回检故障	充电接触器回检故障	接触器异常

(3) 双向电机控制器(逆变器)故障。使用诊断工具进入BYD→VTOG(双向电机控制器)→"读取故障",可以读到E5电机控制器关于交流充电的当前和历史故障,见表8-14。

表8-14　双向电机控制器(逆变器)故障码

故障码	故障名称	备注
P1B3400	电网电压过高	
P1B3500	电网电压过低	
P1B6800	充电枪过温	充电枪过温
P1B6900	启动前交流过流	
P1B6A00	启动前直流过流	
P1B6B00	频率过高	
P1B6C00	频率过低	
P1B6D00	不可自适应相序错误保护	
P1B6E00	直流预充满故障	
P1B6F00	直流短路	
P1B7000	直流断路	
P1B7100	电机接触器烧结	
P1B7200	CC信号异常	CC信号异常
P1B7300	CP信号异常	CP信号异常
P1B7500	交流三相电压不平衡	
P1B7600	交流三相电流不平衡	

8.8 可设置故障

可设置故障见表8-15。

表 8-15　可设置故障

故障编号	线束/端子描述	位　置	故障类型	故障表现	故　障　码	备　注
ACC-1	交流充电器接触器控制信号	B28(B)-33	线束断路	无法进行交流充电	P1A4000 充电接触器回检故障	直接断动力电可能存在危险，请勿在汽车充电时断开，仅在充电前进行故障设置
ACC-2	交流充电感应信号 CP	BJB01-13	线束断路	汽车无法检测到交流充电枪插入，无法充电	P1B73 CP 信号异常	
ACC-3	交流充电感应信号 CC	BJB01-12	线束断路	汽车无法检测到充电枪插入，无法充电	P1B72 CC 信号异常	
ACC-4	交流充电口温度传感器高	BJB01-17	线束断路	交流充电过程中由于温度异常而终止	P1B68 充电枪过温	
ACC-5	车身控制器 BCM 输入的交流充电感应信号	GJB05-26	线束断路	无法进行交流充电	无	
ACC-6	电池管理器 BMS 输入的交流充电感应信号	B28(A)-19	线束断路	无法进行交流充电	无	N/A
ACC-7	交流充电枪闭锁电源	GJB04-13	线束断路	充电枪插入后无法闭锁，无法进行正常充电	无	N/A
ACC-8	交流充电枪开锁电源	GJB04-23	线束断路	充电枪打开后无法开锁拔出	无	N/A
ACC-9	交流充电枪开锁闭锁状态检测	GJB04-12	线束断路	充电枪插入后无法闭锁，无法进行正常充电。充电枪打开后无法开锁拔出	无	N/A

9 实训课程8：BYD E5高压安全保护

E5 电动汽车内部存在 650V 动力高压，存在人身安全隐患。在用户正常操作时，通过绝缘防护、等电势(搭铁电阻)、外壳 IP 防护、泄漏电流等措施提供电气防护。但环境条件和可能发生的意外事件都可能使得这种保护的强度降低。因此，E5 汽车的高压系统采用了异常检测和安全保护机制，如图 9-1 所示。

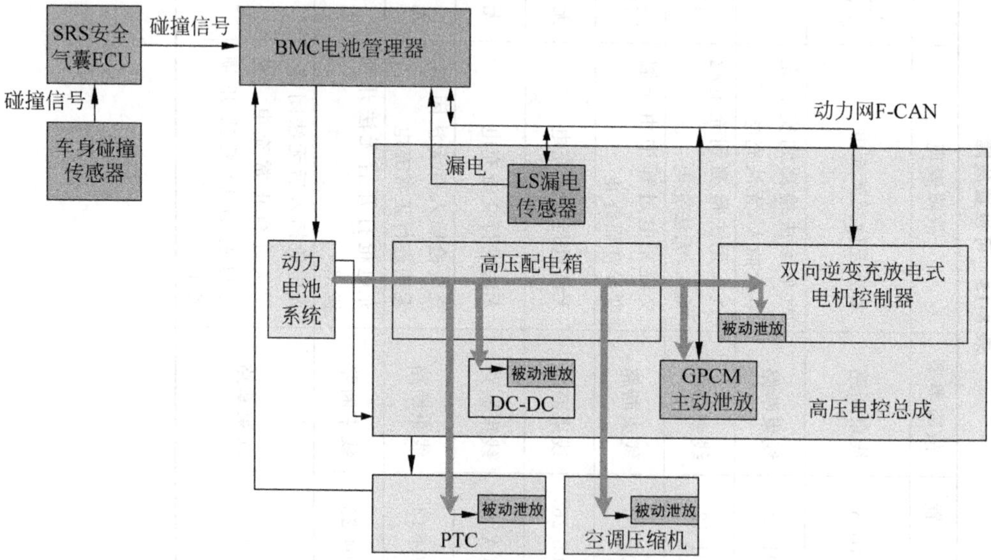

图 9-1　高压安全检测和保护框图

1. 异常检测机制

异常检测机制包括：

(1) 漏电检测。高压电控总成内配置了绝缘监测功能，采用漏电传感器对高压系统进行绝缘监控，漏电信号通过硬线送给 BMC 电池管理器。

(2) 碰撞检测。在车身各处设置了碰撞传感器，碰撞信息送给 SRS(安全气囊) ECU 转发给 BMC 电池管理器。

(3) 高压互锁检测。由 BMC 发起，通过硬线依次连接动力电池、高压电控总成和 PTC，检测高压线路是否异常断开。

(4) 高压电器开盖。在高压电控总成、PTC 和 DC-DC 等重要高压电器上设置了开盖检测开关，一旦开盖会被检测到并送给 BMC 进行处理。

2. 高压安全保护机制

高压安全保护机制包括高压断电和高压泄放。

1）高压断电

高压断电包括手工断电和电子断电两种方式。

(1) 手工断电。在发现高压异常或者在车辆维修保养时，手工将汽车关电(OFF)，断开电池内部的正负极接触器和分压接触器。

注：E5 取消了紧急维修开关，BMC 控制的电池分压接触器相当于维修开关。

(2) 电子断电。在 BMC 检测到异常情况(漏电、严重碰撞、高压锁止即非正常操作断开高压连接器、高压电器开盖等)时，BMC 立即断开电池接触器和高压配电箱主接触器，使高压电器断电。

2）高压泄放

在检测到高压异常情况时，高压电控总成内的主动泄放 BPCM 主动快速放电至直流母线为安全电压，而且各高压部件内部也被动泄放至直流母线为安全电压。

本实训重点为漏电检测断电、高压互锁断电两种安全检测，碰撞检测、开盖检测和高压泄放只进行原理解释，不作为实训内容。

9.1 E5 高压安全检测和保护工作原理

9.1.1 E5 漏电检测和保护

E5 的直流漏电传感器(见图 9-2)位于高压电控总成内，监测动力电池输出的负母线(图中 A 点)与车身底盘(车身地，图中 B 点)之间的绝缘电阻。

(1) 如果绝缘阻值≤100～120kΩ，产生“一般漏电”告警。

(2) 如果绝缘阻值≤20kΩ，产生“严重漏电”告警。

(3) 其他情况为非漏电。

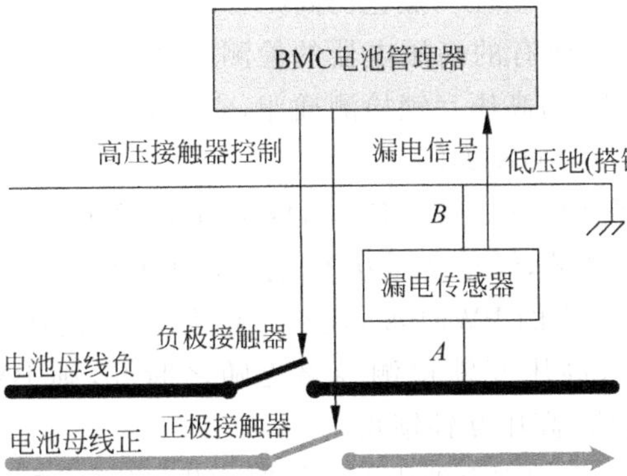

图 9-2 漏电传感器框图

传感器产生的漏电告警信号通过硬线送给电池管理器 BMC，电池管理器接收到漏电信号后会根据漏电情况马上报警以及控制马上断开高压系统，防止高压漏电的伤害。

9.1.2 E5 高压互锁检测和保护

ISO 国际标准《电动汽车安全技术规范　第 3 部分：人员电气伤害防护》(ISO 6469-3—2001)中，规定车上的高压部件应具有高压互锁装置。

E5 的高压互锁包括结构互锁和功能互锁，E5 高压结构互锁机制如图 9-3 所示。

(1) 结构互锁：E5 的主要高压接插件均带有互锁回路，当其中某个接插件被带电断开时，动力电池管理器 BMC 便会检测到高压互锁回路存在断路，为保护人员安全，将立即进行报警，并断开主高压回路电气连接，同时激活主动泄放。

(2) 功能互锁：当车辆在进行充电或插上充电枪时，E5 的 BMC 会限制整车不能通过自身驱动系统驱动，以防止可能发生的线束拖拽或安全事故。

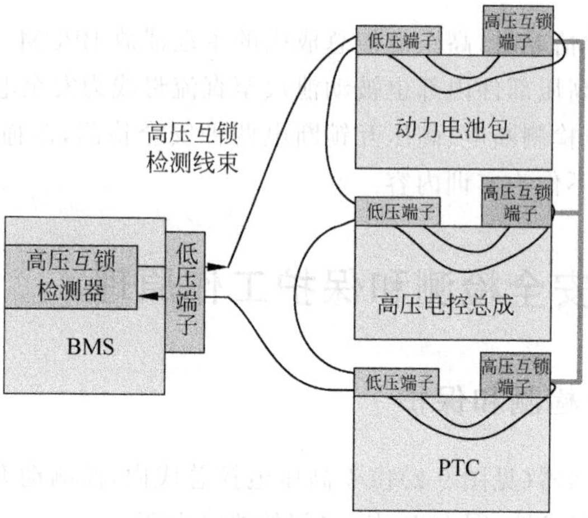

图 9-3　E5 高压结构互锁机制

下面主要描述 E5 的结构互锁。

E5 高压结构互锁回路如图 9-3 中黑线、紫色和橙色框所示。黑线为高压互锁检测线路，用于监测高压供电回路的完整性。黑色的高压互锁检测线路与橙色的高压电源线并联，通过高压插头与高压插座把所有的高压电器的检测路径串联起来，形成一个完整的回路。图中橙色框位于高压插座内，为高压互锁检测插座，它与高压插头中的低压短路一起，构成低压检测环路。高压互锁检测插座如图 9-4 所示。

E5 高压互锁回路发起点和终结点在 BMC，依次串联 BMC、动力电池、高压电控总成和 PTC。BMC 发送一个 PWM 波，经过高压互锁回路又回到 BMC，如果高压线路正常，没有断开，则 BMC 检测到自己发出的 PWM 波，判断为高压正常(高压互锁未锁止)；如果任何一处的高压线路连接断开，高压互锁检测线路也随之断开，则 BMC 无法检测到正常的 PWM 信号，判断为高压异常(高压互锁锁止)。

BMC 判断高压异常后，将动力电池内的接触器断开，将高压配电箱的母线接触器断开，从而断开动力源的输出。同时 BMC 通过动力网 CAN 通知高压电控总成内的主动泄放器(BPCM)进行泄放，将母线电压快速降至人体安全范围内。

图 9-4　E5 高压结构互锁端子

9.1.3 E5 碰撞保护和高压开盖检测

碰撞保护：当车辆发生碰撞时，车身各处的碰撞传感器将碰撞信号送给 SRS 安全气囊模块，SRS 的 ECU 收集所有的碰撞信号，判断其严重程度，一方面打开相应的安全气囊，另一方面通知动力电池管理器 BMC，BMC 检测到碰撞信号大于一定阈值时，会切断高压系统主回路的电气连接，同时通过 CAN 通知高压电控总成激活主动泄放，从而可使发生碰撞时的短路危险、人员电击危险降到最低。

开盖检测：E5 的重要高压电控产品具有开盖检测功能，当发现这些产品的盖子在整车高压回路连通的情况下打开时，会立即进行报警通知 BMC，BMC 断开高压主回路电气连接，同时激活主动泄放。E5 的开盖检测采用结构检测方式，盖子和部件内部分别有插座插头连接。只有正常盖上，插座插头连接后，才判断是正常，如图 9-5 所示。

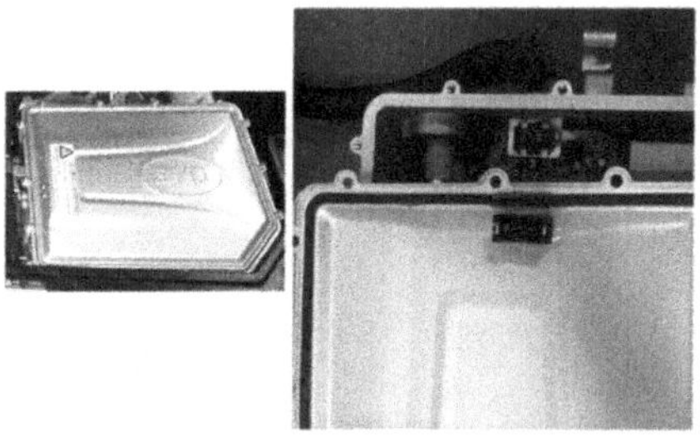

图 9-5　高压电器开盖检测机制

9.1.4 E5 高压泄放

保证高压工作时电压稳定，高压部件一般内置大容量的高压电容进行储能。在高压异常断电后，虽然没有持续的能量输入，但大电容仍保持高压状态，存在安全隐患，必须尽快将其电能泄放掉。泄放的主要机理是在大电容处并联功率电阻，泄放时让电量通过电阻放电将电能转换成热能。

E5 的高压泄放分为主动泄放和被动泄放两种。

(1) 主动泄放。高压电控总成中含有主动泄放回路，当检测到车辆发生较大碰撞或高压回路中某处接插件存在拔开状态(高压互锁异常)或含有高压的高压电控产品存在开盖情况时，主动放电回路 5s 内把预充电容电压降低到小于等于 60V，迅速释放危险电能，最大限度保证人员安全。

(2) 被动泄放。在含有主动泄放的同时，驱动电机控制器、电动压缩机和 PTC 等内部含有高压的高压电控产品同时设计有被动泄放回路，可在 2min 内把预充电容电压降低到小于等于 60V。被动泄放作为主动泄放失效的二重保护。

9.2 部件位置

漏电传感器(见图 9-6)被集成于四合一的高压电控总成(电机控制器、车载充电器、DC-DC 转换器、漏电传感器)内，位于 E5 汽车前舱。电池管理控制器 BMC 也位于前舱，在高压电控总成后面。

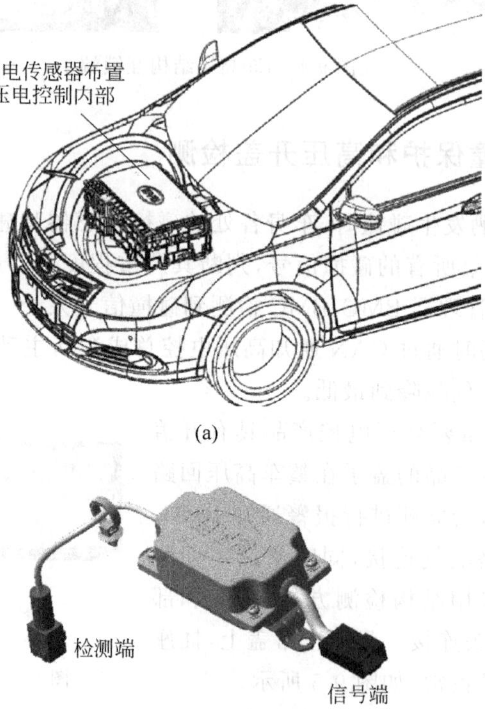

图 9-6 漏电传感器

(a) 漏电传感器位于前舱高压电控总成内；(b) 漏电传感器

9.3 低压电路图

9.3.1 漏电检测

漏电传感器位于高压电控总成内，高压电控总成的漏电传感器连接电路图如图 9-7 所示。电池管理器 BMC 的漏电告警信号连接电路图如图 9-8 所示。

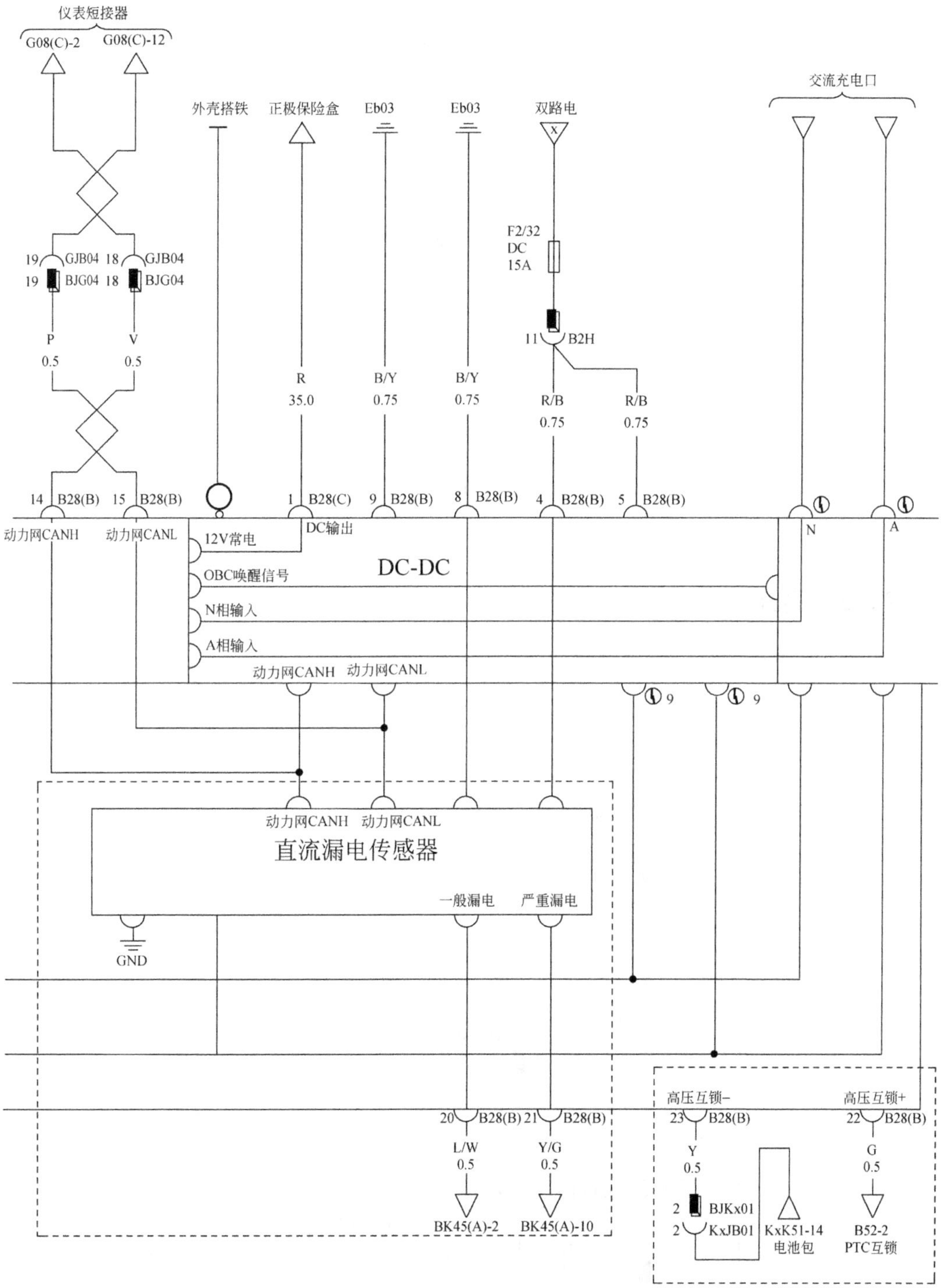

图 9-7　高压电控总成的漏电传感器连接电路图

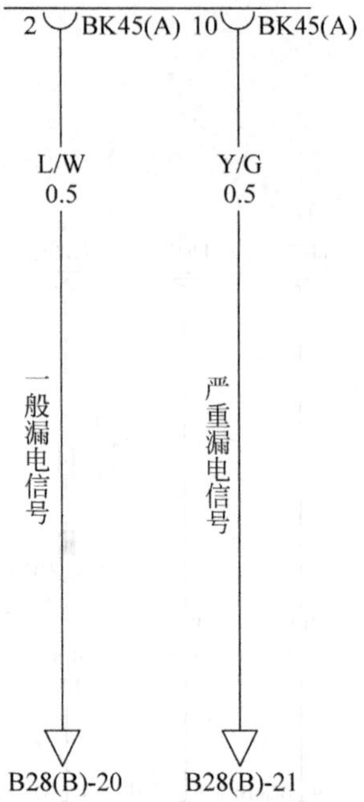

图 9-8　电池管理器 BMC 的漏电告警信号连接

9.3.2　高压互锁

E5 的高压互锁连接电路简图如图 9-9 所示。

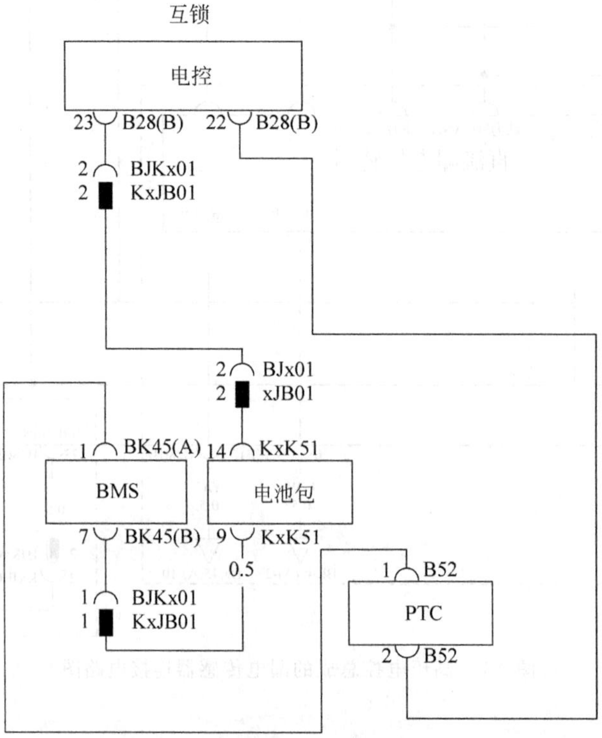

图 9-9　E5 的高压互锁连接电路简图

9.4 低压线束位置

漏电检测和高压互锁的主要低压连接线束和端子位于前舱，为黑色线束，掀开前舱即可看到。

9.5 低压线束端子信号

9.5.1 高压电控总成侧端子 B28(B)

高压电控总成 33PIN 低压端子 B28(B) 所对应的端口定义见表 9-1，高压电控总成 33PIN 低压端子 B28(B)外形如图 9-10 所示。

表 9-1 高压电控总成 33PIN 低压端子 B28(B)所对应的端口定义

引脚号	端口名称	端口定义	线束接法	电源性质及电压标准值	备注
20	一般漏电信号	一般漏电信号	接 BMC		
21	严重漏电信号	严重漏电信号	接 BMC		
22	高压互锁＋	高压互锁检测线路输入	接 PTC		
23	高压互锁－	高压互锁检测线路输入	接电池包		
14	漏电传感 CAN-H	漏电传感 CAN-H	接动力网 CAN 转接器		
15	漏电传感 CAN-L	漏电传感 CAN-L	接动力网 CAN 转接器		

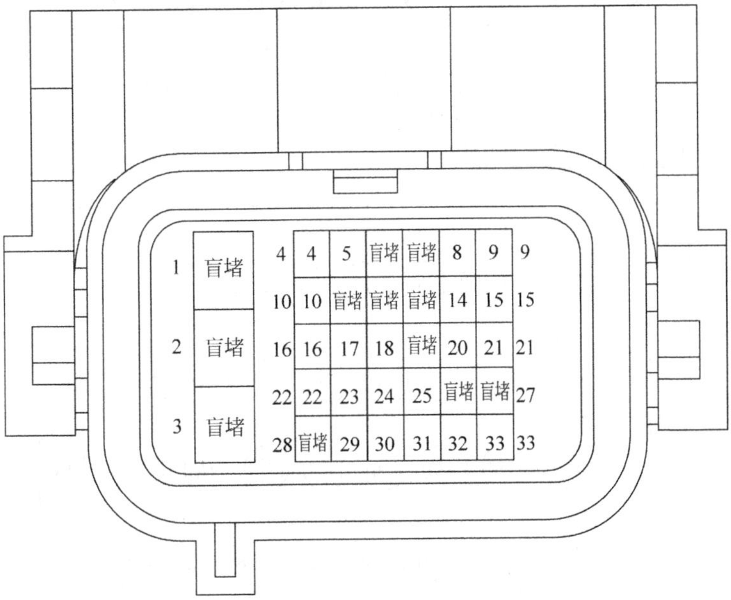

图 9-10 高压电控总成 33PIN 低压端子 B28(B)外形

9.5.2 BMC 高压互锁和漏电传感端子 BK45(B)

BMC 高压互锁端子 BK45(B)所对应的端口定义见表 9-2，BMC 高压互锁端子 BK45(B)外形如图 9-11 所示。

表 9-2 BMC 高压互锁端子 BK45(B)所对应的端口定义

编号	端子描述	定　义	方向	对　端	对端引脚
25	碰撞信号			转接头 G08(C)	G08(C)-19/G2R/SRS ECU
7	高压互锁−	高压互锁检测线路输入		电池包	

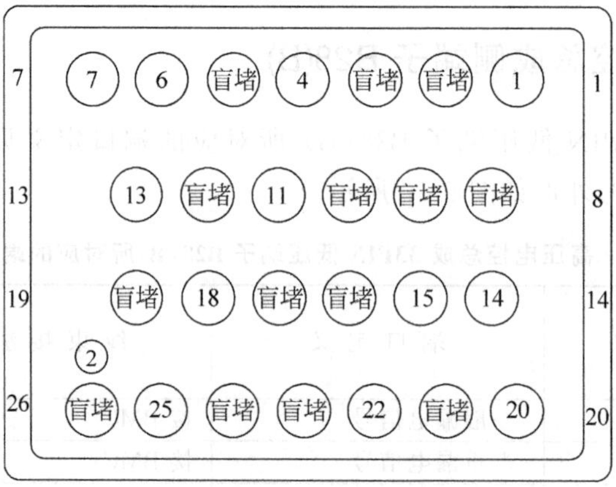

图 9-11 BMC 高压互锁端子 BK45(B)外形

BMC 漏电传感端子 BK45(A)所对应的端口定义见表 9-3，BMC 漏电传感端子 BK45(A)外形如图 9-12 所示。

表 9-3 BMC 漏电传感端子 BK45(A)所对应的端口定义

编号	端子描述	定　义	方向	对端	对端引脚
1	高压互锁＋	高压互锁检测线路输入		PTC	
2	一般漏电信号	一般漏电信号		高压电控总成	
10	严重漏电信号	严重漏电信号		高压电控总成	

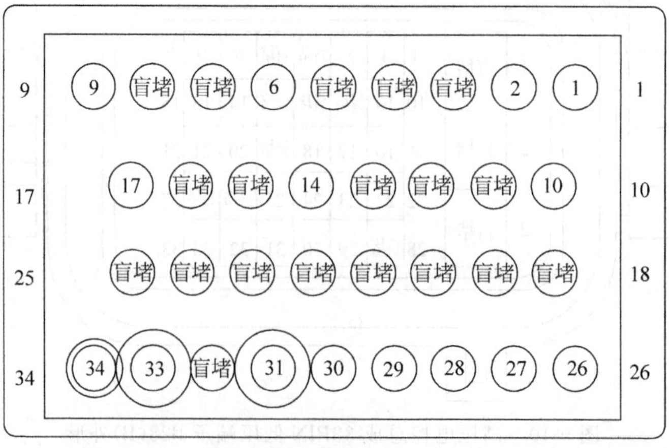

图 9-12 BMC 漏电传感端子 BK45(A)外形

9.5.3 动力电池包高压互锁端子 KXK51

动力电池包高压互锁端子 KXK51 所对应的端口定义见表 9-4，其位于地板。

表 9-4 动力电池包高压互锁端子 KXK51 所对应的端口定义

编号	对端引脚	端子描述	线色	方向	对端
9	高压互锁一	高压互锁检测线路输入			BMC
14	高压互锁＋	高压互锁检测线路输出			高压电控总成

9.5.4 其他端子

PTC 的高压互锁端子 B52 所对应的端口定义见表 9-5，其位于前舱。

表 9-5 PTC 的高压互锁端子 B52 所对应的端口定义

编号	对端引脚	端子描述	线色	方向	对端
2	高压互锁一	高压互锁检测线路输入			接高压电控总成
1	高压互锁＋	高压互锁检测线路输出			接 BMC

KXJB01、XJB01、BJX01 端子为高压互锁检测线的转接端子。

9.6 工作数据信息和故障码

9.6.1 实时数据

通过诊断仪可以读取高压互锁状态、漏电状态和主动泄放状态，分别在 BMC 电池管理器、漏电传感器和主动泄放（BPCM）中读取。

(1) BMC 电池管理器，可以读取 BMC 获得高压互锁状态以及接触器吸合/断开状态。具体为：使用诊断工具进入 BYD→BMS（电池管理器）→“读取数据”，可以读取 E5 BMC 的实时数据，见表 9-6。

表 9-6 高压互锁状态以及接触器吸合/断开状态

数据名称	含义	备注
正极接触器状态	动力电池包的正极接触器的吸合/断开状态	充电时应为吸合
负极接触器状态	动力电池包的负极接触器的吸合/断开状态	充电时应为吸合
分压接触器 1 状态	动力电池包的分压接触器 1 的吸合/断开状态	充电时应为吸合
分压接触器 2 状态	动力电池包的分压接触器 2 的吸合/断开状态	充电时应为吸合
主接触器状态	高压配电箱的主接触器的吸合/断开状态	正常上电后应为吸合
预充接触器状态	高压配电箱的预充接触器的吸合/断开状态	正常上电后先吸合，后断开
绝缘阻值	直流母线对车身绝缘电阻	正常情况下为 8000kΩ 左右

续表

数据名称	含义	备注
高压互锁 1	BMC—高压电控总成—动力电池—PTC 的高压互锁环检测	正常为未锁止，异常为锁止
高压互锁 2	预留	正常为未锁止
高压互锁 3	预留	正常为未锁止
高压系统状态	高压系统状态	默认为正常
主动泄放是否允许	主动泄放是否允许	正常情况下为不允许

（2）漏电传感器，获取漏电传感器测得的绝缘值。使用诊断工具进入 BYD→"漏电传感器"→"读取数据"，见表 9-7。

表 9-7 漏电传感器测得的绝缘值

数据名称	含义	备注
绝缘阻值	直流母线对车身绝缘电阻	正常情况下为 8000kΩ 左右

（3）主动泄放，获取汽车主动泄放状态。使用诊断工具进入 BYD→"主动泄放"→"读取数据"，见表 9-8。

表 9-8 主动泄放状态

数据名称	含义	备注
主动泄放状态	高压电控总成内的主动泄放状态	正常情况下为未泄放

9.6.2 故障码

高压安全部分的故障信息，可以通过诊断仪读取 BMC 电池管理器获得。为了保证读出的故障为当前实时故障，需要清除一次故障后，再次读取。

可能产生的故障为：BMC 故障。使用诊断工具进入 BYD→BMC（电池管理器）→"读取故障"，可以读取高压安全部分的当前和历史故障，见表 9-9。

表 9-9 BMC 故障码

故障码	故障名称	备注
P1A00	严重漏电	车身漏电
P1A01	一般漏电	车身漏电
P1A4C	漏电传感器失效	漏电传感器或者电源失效
P1A48	主电机开盖故障	高压电控总成开盖
P1A49	高压互锁自检故障	高压互锁线路自检出错
P1A4A	高压互锁一直检测为高信号	高压互锁线路中断
P1A4B	高压互锁一直检测为低信号	高压互锁线路中断
P1A51	碰撞硬线信号 PWM 故障	
P1A52	碰撞系统故障	
P1A5A	与漏电传感器通信故障	漏电传感器 CAN 线路异常
P1A5B	与气囊 ECU 通信故障	

9.7 可设置故障

可设置故障见表9-10。

表9-10 可设置故障

故障编号	线束/端子描述	位置	故障类型	故障表现	故障码	备注
HVIL-1	PTC—高压电控总成的高压互锁线路	B52-2	线束断路	出现“请检查动力系统”故障。取消后需重启汽车才能恢复	P1A49，高压互锁自检故障	
HVIL-2	PTC—BMC的高压互锁线路	B52-1	线束断路	出现“请检查动力系统”故障。取消后需重启汽车才能恢复	P1A49，高压互锁自检故障	
HVIL-3	高压电控总成—电池包的高压互锁线路	BJKx01-2	线束断路	出现“请检查动力系统”故障。取消后需重启汽车才能恢复	P1A49，高压互锁自检故障	
HVIL-4	BMC—电池包的高压互锁线路	BJKx01-1	线束断路	出现“请检查动力系统”故障。取消后需重启汽车才能恢复	P1A49，高压互锁自检故障	
HVIL-5	DC-DC/漏电传感器/高压配电箱CANH	GJB04-19	线束断路	汽车可以正常上电，OK	P1A5A，与漏电传感器通信故障，即诊断仪无法与漏电传感器通信	
HVIL-6	一般漏电信号	B28(B)-20	线束断路	汽车可以正常上电，OK	无	

10 实训课程9：BYD E5电机控制系统

10.1 E5电机控制工作原理

E5汽车为前置前驱方式，动力传动路径为：①动力电池↔②高压配电箱（高压电控总成内）↔③电机控制器（高压电控总成内）↔④前置动力电机↔⑤前置变速箱→⑥前传动轴→⑦传动轮。其中，①～④为电气部件，⑤～⑦为机械部件。

E5的电机控制系统，在整个E5汽车动力网中的位置和连接关系如图10-1所示。其中，红色为高压动力线，绿色为低压控制硬线，蓝色为部件之间的CAN通信线。

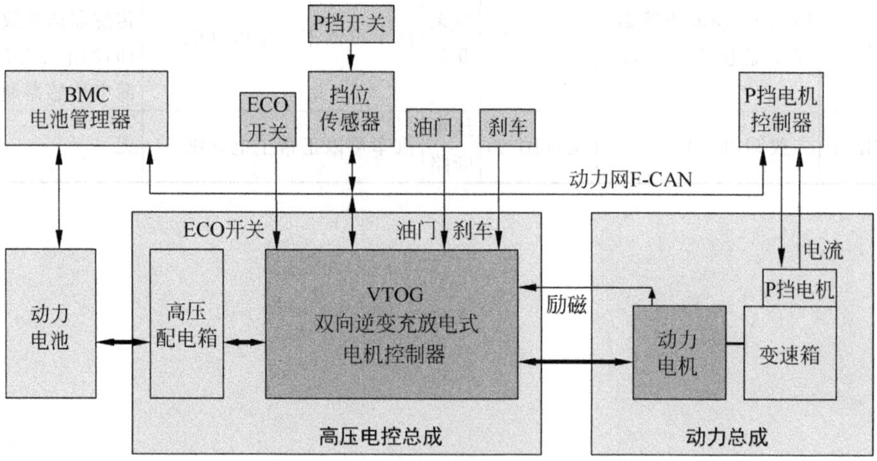

图10-1　电机控制器工作原理

10.1.1 双向电机控制器

E5的双向电机控制器，也就是双向逆变器完成直流动力和交流驱动电的转换，它位于E5汽车的高压电控总成内。

E5的电机控制器全称为VTOG，即两电平双向逆变充放电式电机控制器，具有双向逆变功能。它可以将650V高压直流电逆变成三相交流电，驱动动力电机转动，也就是放电过程；也可以将电机制动过程中产生的交流电或者交流充电设备注入的交流电整流成高压直流电，充入动力电池，也就是能量回馈和交流充电过程。

电机控制器的详细功能见表 10-1。

表 10-1 电机控制器的功能

功　　能	说　　明
电机控制	扭矩控制
	功率控制
	能量回馈功能
	爬坡助手功能
整车控制	辅助整车上电/掉电功能
	经济模式、运动模式
	动力系统防盗功能
	巡航控制功能
	ESC/Has-Hev 匹配
	挡位控制
	软件更新功能
	状态管理
安全控制	异常处理功能
	刹车优先功能
	辅助 BMS 进行烧结检测功能
	泄放电功能
	卸载功能

10.1.2 动力电机

E5 的动力电机完成电能和机械能的双向转换，它位于 E5 汽车的动力总成内。

E5 的动力电机为三相永磁同步电机，在电机定子输入交流电流后，电机可以将电能转换成机械能转动驱动变速箱，即电动机功能；汽车行驶带动电机的永磁转子的转动也可以在定子上产生交流电流输出，即发电机功能。动力电机的输出扭矩，通过变速箱完成电机和汽车之间的动力转换。

注：挂挡后，电机状态才是 ON；ON 开时而在 P 挡时，电机为 OFF。

10.1.3 动力控制机构

E5 的动力控制机构包括挡位控制器、刹车控制器、油门控制器、ECO/SPORT 开关等传感器和执行器，将用户的操作转化成电机控制器的控制输入，最终控制电机的行为。其中，ECO/SPORT 开关在 ECO(经济模式)和 SPORT(运动模式)之间切换。ECO 模式最节能，限制电机的扭矩范围和电流输出，动力非最优；SPORT 模式，不限制扭矩和电流输出，动力最优，能耗非最优。

刹车和油门控制器除了控制电机加速外，还可以用于控制电机的能量回收强度。

10.1.4 动力冷却系统

电机冷却系统是通过电动水泵驱动冷却液实现冷却的独立循环系统。它由散热器、电子风扇、水管、水壶、电机水套、电机控制器、水泵（安装在水箱立柱上的电动水泵）组成。

冷却水管从水泵出发，经过高压电控总成、动力总成带走热量，经过散热器冷凝后，又回到水泵。

电子风扇可以进行高速运转和低速运转，由主控制器 MC 进行控制，通过监测电机控制器、电机以及冷却系统的水温来实现自动控制。

10.2 部件位置

10.2.1 电机控制器和电机

E5 汽车的电机控制器位于前舱的高压电控总成内，动力电机、变速箱和 P 挡电机位于前舱高压电控总成的下方的动力总成内，如图 10-2 所示。

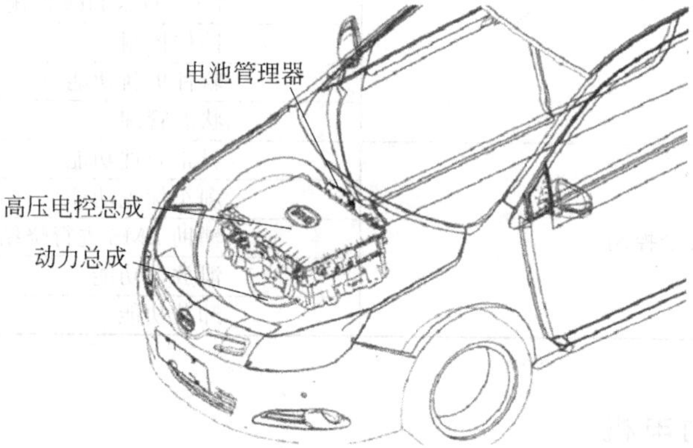

图 10-2 高压电控总成（含电机驱动器）和动力总成（含动力电机）的位置

E5 的高压电控总成（见图 10-3）集成两电平双向交流逆变式电机控制器模块、车载充电器模块、DC-DC 变换器模块、高压配电模块和漏电传感器。

E5 动力总成（见图 10-4）集成了交流永磁同步动力电机、变速器、P 挡电机。

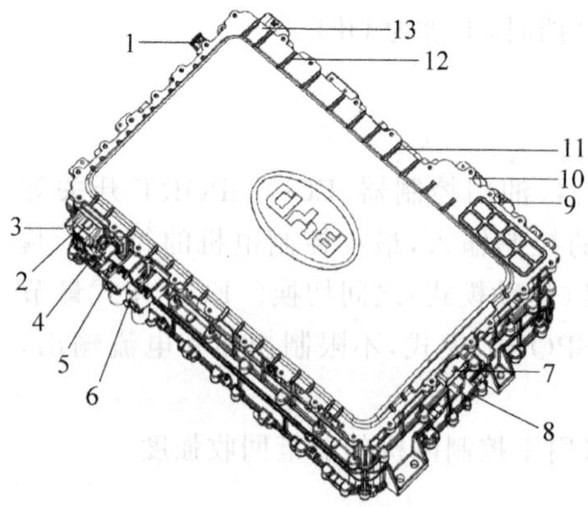

图 10-3 高压电控总成

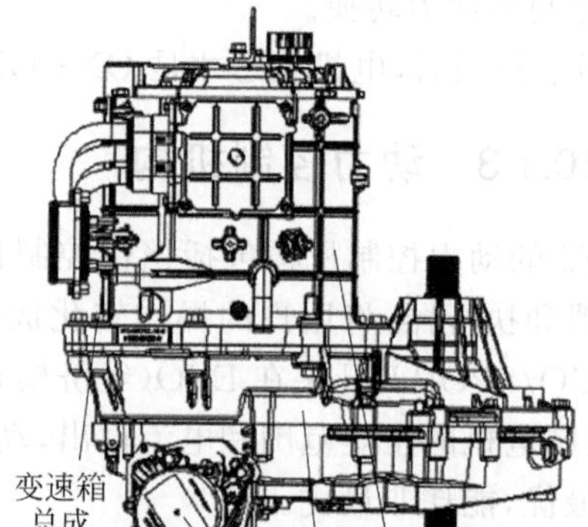

图 10-4 动力总成构成

10.2.2 电机冷却系统

电机冷却系统各部件的位置如图 10-5 所示。

10.2.3 控制机构

挡位、刹车和油门等操控机构与普通自动挡燃油汽车的位置相同。挡位操作杆（见图 10-6）有 D、R、N 和 P 挡，P 挡在挡位杆球头处，以开关形式存在。挡位控制器（见图 10-7）位于挡位操作杆下方。

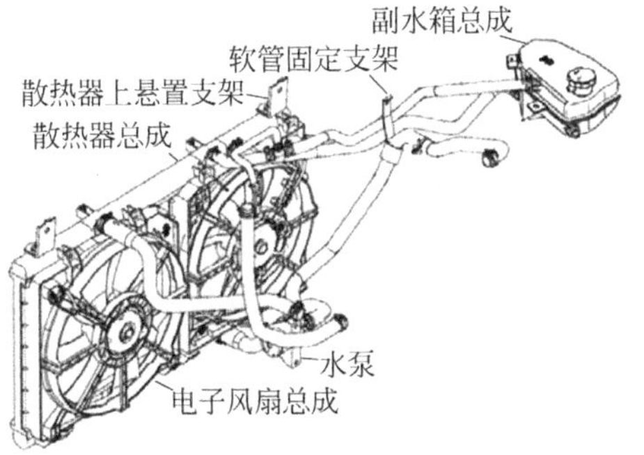

图 10-5　电机冷却系统各部件的位置

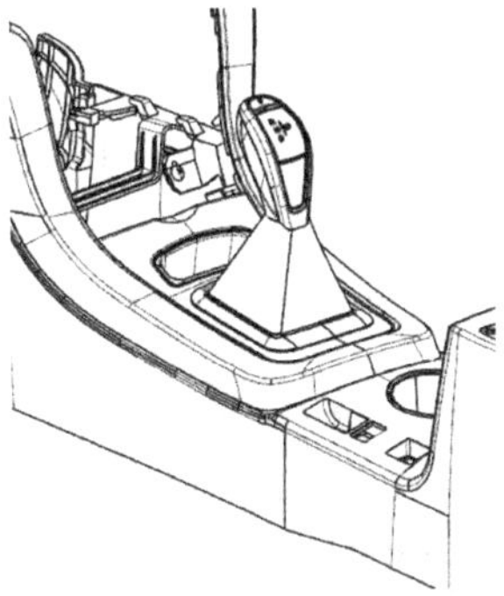

图 10-6　挡位操作杆

挡位控制器、油门传感器、刹车传感器分别位于挡位手柄、油门加速踏板以及制动刹车踏板下方。

ECO 开关位于驾驶座左边，如图 10-8 所示。

图 10-7　挡位控制器

图 10-8　ECO 开关

10.3 高压连接图

电机控制器和动力电机的高压连接如图 10-9 所示。高压接线端子都用橙色粗套管套住，均在前舱。其端子功能定义见表 10-2。

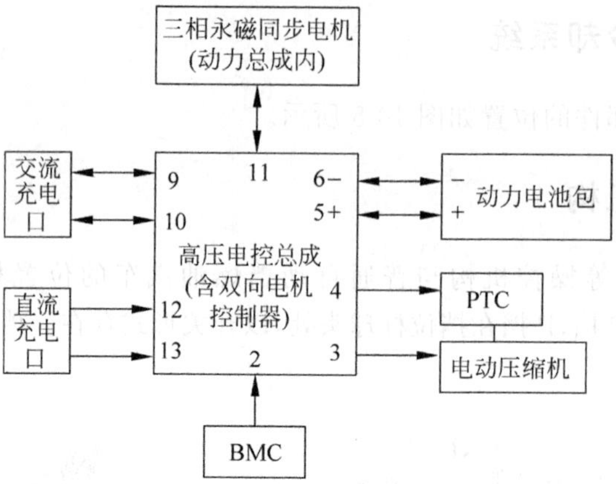

图 10-9　电机控制器和动力电机的高压连接

表 10-2　连接端子功能定义

编号	端　　子	编号	端　　子
1	DC 直流输出接插件	2	33 引脚低压信号接插件(线束 B28(B))
3	高压输出空调压缩机接插件	4	高压输出 PTC 接插件
5	动力电池正极母线	6	动力电池负极母线
7	64 引脚低压信号接插件(线束 B28(A))	8	入水管
9	交流输入 L2、L3 相	10	交流输入 L1、N 相
11	驱动电机三相输出接插件	12	直流充电输入正极
13	直流充电输入负极		

注：因为高压线路和端子的操作存在危险，且不易测量，一般情况下不建议直接测量，可以通过诊断工具的诊断功能进行间接测量。

10.4　低压电路图

10.4.1　电机控制器和电机

电机控制器和电机低压电路图如图 10-10 所示。

10.4.2　挡位传感器

挡位传感器电路图如图 10-11 所示。

10.4.3　ECO 开关

ECO 开关电路图如图 10-12 所示。

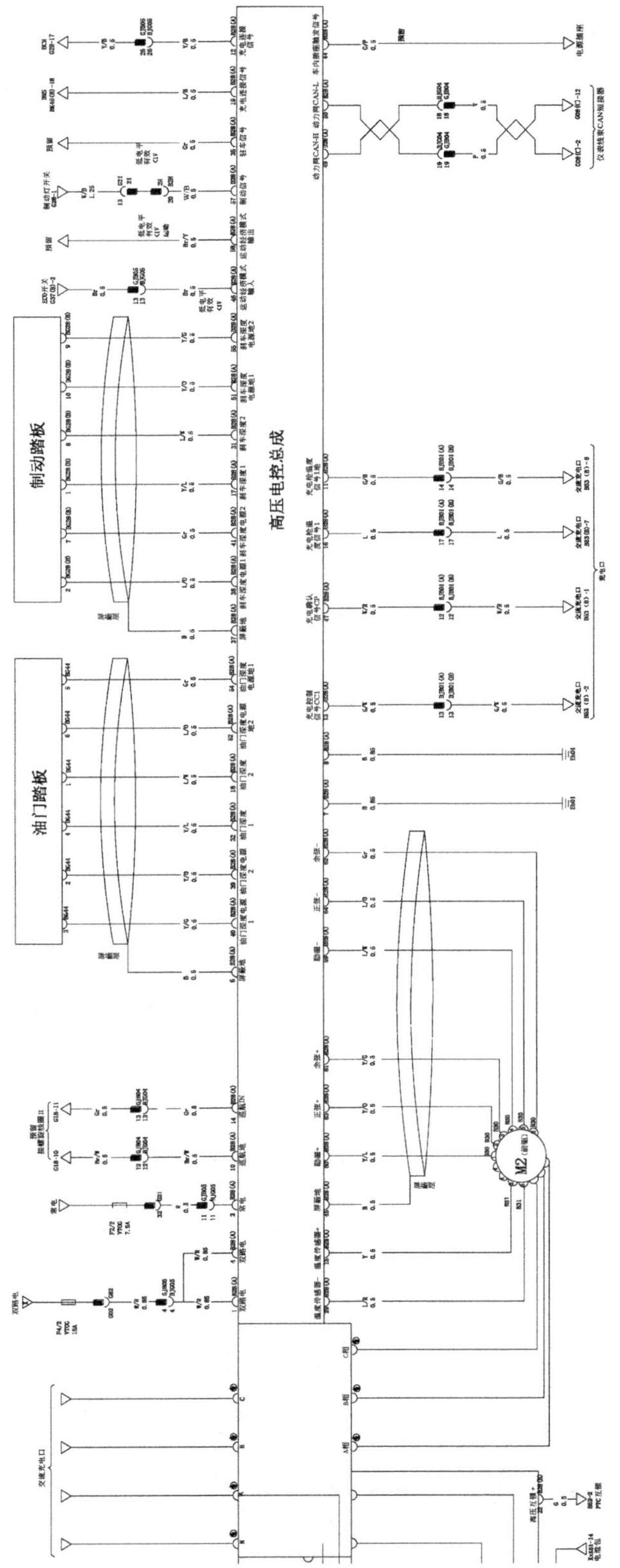

图 10-10 电机控制器和低压电路图

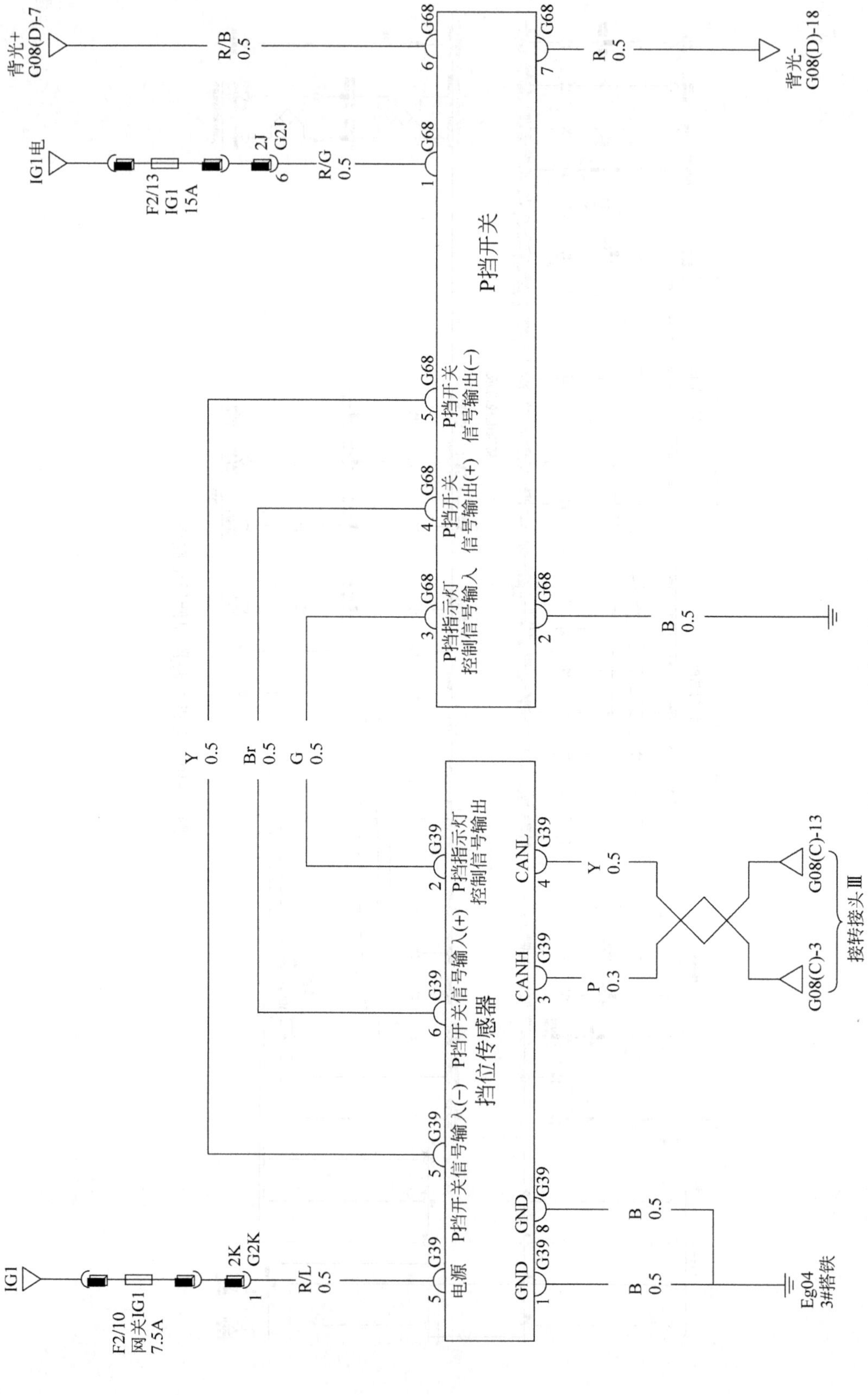

图 10-11　挡位传感器电路图

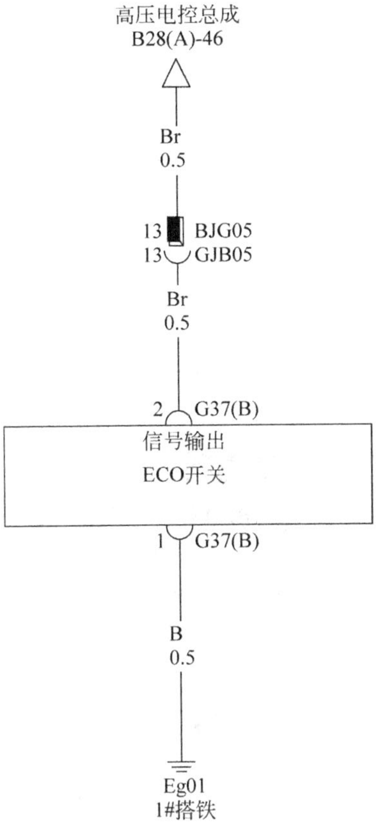

图 10-12　ECO 开关电路图

10.5　低压线束的位置

10.5.1　前舱相关线束

前舱相关低压线束的位置如图 10-13 所示。

10.5.2　仪表相关线束

仪表相关低压线束的位置如图 10-14 所示。

10.6　低压线束端子信号

10.6.1　电机控制端子 B28(A)、B30、B31、BG44、BG28(B)

电机控制器端子分布在电机控制器(高压电控总成内)和动力电机(动力总成内)上。

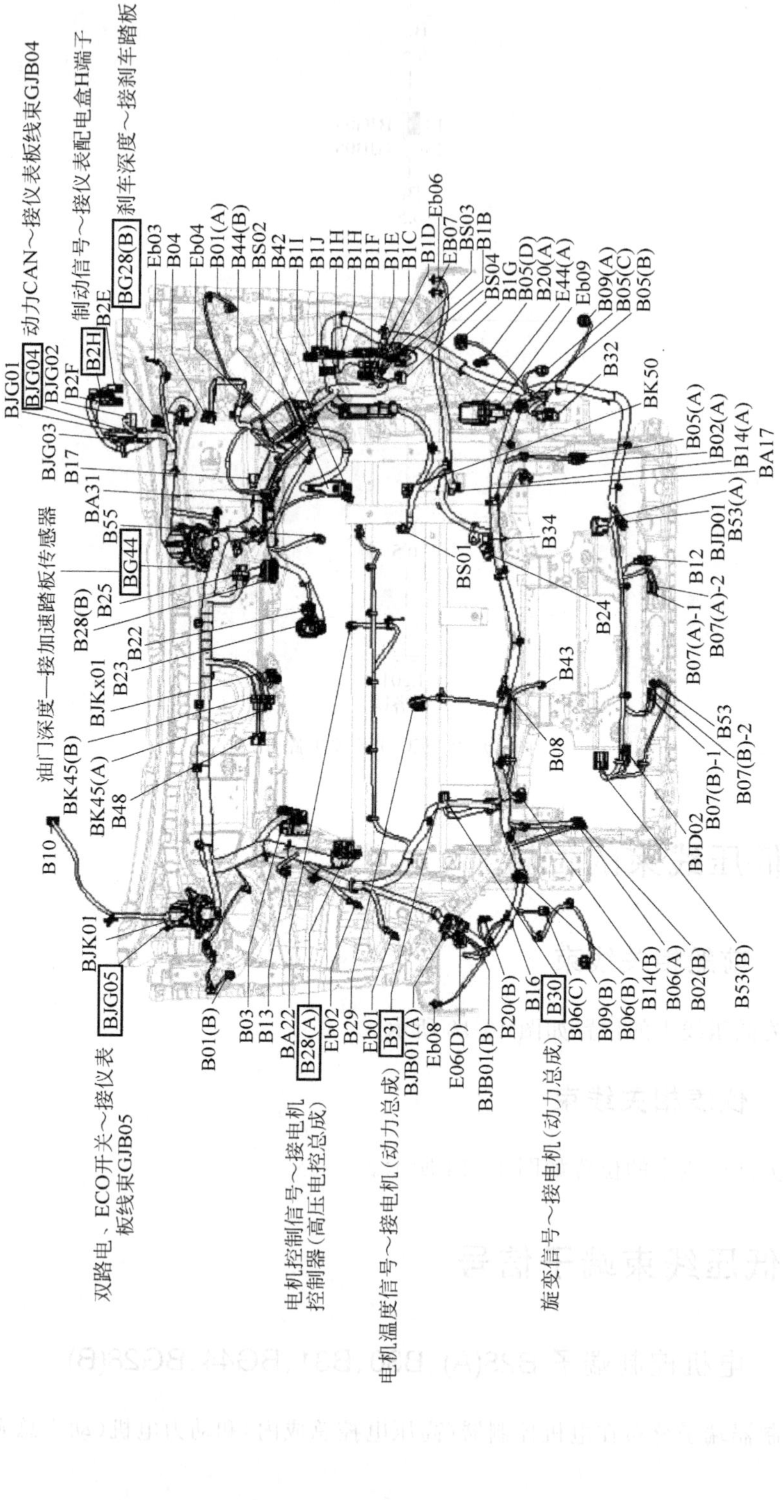

图 10-13　前舱相关低压线束的位置

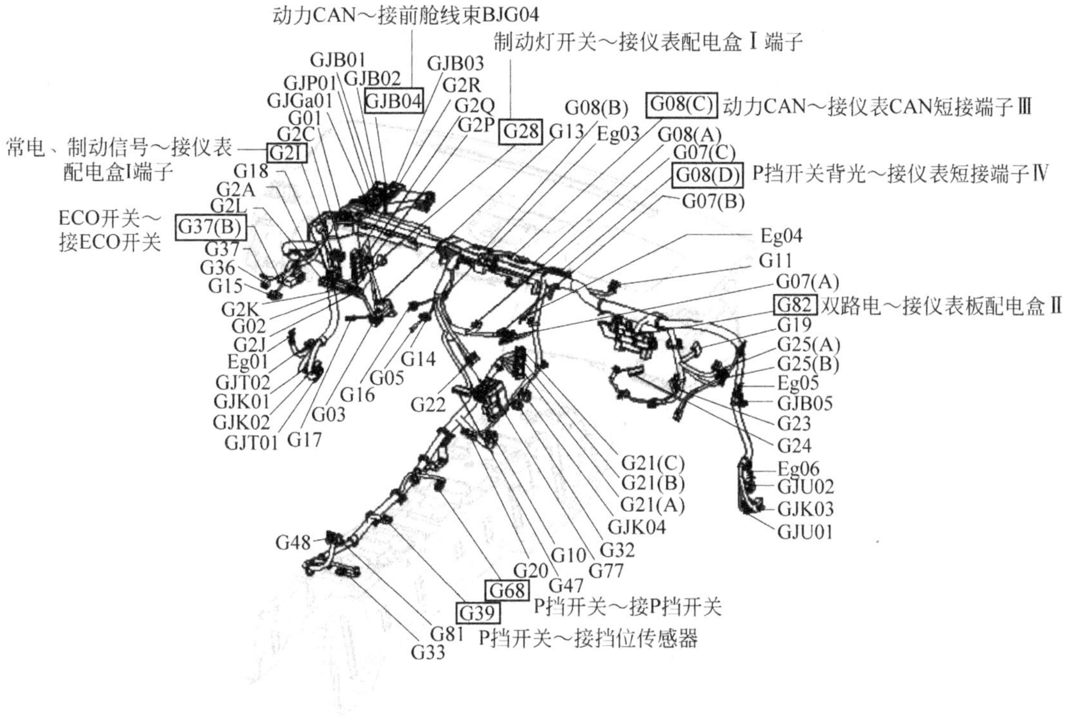

图 10-14 仪表相关低压线束的位置

电机控制器侧端子为 B28(A)，端子包括信号电机控制(油门传感、制动传感、电机反馈控制)、交流充电控制、巡航控制、CAN 接口。其端子引脚功能定义见表 10-3，相关接插件的外形如图 10-15 所示。

表 10-3 端子引脚功能定义

引脚号	端口名称	端口定义	线束接法/对端	电源性质及电压标准值	备注
1	+12V	外部提供 ON 挡电源	双路电	双路电	
4	+12V	外部提供 ON 挡电源	双路电	双路电	
2	+12V	外部提供常火电	常电	常电	
7	GND	外部电源地	车身地		
8	GND	外部电源地	车身地		
57	IN-FEET-BRAKE	制动信号	制动踏板		
46	EXT-ECO/SPO	经济/运动模式输入	开关组		
58	DSP-ECO/SPOOUT	经济/运动模式输出	开关组	预留	
38	+5V	刹车深度电源 1	制动踏板		
41	+5V	刹车深度电源 2	制动踏板		
51	GND	刹车深度地 1	制动踏板		
55	GND	刹车深度地 2	制动踏板		
17	DC-BRAKE1	刹车深度 1	制动踏板		
31	DC-BRAKE2	刹车深度 2	制动踏板		

续表

引脚号	端口名称	端口定义	线束接法/对端	电源性质及电压标准值	备注
37	GND	刹车深度屏蔽地	车身地		
40	+5V	油门深度电源 1	油门踏板		
39	+5V	油门深度电源 2	油门踏板		
54	GND	油门深度电源地 1	制动踏板		
52	GND	油门深度电源地 2	油门踏板		
32	DC-GAIN1	油门深度 1	油门踏板		
18	DC-GAIN2	油门深度 2	油门踏板		
6	GND	油门深度屏蔽地	车身地		
49	CAN-H	动力网 CAN-H	动力网 CAN-H		
50	CAN-L	动力网 CAN-L	动力网 CAN-L		
26	GND	动力网 CAN 信号屏蔽地	充电口		
15	STATOR-T-IN	电机绕组温度	电机		
29	GND	电机模拟温度地	电机		
45	GNDV	旋变屏蔽地	电机		
59	/EXCOUT	励磁−	电机		
60	EXCOUT	励磁+	电机		
61	COS+	余弦+	电机		
62	COS−	余弦−	电机		
63	SIN+	正弦+	电机		
64	SIN−	正弦−	电机		

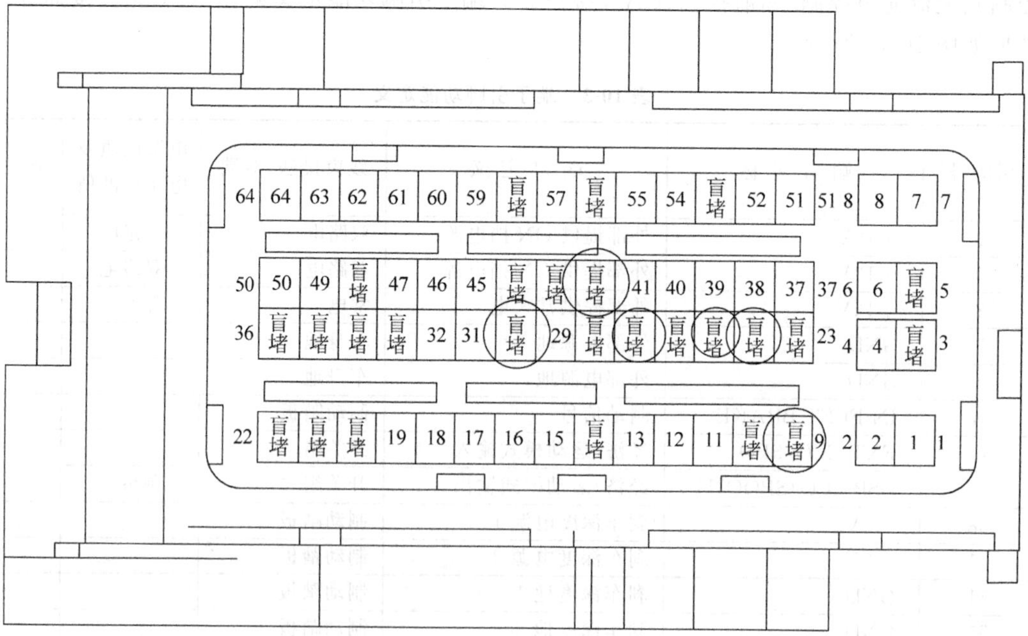

(a)

图 10-15 相关接插件的外形

(a) B28(A)接插件外形；(b) B31、B30 接插件外形；(c) BG44 接插件外形；(d) BG28(B)接插件外形

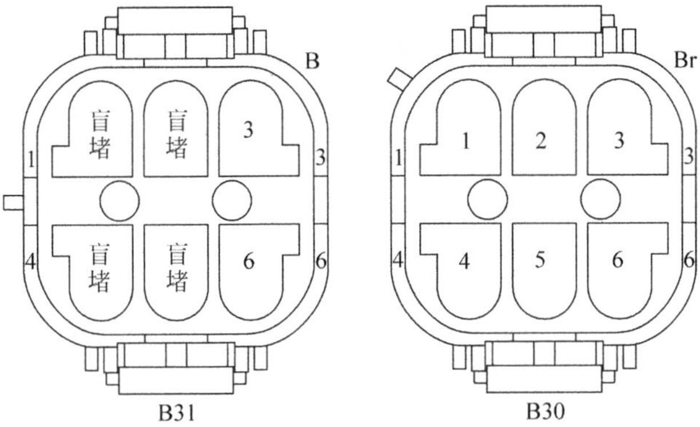
B
盲堵
盲堵
3
1
3
盲堵
盲堵
6
4
6
B31
Br
1
2
3
1
3
4
5
6
4
6
B30

(b)

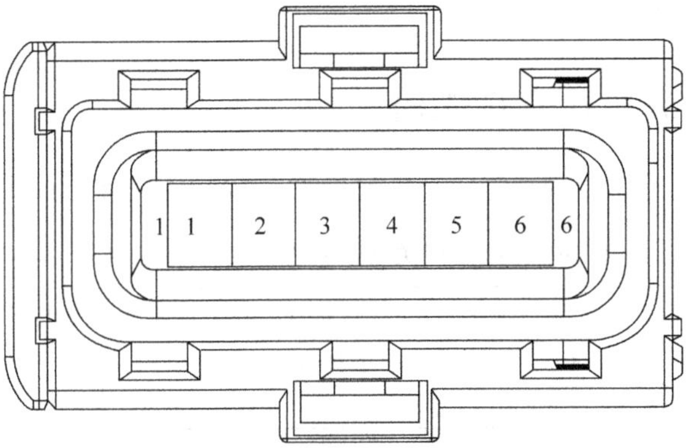
1 1 2 3 4 5 6 6

(c)

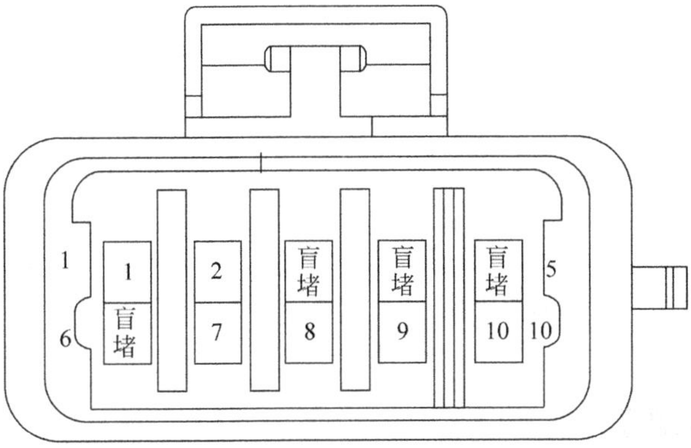
1
1
2
盲堵
盲堵
盲堵
5
6
盲堵
7
8
9
10
10

(d)

图 10-15 （续）

10.6.2 挡位传感器端子 G39

挡位传感器端子 G39 引脚功能定义见表 10-4，G39 接插件的外形如图 10-16 所示。

表 10-4 挡位传感器端子 G39 引脚功能定义

引脚号	端口名称	端口定义	线束接法	电源性质及电压标准值	备注
5	+12V	外部提供 ON 挡电源	IG1		
1	GND	外部电源地	车身地		
8	GND	外部电源地	车身地		
7	P 挡开关信号输入−	P 挡开关信号输入−			
6	P 挡开关信号输入+	P 挡开关信号输入+			
2	P 挡指示灯控制信号输出	P 挡指示灯控制信号输出	制动踏板		
3	CAN-H	动力网 CAN-H			
4	CAN-L	动力网 CAN-L			

10.6.3 ECO 开关端子 G37(B)

ECO 开关端子 G37(B)引脚功能定义见表 10-5，G37(B)接插件的外形如图 10-17 所示。

表 10-5 ECO 开关端子 G37(B)引脚功能定义

引脚号	端口名称	端口定义	线束接法	电源性质及电压标准值	备注
1	GND	外部电源地	车身地		
2	ECO 开关输出				

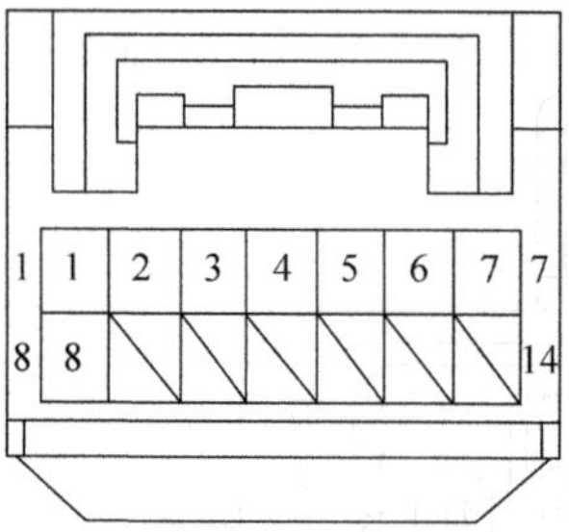

图 10-16 G39 接插件外形

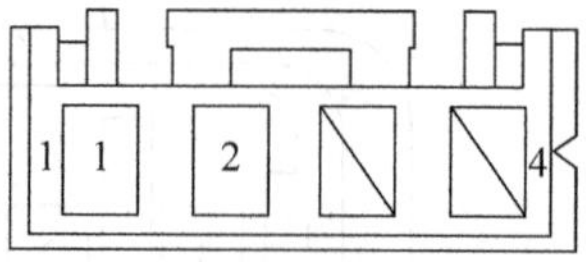

图 10-17 G37(B)接插件外形

10.6.4 其他端子

电机控制器 CAN 线束转接端子如图 10-18 所示。

电机控制器低压电源的仪表板配电接口如图 10-19 所示。

刹车传感器的线束端子如图 10-20 所示。

制动灯开关接插件如图 10-21 所示。

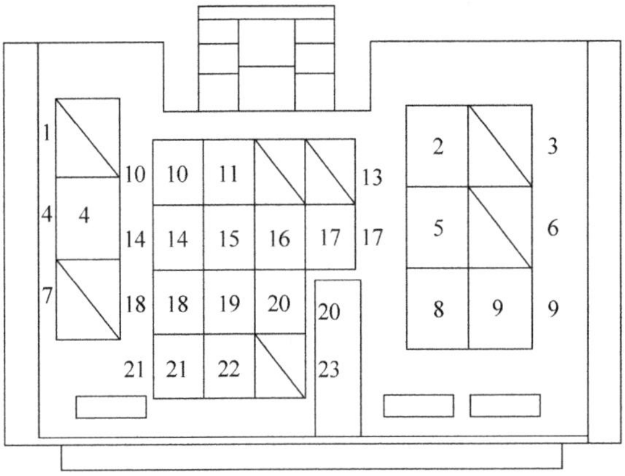

(a)

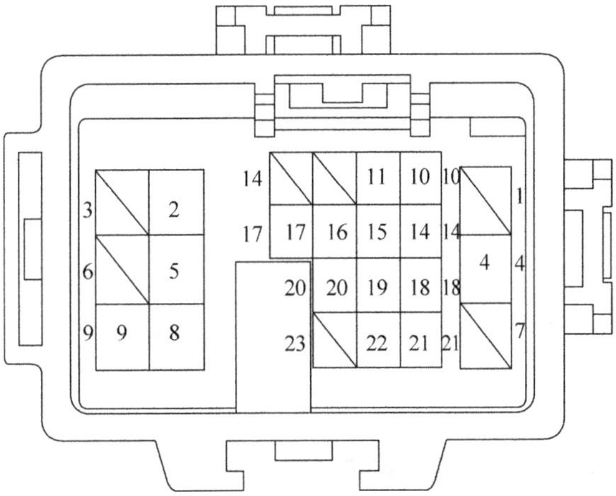

(b)

图 10-18 电机控制器 CAN 线束转接端子

（a）BJG04 接插件；（b）GJB04 接插件

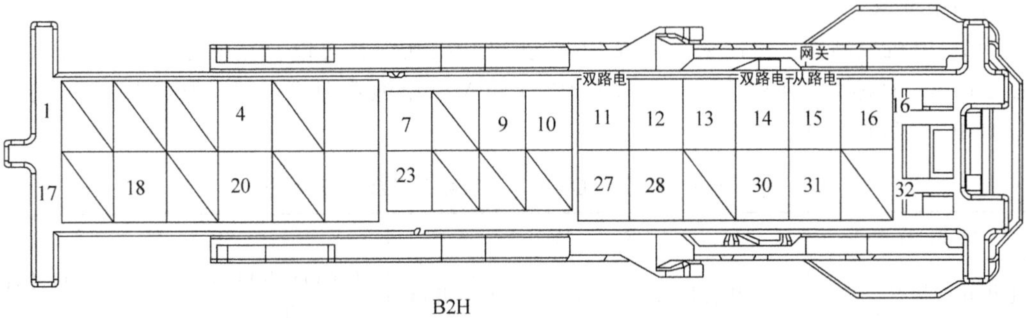

B2H

图 10-19 电机控制器低压电源的仪表板配电接口

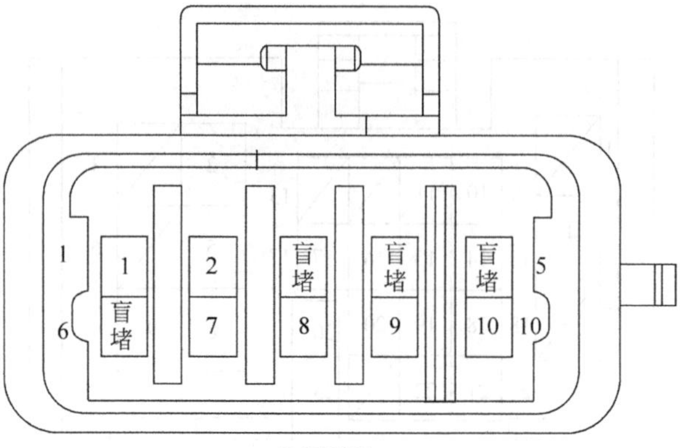

图 10-20　刹车传感器的线束端子

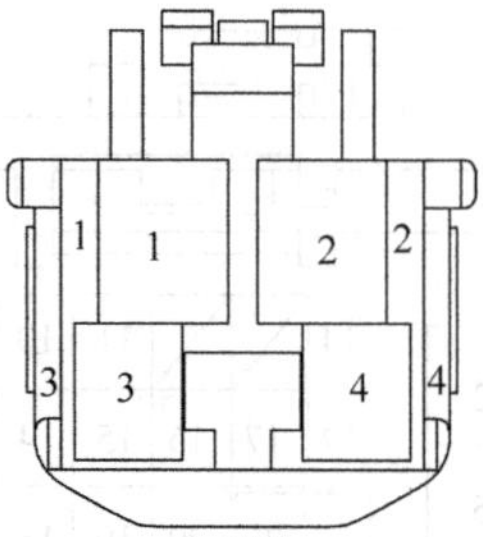

图 10-21　制动灯开关接插件

10.7　工作数据信息和故障码

10.7.1　实时数据

通过诊断仪可以读取电机控制器、挡位控制器的状态，分别在电机控制器、挡位控制器(GCM)中读取。

(1) 电机控制器。可以通过读取 BMC 获得高压互锁状态以及接触器吸合/断开状态，见表 10-6。具体为：使用诊断工具进入 BYD→BMS(电池管理器)→"读取数据"，可以读取 E5 BMC 的实时数据。

表 10-6　高压互锁状态以及接触器吸合/断开状态

数据名称	含　义	备　注
电机开启状态	电机开启状态。OFF：关闭，ON：开启	只有 ON 开启，且非 P 挡时电机才能正常开启
驻车形状状态	驻车形状状态：拉起、松开	P 挡驻车是否成功
实际挡位	实际挡位：D、R、N、P	实际的挡位，在组合仪表可以显示
工作模式	工作模式：ECO(经济)、SPO(运动)	工作模式，在组合仪表可以显示

续表

数据名称	含　　义	备　　注
上电启动开始	上电启动开始状态	电机处于充电还是放电状态
READY 指示灯状态	READY 指示灯状态：亮起、无指示	ON 开关是否启动，在组合仪表上显示 OK
主接触器状态	主接触器状态：吸合（正常）或者断开	ON 开关启动后，应该为吸合（正常）状态
油门深度	油门深度：0～100％	
脚刹深度	脚刹深度：0～100％	
动力电机母线电压	动力电机母线电压	ON 开关启动，主接触器吸合后，应该是 650V 左右
动力电机转速	动力电机转速	
电机扭矩	电机扭矩	
电机功率	电机功率	
动力电机温度	动力电机温度	
IGBT 温度	IGBT 温度	
电感温度	电感温度	
油门采样值 1	油门采样值 1	
油门采样值 2	油门采样值 2	

（2）挡位控制器。获取物理上的挡位传感器的挡位，见表 10-7。使用诊断工具进入 BYD→“挡位传感器”→“读取数据”。

表 10-7　挡位传感器物理挡位状态

编号	数据名称	含　　义	备　　注
	物理挡位状态	D/N/R/P	正常情况下为固定值，因为挡位手柄操作后会归位

10.7.2　故障码

电机控制器故障，可以通过诊断仪读取电机控制器获得。为了保证读出的故障为当前实时故障，需要清除一次故障后，再次读取。

使用诊断工具进入 BYD→“电机控制器”→“读取故障”，可以读取高压安全部分的当前和历史故障，见表 10-8。

表 10-8　电机控制所有可能的故障

故障码	故障含义	备　　注
P1B00	驱动 IPM 故障	
P1B01	旋变故障	
P1B02	驱动欠压保护故障	
P1B03	主接触器异常	
P1B04	驱动过压保护故障	
P1B05	IPM 散热器过温	

续表

故障码	故障含义	备注
P1B06	挡位故障	
P1B07	油门异常	
P1B08	电机过温	
P1B09	电机过流	
P1B0A	电机缺相故障	
P1B0B	E^2PROM 失效	
P1B31	IGBT 过热	
P1B32	GTOV 电感温度过高	
P1B38	可自适应相序保护错误	
P1B39	交流电压霍尔异常	
P1B3A	交流电流霍尔异常	
P1B3B	三相交流过流	
P1B40	GTOV 母线电压过高	
P1B41	GTOV 母线电压过低	
P1B43	GTOV 母线电压霍尔异常	
P1B47	GTOV 直流电流过流保护	
P1B49	GTOV 直流电流霍尔异常	
P1B4A	GTOV 直流电流瞬时过高	
P1B4B	GTOV-IPM 保护故障	
P1B4C	GTOV 可恢复故障连续触发	
P1B4D	GTOV 可恢复故障恢复超时	
P1BF4	驱动电机控制器主动泄放模块故障	
U0110	与电机控制器通信故障	
U0111	与动力电池管理器通信故障	
U0121	与 ABS 通信故障	
U0122	与低压 BMS 通信故障	
U0140	与 BCM 通信故障	
U0155	与仪表 CAN 通信失效	
U025F	与 P 挡电机控制器通信故障	
U029D	与 ESP 通信故障	
U029E	与主控通信故障	
U029F	与 OBC 通信故障	

10.8 可设置故障

可设置故障见表 10-9。

表 10-9 可设置故障

故障编号	线束/端子描述	位置	故障类型	故障表现	故障码	备注
DRV-1	电机控制器的动力网 CANL	GJB04-19	线束断路	出现"请检查动力系统"。故障取消后汽车不会自动恢复，要重新上电	诊断仪连接超时	
DRV-2	挡位传感器 P 挡开关信号输入＋	G39-6	线束断路	汽车可以正常启动，无法挂 P 挡	无	
DRV-3	挡位传感器动力网 CANH	G39-3	线束断路/短路	汽车可以正常启动，挂任何挡都不成功	P1B06 挡位故障	
DRV-4	油门深度 1	BG44-1	线束断路	汽车无法加速	P1B07 油门异常。实时数据：油门深度始终为 0%	
DRV-5	右前碰撞传感器	GJB01-1	线束断路	SRS ECU 出现碰撞传感器报警	无	
DRV-6	左前碰撞传感器	GJB01-4	线束断路	SRS ECU 出现碰撞传感器报警	无	
DRV-7	DC-BRAKE1 刹车深度 1	BG28(B)-1	线束断路	汽车制动时无法电池能量回馈，脚刹仍正常工作	实时数据：刹车深度始终为 0%	N/A
DRV-8	脚刹制动开关	G28-1	线束断路	汽车无法启动	无	
DRV-9	电机输出 EXCOUT（励磁一）	B28(A)-59	线束断路	汽车电机无法正常运转	P1B01 旋变故障	N/A
DRV-10	电机输出 COS-(余弦一)	B28(A)-62	线束断路	汽车电机无法正常运转	P1B01 旋变故障	N/A
DRV-11	电机输出 SIN-(正弦一)	B28(A)-64	线束断路	汽车电机无法正常运转	P1B01 旋变故障	N/A
DRV-12	电机温度检测信号＋	B28(A)-15	线束断路	无法检测电机的正常温度，电机停转，仪表出现"请检查动力系统"		N/A
DRV-13	ECO/SPO 模式切换	GJB05-13	线束断路	汽车的 ECO/SPORT 模式无法正常切换		N/A
DRV-14	巡航信号输入	GJB04-12	线束断路	汽车无法以巡航方式运行		N/A

11 实训课程10：BYD E5汽车的DC-DC和低压电池

11.1 BYD E5 的 DC-DC 和低压电池概述

BYDE5 控制电路和低压电气部件采用 12V 工作电源。E5 的低压电池在整个 E5 汽车的位置和连接关系如图 11-1 所示。

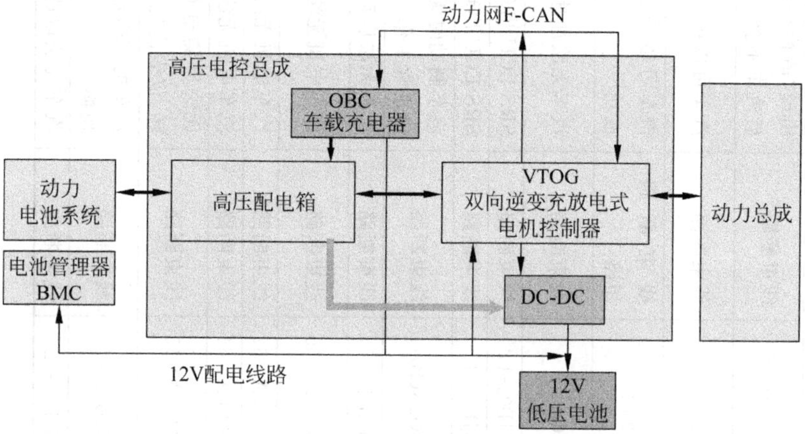

图 11-1 低压电池系统

12V 低压电有以下几个来源(见图 11-2)：

(1) 汽车小功率交流充电时，全车 12V 电来源于交流车载充电机 OBC，并给 12V 低压电池充电。

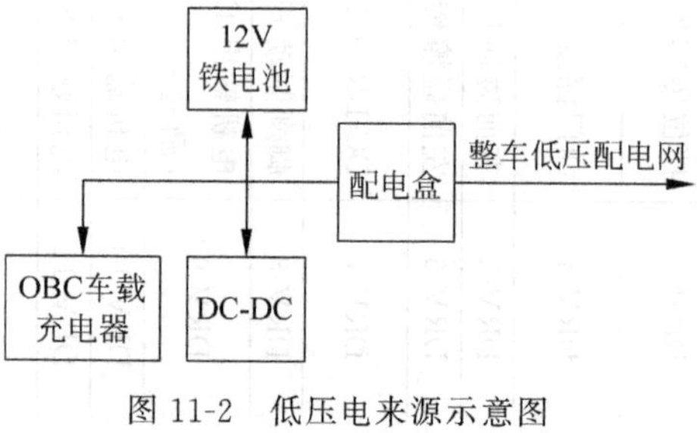

图 11-2 低压电来源示意图

（2）汽车上电行驶时，12V电主要来源于DC-DC，并给12V低压电池充电。在DC-DC供电不足时，12V低压电池作为12V低压供电的补充。

（3）汽车不行驶不充电时，DC-DC和OBC不工作，12V电来源于12V低压电池。

12V低压电经过E5汽车的低压配电网和低压线路，为整车各个低压部件供电。

11.1.1 DC-DC

E5的DC-DC部件位于前舱的四合一高压电控总成内。

E5的DC-DC替代了传统燃油车挂接在发动机上的12V发电机，和低压电池并联给各用电器提供低压电源。DC在高压（650V）输入端接触器吸合后便开始工作，输出电压标称14V。DC-DC的参数见表11-1。

表11-1 DC-DC的参数

项目		降压模式
高压侧	电压范围/V	400～820
	功率范围/kW	最大2.52（输入电压为706V时）
低压侧	电压范围/V	9.5～14、400～600 14±0.2、600以上
	电流范围/A	额定150、峰值180

DC-DC的主要功能是：

（1）负责将动力电池的高压电转换成12V电源。

（2）DC-DC在主接触器吸合时工作，输出的12V电源供给整车用电器工作。

（3）在铁电池亏电时给铁电池充电。

11.1.2 低压电池

12V低压电池，也称为启动电池、低压铁电池，或者沿用燃油车的叫法：蓄电池。E5的低压电池有如下特点：

（1）使用铁锂电池替代了传统的铅酸蓄电池，更加绿色环保。

（2）电池由4节3.2V铁锂电池单体构成，内置低压电池管理器（LBMS），可以实时对电池进行监控、充电和保护。

E5的低压铁电池实际上包括低压启动型铁电池以及低压电池管理器（LBMS）两部分。其具体功能如下：

（1）对于电气系统来说，未进入过放保护或者超低功耗情况下，铁电池都是电气设备的常电供给电源。

（2）当DC-DC输出不足时，由铁电池辅助向用电设备供电。

（3）铁电池还可以吸收电路中的瞬时过电压，保持汽车电气系统电压的稳定，保护电子元件。

（4）铁电池有电压、电流和温度监测功能，在异常状态时会触发故障报警功能。当铁电池故障报警时，仪表上故障指示灯点亮（常亮），同时显示“请检查低压电池系统”。

(5) 满足智能充电整车条件,当低压铁电池电量偏低时,供电系统会执行命令来补充低压电池电量,防止电池亏电。

11.2 部件位置

11.2.1 DC-DC

DC-DC 所在的位置如图 11-3 所示。

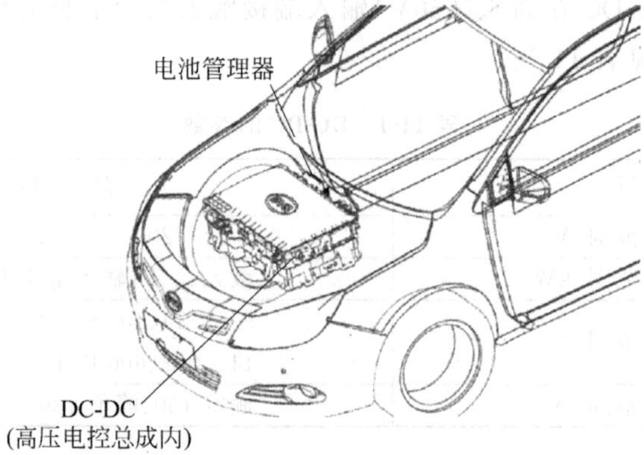

图 11-3 DC-DC 位于前舱高压电控总成内

11.2.2 低压电池

低压电池的位置如图 11-4 所示。

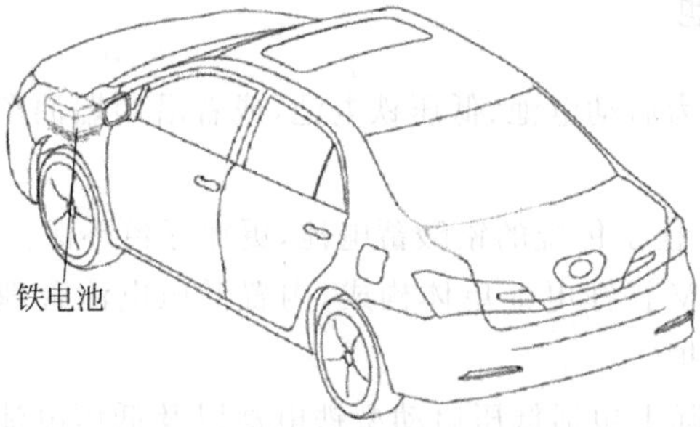

图 11-4 低压电池位于前舱右侧

11.3 低压电路图

11.3.1 DC-DC

DC-DC 低压电路图如图 11-5 所示。

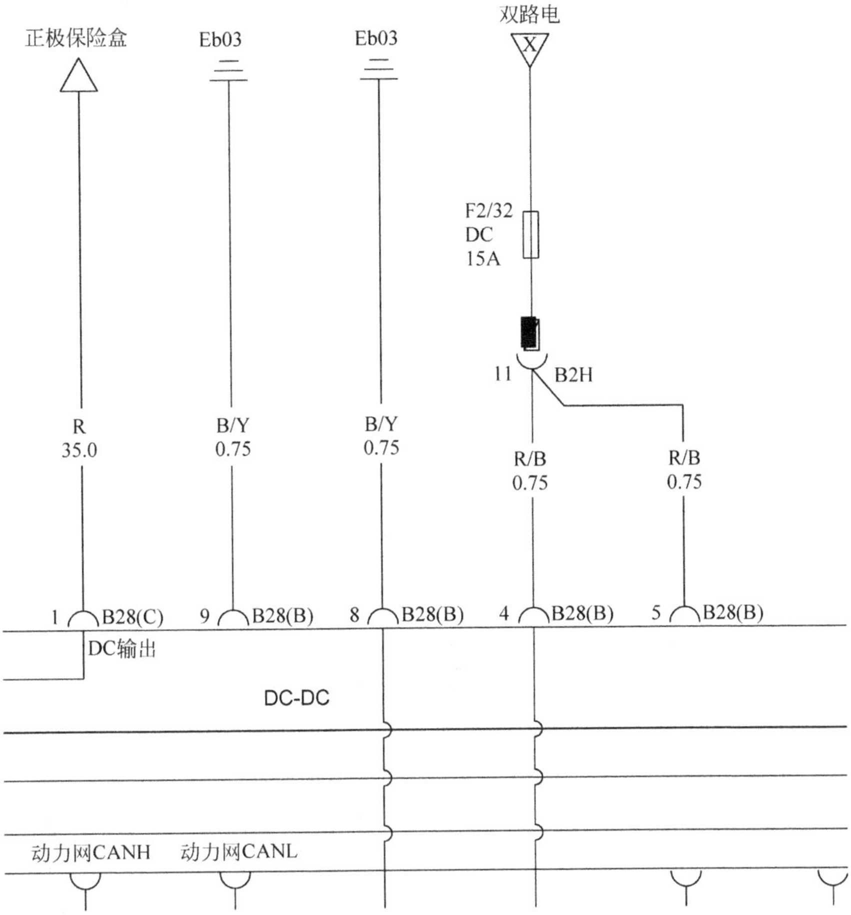

图 11-5 DC-DC 低压电路图

11.3.2 低压电池

低压电池的电路图如 11-6 所示。

11.4 低压线束的位置

DC-DC 和低压电池的电源和控制信号接插件都位于前舱，如图 11-7 所示。

11.5 低压线束端子信号

低压电池控制端子 BK50 引脚功能定义见表 11-2，其外形如图 11-8 所示。

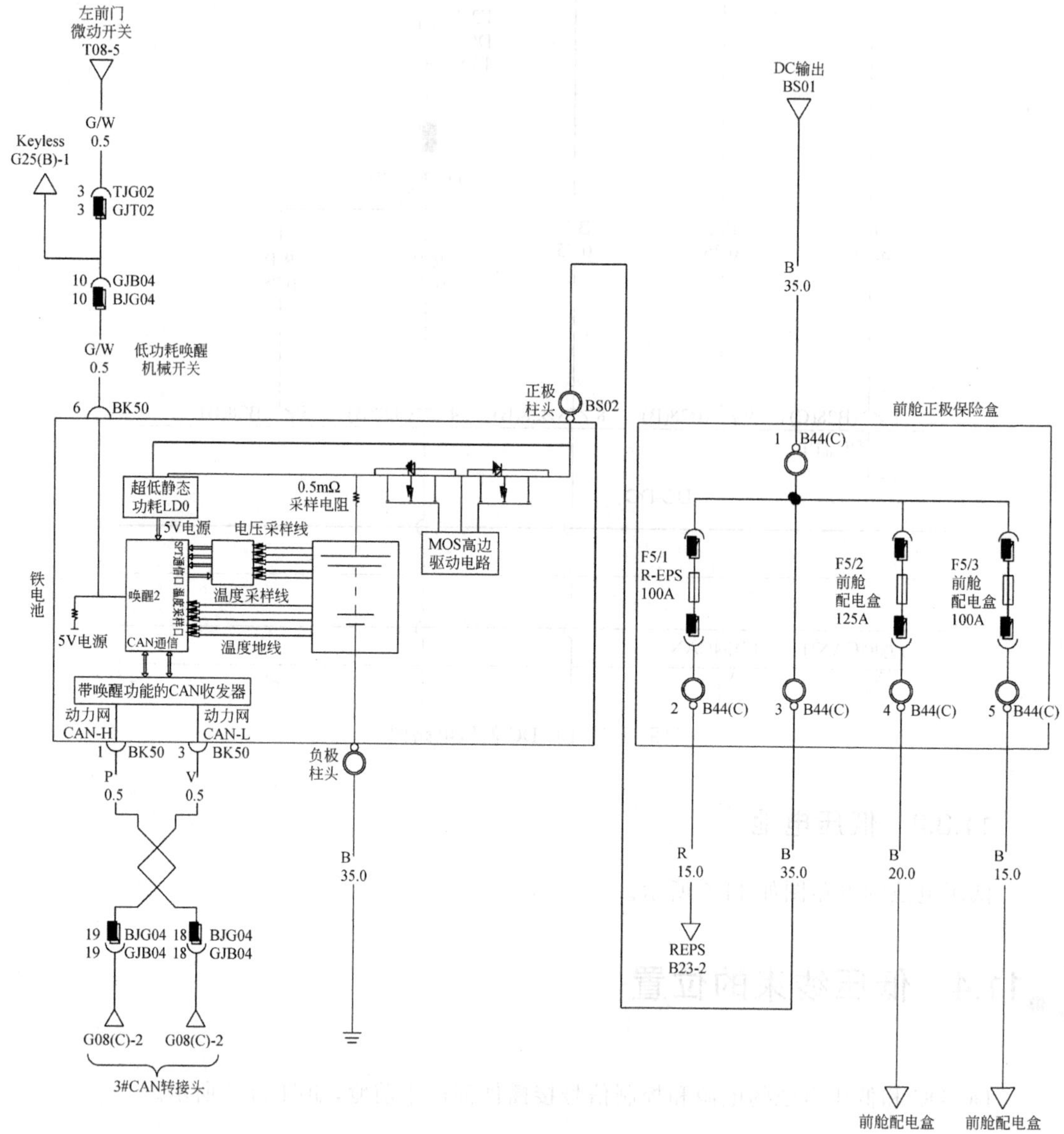

图 11-6 低压电池电路图

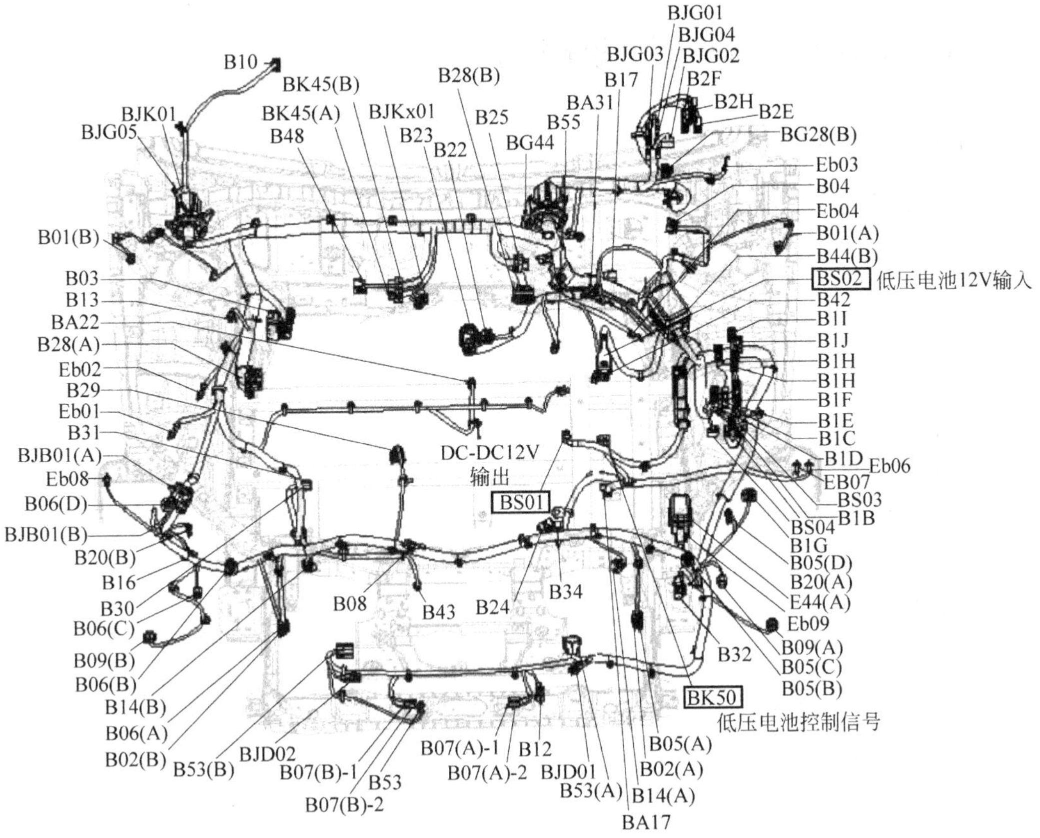

图 11-7 DC-DC、低压电池及控制信号接插件的位置

表 11-2 低压电池控制端子 BK50 引脚功能定义

引脚号	端口名称	端口定义	线束属性	电源性质及电压标准值	备注
1	LBMS-CANH	LBMS-CANH	动力网 CANH	双路电	
3	LBMS-CANL	LBMS-CANL	动力网 CANL	双路电	
6	唤醒开关	LBMS 唤醒开关信号	左车门微动开关		

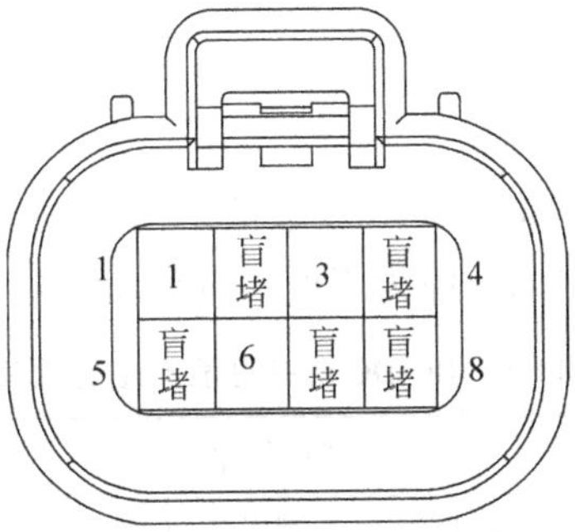

图 11-8 BK50 接插件外形

11.6 工作数据信息和故障码

11.6.1 实时数据

(1) 使用诊断工具进入 BYD→DC-DC→“读取数据”,可以读取 E5 DC-DC 的实时数据,见表 11-3。

表 11-3 DC-DC 实时数据

数据名称	备注	数据名称	备注
DC 系统故障状态	正常	低压侧电压	13.9V
DC 工作模式	降压状态	低压侧电流	−206A
高压侧电压	629V	MOS 管温度	55℃
高压侧电流	−50A		

(2) 使用诊断工具进入 BYD→LBMS→“读取数据”,可以读取 E5 LBMS(低压电池)的实时数据,见表 11-4。

表 11-4 E5 LBMS(低压电池)实时数据

数据名称	备注
充电是否允许	充电是否允许:允许
放电是否允许	放电是否允许:允许
铁电池故障报警	铁电池故障报警:铁电池正常
SOC 过低请求充电	SOC 过低请求充电命令:正常
充放电状态	充放电状态:放电
总电压	总电压:13.7V(10~16V)
1 号单体电压	1 号单体电压:3.4V(0~25.5V)
2 号单体电压	2 号单体电压:3.4V(0~25.5V)
3 号单体电压	3 号单体电压:3.4V(0~25.5V)
4 号单体电压	4 号单体电压:3.4V(0~25.5V)
电流	电流:1A(−100~150A)
平均温度	平均温度:40℃(−60~160℃)
负铜柱温度	负铜柱温度:40℃(−60~160℃)
继电器温度	继电器温度:45℃(−60~160℃)

11.6.2 故障码

使用诊断工具进入 BYD→DC-DC→“读取故障”,可以读取 DC-DC 部分的当前和历史故障,见表 11-5。为了保证读出的故障为当前实时故障,需要清除一次故障后,再次读取。

表 11-5 DC-DC 所有可能产生的故障码

故障码	故障名称	备注
P1EC000	降压时高压侧电压过高	无法设置故障
P1EC100	降压时高压侧电压过低	
P1EC200	降压时低压侧电压过高	

续表

故障码	故障名称	备注
P1EC300	降压时低压侧电压过低	
P1EC400	降压时低压侧电流过高	
P1EC700	降压时硬件故障	
P1EC800	降压时低压侧短路	
P1EC900	降压时低压侧断路	
P1EE000	散热器过热	

使用诊断工具进入 BYD→LBMS→"读取故障"，可以读取低压电池部分的当前和历史故障，见表 11-6。为了保证读出的故障为当前实时故障，需要清除一次故障后，再次读取。

表 11-6　低压电池所有可能产生的故障码

故障码	故障名称	备注
B1FB300	电源电压过高	
B1FB400	电源电流过大	
B1FB500	电源温度过高	
B1FB900	智能充电故障(DC 故障)	
B1FBA00	智能充电故障(电源挡位变化)	
B1FBB00	智能充电故障(打开前舱盖)	
B1FBC00	智能充电故障(OK 灯上电)	
B1FBD00	智能充电故障(智能充电禁止)	
B1FBE00	智能充电故障(低电压铁电池内部故障)	
U011100	BMC 与高压电池管理器失去通信	
U011400	BMC 与 BCM 失去通信	
U011000	与驱动电机失去通信	

11.7 可设置故障

可设置故障见表 11-7。

表 11-7　可设置故障

故障编号	线束/端子描述	位置	故障类型	故障表现	故障码	备注
DC-DC/LBMS-1	DC-DC/漏电传感器 CAN-H	GJB04-19	线束断路	汽车可以正常上电，OK	DC-DC 通信故障或诊断仪无法与 DC-DC 通信	
DC-DC/LBMS-2	LBMS CAN-H	BK50-1	线束断路	汽车可以正常上电，OK	LBMS 通信故障；诊断仪无法与低压电池管理器通信	N/A
DC-DC/LBMS-3	左前门微动开关唤醒低压电池信号	GJB04-10	线束断路	按下左前门微动开关后，无法唤醒低压电池	无	N/A

12 实训课程11：BYD E5汽车进入(智能钥匙)

12.1 工作原理

E5 汽车进入，指的是使用钥匙打开车门进入。E5 汽车除了支持传统的机械钥匙开锁、遥控钥匙进入外，还支持无钥匙进入方式。

(1) 机械钥匙进入：使用机械钥匙打开驾驶员侧车门。

(2) 遥控钥匙进入(remote key entry，RKE)：使用遥控钥匙进行远程的开锁、闭锁和行李厢开锁操作。

(3) 无钥匙进入(passive keyless entry，PKE)：在携带电子智能钥匙时，驾驶员不需要对汽车钥匙作任何操作，便可打开车门。

与 RKE 的单向通信不同，PKE 应用的是双向通信的原理，通过 RF 射频信号来验证电子钥匙的身份以提高安全性。

E5 的智能无钥匙进入分为验证和开锁两个步骤。

E5 智能钥匙检测系统的连接框图如图 12-1 所示。

(1) E5 车门微动开关动作的信号连接到 Keyless ECU(也叫 I-Key ECU)上，微动开关按下后，Keyless ECU 就会驱动检测天线，发送 125kHz 的低频电磁信号，检测是否有智能钥匙进入检测范围。

(2) 进入检测范围的钥匙接收到汽车天线发出的低频触发信号，低频无线标签(TAG)被激活，读出钥匙 TAG 内保存的数据与触发信号进行比较，如果匹配，则整个钥匙电路被唤醒。

(3) 唤醒后的钥匙电路分析从汽车发送过来的"口令"，根据一定的算法计算出对应的数据并加密，将加密信息通过钥匙的高频模块(频率为 350MHz)发送给汽车。汽车的高频接收模块将来自智能钥匙的密钥信息送给 Keyless ECU，Keyless ECU 分析从钥匙收到的数据，并与自己所计算出的数据进行比较验证。

(4) 如果验证通过，Keyless ECU 就会通过启动网 CAN 总线通知汽车 BCM(车身控制器)，由 BCM 开启所有车门的门锁。

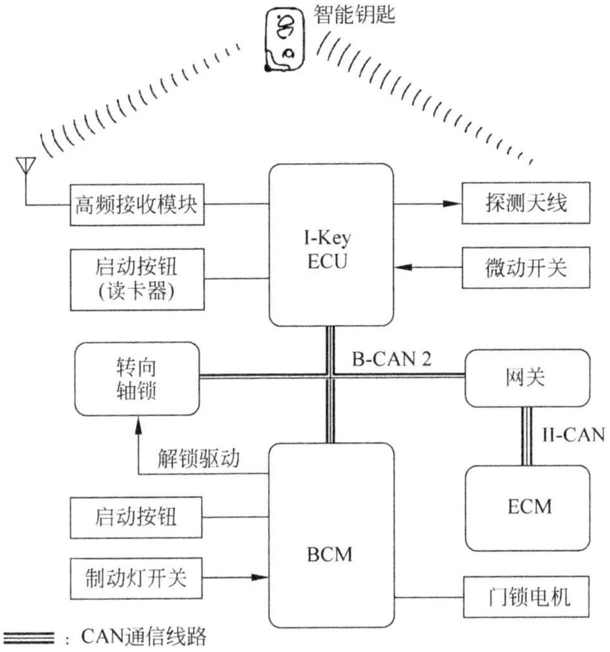

图 12-1　智能钥匙检测系统车内连接框图

12.2 部件位置

探测系统由 6 个探测天线总成(车内 3 个,车外 3 个)和 1 个高频接收模块组成,探测车内有效范围及车外一定的范围。智能钥匙检测部件位置如图 12-2 所示。

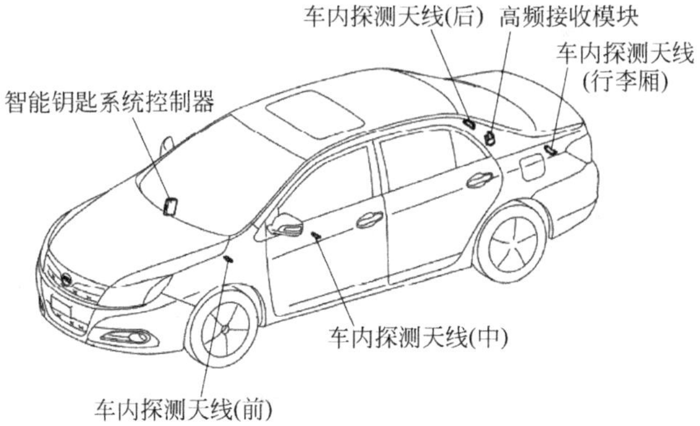

图 12-2　智能钥匙检测部件位置

12.3 低压电路图

Keyless ECU 及相关电路图如图 12-3 所示。

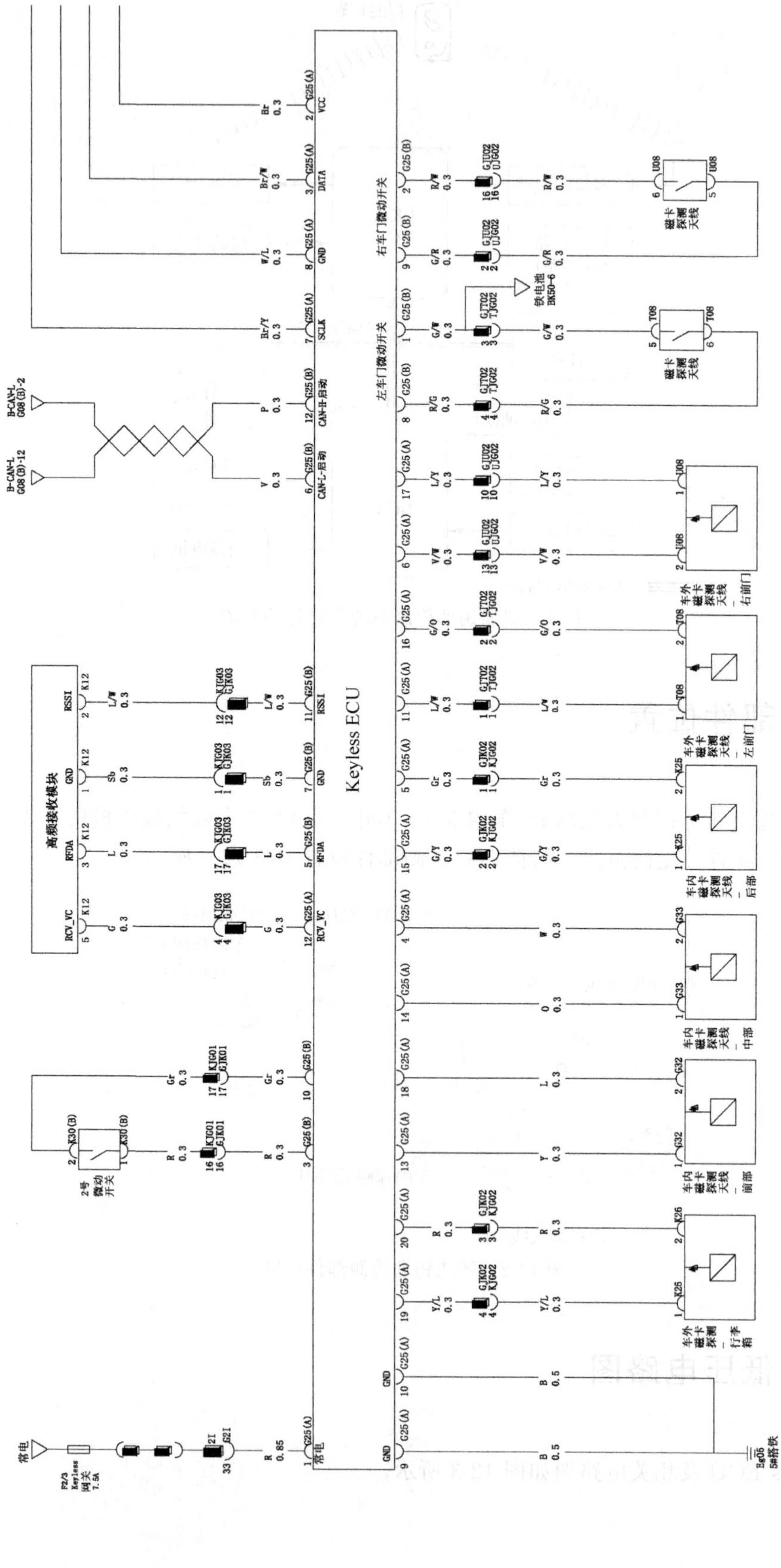

图 12-3 Keyless ECU 及相关电路图

12.4 低压线束的位置

12.4.1 仪表板线束

仪表板线束相关部件的位置如图12-4所示。

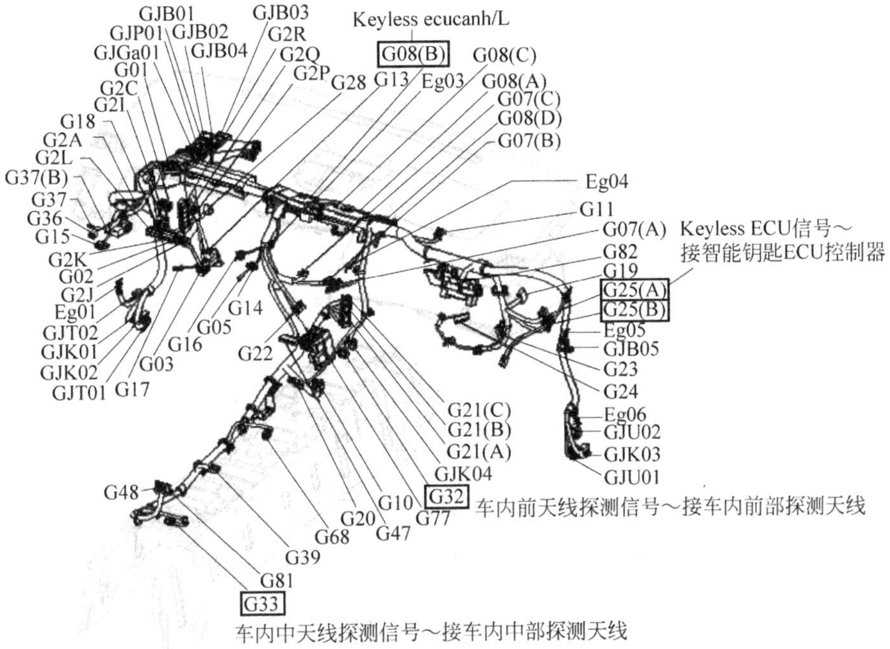

图12-4 仪表板线束相关部件的位置

12.4.2 地板线束

地板线束相关部件的位置如图12-5所示。

12.4.3 左前车门线束

左前车门线束相关部件的位置如图12-6所示。

12.4.4 右前车门线束

右前车门线束相关部件的位置如图12-7所示。

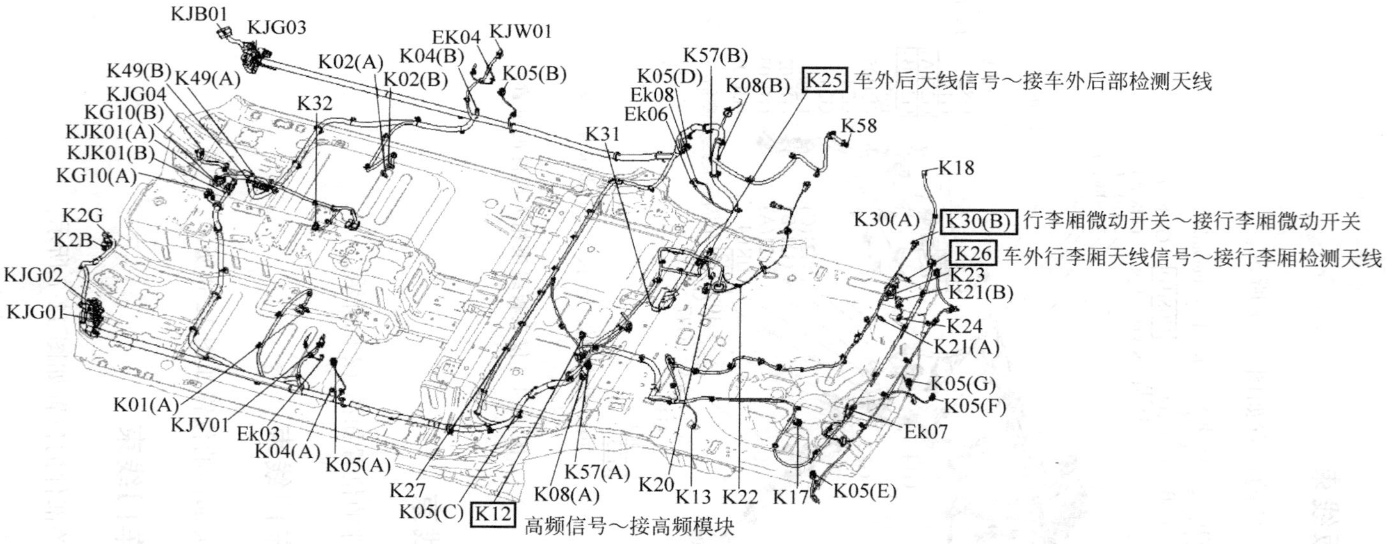

图 12-5　地板线束相关部件的位置

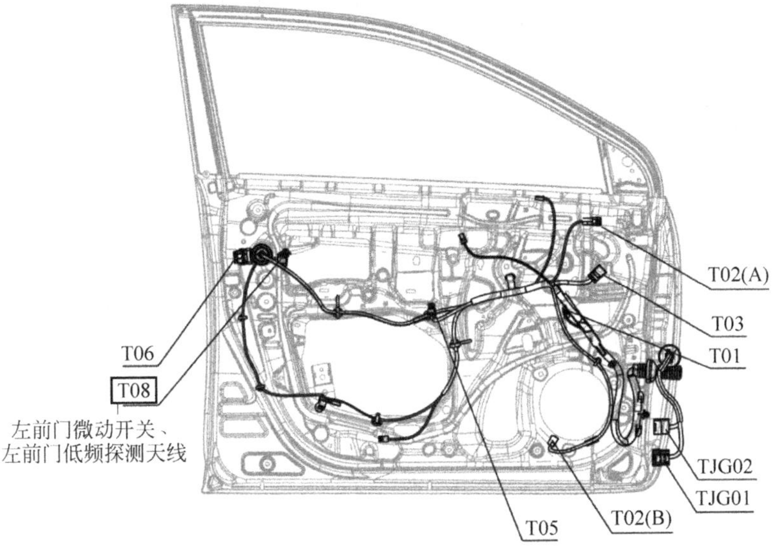

图 12-6　左前车门线束相关部件的位置

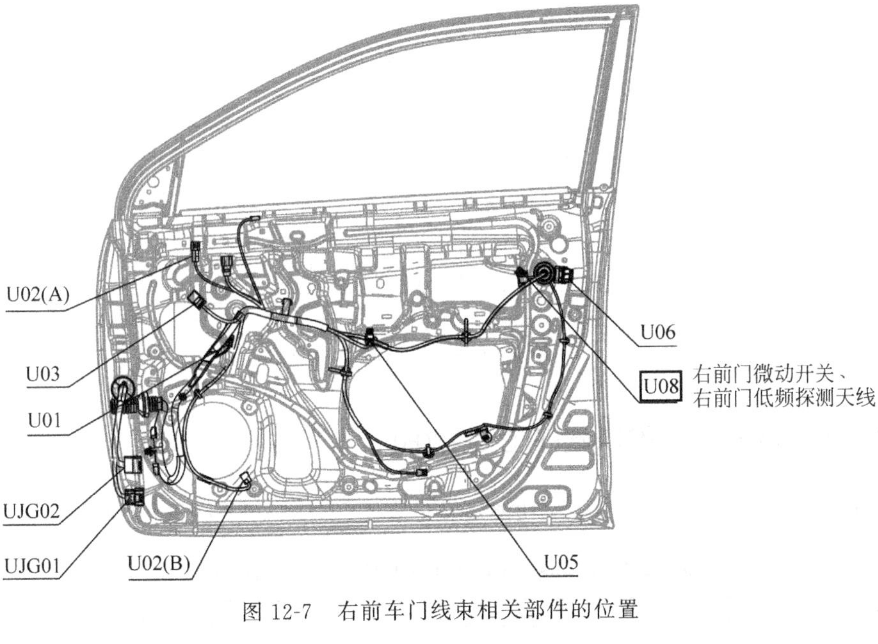

图 12-7　右前车门线束相关部件的位置

12.5 低压线束端子信号

12.5.1 Keyless ECU 端子 1 G25(A)

Keyless ECU 端子 1 G25(A)接口功能定义见表 12-1，G25(A)接插件外形如图 12-8 所示。

表 12-1 Keyless ECU 端子 1 G25(A)接口功能定义

端子号	线色	端 子 描 述	对　　端	对端端子
G25(A)-1	R	蓄电池正极/常电	常电	
G25(A)-2	Br/B	启动按钮电源	启动按钮(读卡器)	
G25(A)-3	Br/W	启动按钮无电模式数据输入	启动按钮(读卡器)	
G25(A)-4	W	车内钥匙探测天线(中部)	仪表板 G33	2
G25(A)-5	Gr	车内钥匙探测天线(后部)	地板 K25	2
G25(A)-6	V/W	车外钥匙探测天线(右前门)	右前门 U08	2
G25(A)-7	Br/Y	启动按钮无电池模式时钟输出	启动按钮(读卡器)	
G25(A)-8	Sb	启动按钮信号地	启动按钮(读卡器)	
G25(A)-9	B	车身地	车身地	
G25(A)-10	B	车身地	车身地	
G25(A)-11	L/W	车外钥匙探测天线(左前门)	左前门 T08	2
G25(A)-12	G	钥匙高频接收模块电源	地板 K12	
G25(A)-13	Y	车内钥匙探测天线(前部)	仪表板 G32	1
G25(A)-19	Y/L	车后钥匙探测天线	地板 K26	1
G25(A)-21	—	空脚		
G25(A)-22	—	空脚		

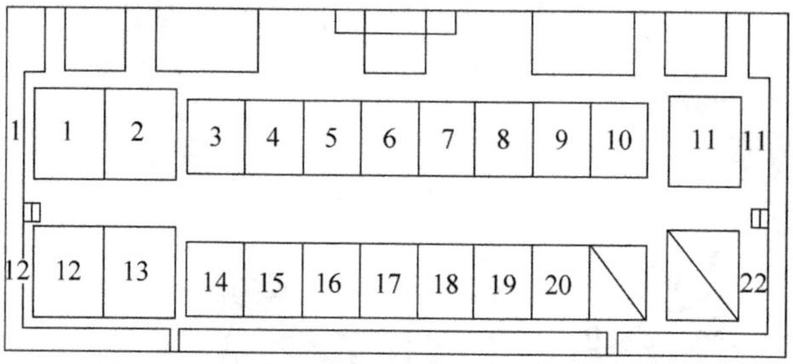

图 12-8　G25(A)接插件外形

12.5.2　Keyless ECU 端子 2 G25(B)

Keyless ECU 端子 2 G25(B)接口功能定义见表 12-2,G25(A)接插件外形如图 12-9 所示。

表 12-2 Keyless ECU 端子 1 G25(A)接口功能定义

端子号	线色	端 子 描 述	对　　端	对端端子
G25(B)-1	G/W	车门把手开关(左前门)微动开关	左前门 T08	5
G25(B)-2	R/W	车门把手开关(右前门)微动开关	右前门 U08	6
G25(B)-3	R/Gr	车后微动开关	地板 K26	1
G25(B)-4	—	空脚	—	—
G25(B)-5	G/L	高频数据信号	地板 K12	3
G25(B)-6	V	CAN-L	仪表板 G08	12
G25(B)-12	P	CAN-H	仪表板 G08	2
G25(B)-7	Sb	钥匙高频接收模块信号地	地板 K12	1
G25(B)-11	L/W	高频信号监测 RSSI	地板 K12	2

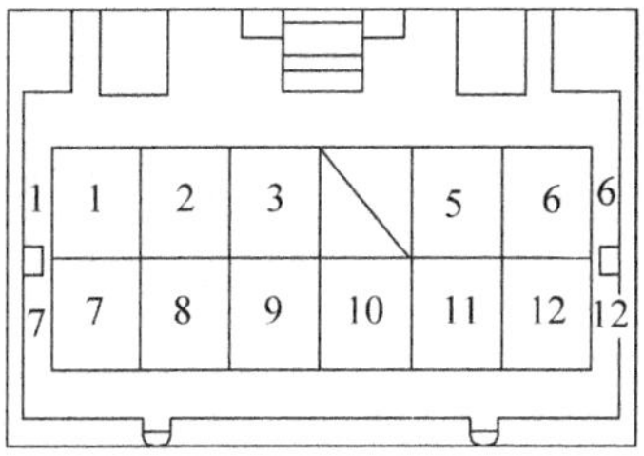

图 12-9　G25(B)接插件外形

12.6　工作数据信息和故障码

12.6.1　实时数据

使用诊断工具进入 BYD→“启动网”→“智能钥匙”→“读取数据”，可以读取 E5 智能钥匙的实时数据，见表 12-3。

表 12-3　E5 智能钥匙的实时数据

数据名称	含　义	备　注
序列号		15 12 23 06 01 0E
已匹配钥匙		两把
内部供电状况	多帧	电压正常
读卡器是否失去通信	多帧	通信正常
内部天线状态	多帧	通信正常
钥匙状态	多帧	未检测到钥匙
钥匙 ID	多帧	
钥匙序号	多帧	

12.6.2　故障码

使用诊断工具进入 BYD→“启动网”→“智能钥匙”→“读取故障”，可以读取 E5 智能钥匙的实时故障。

为了保证读出的故障为当前实时故障，需要清除一次故障后，再次读取。

智能钥匙系统可能产生的故障见表 12-4。

表 12-4　智能钥匙系统可能产生的故障

故障码	故障名称	故障范围
B2270-00	智能钥匙系统控制器故障	I-Key ECU
B2271-00	左前门把手探测天线回路故障	左前门把手探测天线、I-Key ECU、线束或连接器
B2272-00	右前门把手探测天线回路故障	右前门把手探测天线、I-Key ECU、线束或连接器
B2274-00	左前门把手微动开关常闭故障	左前门把手微动开关、I-Key ECU、线束或连接器
B2275-00	右前门把手微动开关常闭故障	右前门把手微动开关、I-Key ECU、线束或连接器

续表

故障码	故障名称	故障范围
B2276-00	行李厢(后车探测)天线故障(预留)	车后探测天线、I-Key ECU、线束或连接器
B2277-00	行李厢(后车探测)微动开关常闭故障(预留)	车后微动开关、I-Key ECU、线束或连接器
B2278-00	读卡器(启动按钮)故障	启动按钮
B227C-00	车内前部探测天线回路故障	车内探测天线(前)、I-Key ECU、线束或连接器
B227A-00	高频接收模块故障	高频接收模块
B227B-00	转向轴锁密码不匹配	转向轴锁
B227D-00	车内中部探测天线回路故障	车内探测天线(中)、I-Key ECU、线束或连接器
B227E-00	车内后部探测天线回路故障	车内探测天线(后)、I-Key ECU、线束或连接器
B227F-00	1 号钥匙故障	1 号钥匙
B2280-00	2 号钥匙故障	2 号钥匙

12.7 可设置故障

可设置故障见表 12-5。

表 12-5 可设置故障

故障编号	线束/端子描述	位置	故障类型	故障表现	故障码	备注
ENTRY-1	外部左前门检测天线	G25(A)-11	线束断路	按下左前门微动开关后,无法开门和上锁	无	
ENTRY-2	外部右前门检测天线	G25(A)-17	线束断路	按下右前门微动开关后,无法开门和上锁	无	
ENTRY-3	外部行李厢检测天线	G25(A)-19	线束断路	按下行李厢微动开关后,无法开门和上锁	无	
ENTRY-4	左前门微动开关	G25(B)-1	线束断路	按下左前门微动开关后,无法开门和上锁	无	
ENTRY-5	右前门微动开关	G25(B)-2	线束断路	按下右前门微动开关后,无法开门和上锁	无	
ENTRY-6	行李厢微动开关	G25(B)-3	线束断路	按下行李厢微动开关后,无法开门和上锁	无	
ENTRY-7	高频接收模块接收信号指示 RSSI	G25(B)-11	线束断路	启动时“无法检测到钥匙”,运行中钥匙遥控无效,无钥匙进入无法开门和上锁	无	
ENTRY-8	高频接收模块 RFDA	GJK03-17	线束断路	启动时“无法检测到钥匙”,运行中钥匙遥控无效,无钥匙进入无法开门和上锁	无	
ENTRY-9	智能钥匙 ECU CANH	G25(B)-12	线束断路	启动时“无法检测到钥匙”,运行中钥匙遥控无效,无钥匙进入无法开门和上锁	诊断仪无法连接智能钥匙 ECU	

13 实训课程12：BYD E5汽车启动(打火启动)

13.1 工作原理

E5 汽车的启动是基于无钥匙系统进行的，汽车启动有几个必要条件：

(1) 智能钥匙放置在车内被检测到，且钥匙合法，此时启动按键为绿色。

(2) 按下启动按键，且同时制动脚刹踩下。

以上条件满足后，汽车可以启动。

(1) 启动键从绿色变成橙色，然后熄灭。

(2) 方向盘解锁，可以转动。

(3) 仪表盘出现显示。

(4) 点火完成，高压动力准备就绪，挂挡即可行驶。

E5 汽车启动过程并不需要使用机械钥匙进行 OFF(LOCK)、ACC、ON、START 的点火开关过程，只有一个启动按键，满足启动条件后，汽车内部依次进入 ACC 状态、ON 状态，最后进入 START 状态，此时可以挂挡行驶。

整个启动过程中，E5 汽车内部处理流程如下：

(1) 智能钥匙/无钥匙控制器(Keyless ECU)检测到智能钥匙在车内，Keyless ECU 处于启动就绪状态，将该就绪信息通知 BCM。

注：在钥匙无电或者低电时，可将智能钥匙放置在启动按钮上。启动按钮可以 RFID 方式直接读取卡片钥匙，并送给 Keyless ECU。因此也称为读卡器，可以省略低频天线检测、高频钥匙交互可以不生效。

(2) 当脚刹和启动按钮同时按下后，通过硬线可以被 BCM 感知到，如果 Keyless ECU 处于就绪状态，则 BCM 开始进行下一步的启动操作。

(3) BCM 打开 IG2(ON 挡电)为 BMS 和电机控制器供电，并发送 CAN 的启动报文，通过网关转发给 BMS。

(4) 如果 BMS 就绪且符合上电条件，则返回应答报文给 BCM，并陆续接通电池负极、预充以及正极接触器。此时汽车上电处于 OK 状态，仪表上显示上电 OK。

(5) BCM 同时发送 CAN 解锁报文，通过启动网 CAN 总线发送给 ECL 转向轴锁控制器，由 ECL 电机执行解锁动作，转向轴锁控制模块通过霍尔传感器获取的信号判断是否解锁或闭锁成功，并将信息返回给 BCM。

注：转向轴锁与 Keyless ECU 之间有对码(匹配关系)，Keyless ECU 验证钥匙完成后，需要与 ECL 对码。只有在对码成功时，BCM 通知 ECL 解锁才能成功。

E5 汽车启动的核心是 BCM 车身控制器，其基本功能如图 13-1 所示。

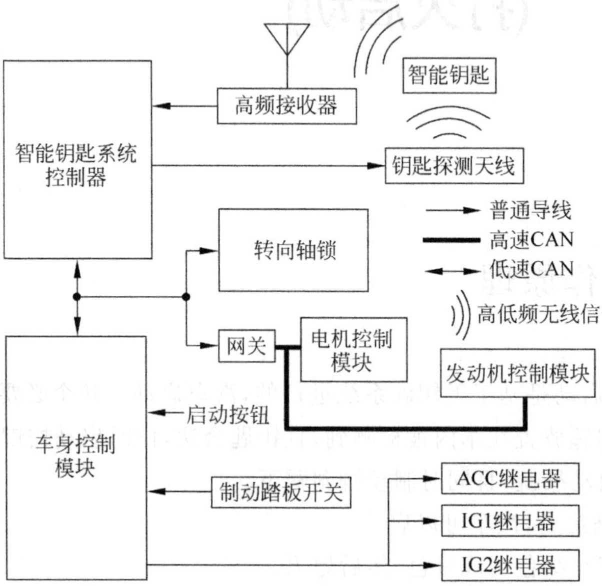

图 13-1　车身控制器的功能

控制器功能较多，针对双模控制以及一键启动上电和防盗这两个比较重要的功能作出说明：

根据 BCM 发出的启动开始指令，电机控制器开始与 I-KEY 和 ECM 进行防盗对码，对码成功后防盗解除，电机控制器发出启动允许指令给 BMS，开始进行预充，预充成功后 OK 灯点亮。若预充失败，电机控制器启动发动机，OK 灯也将点亮。

启动按钮(见图 13-2)用于操作启动、显示启动状态以及作为智能钥匙读卡器。

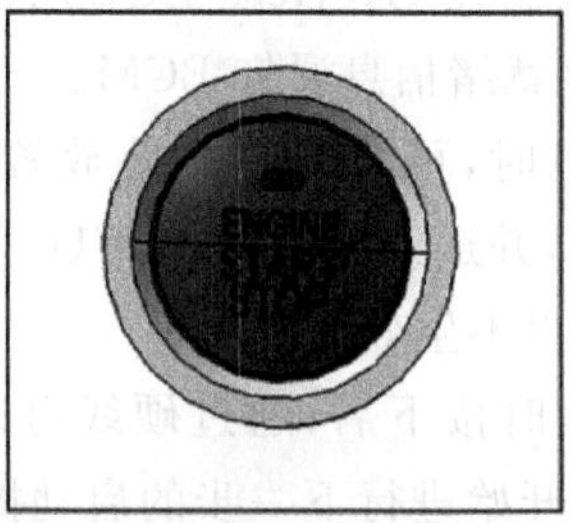

按钮状态说明	指示灯颜色	车辆状态
车内检测到智能钥匙，可以启动车辆	绿色	OFF
车内检测不到智能钥匙，无法启动车辆	无灯光、熄灭	OFF
ACC挡/ON挡	橙色	OFF
车辆启动	无灯光，熄灭	启动

图 13-2　启动按钮

13.2 部件位置

ECL(见图 13-3)位于驾驶座前方、方向盘下方,它与其他部件的连接示意图如图 13-4 所示。

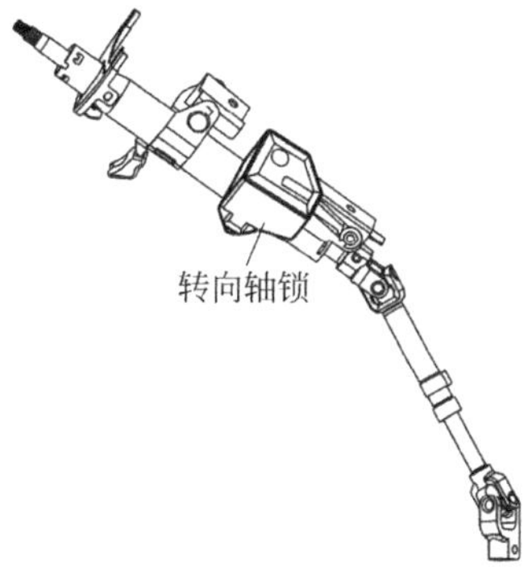

图 13-3 转向轴锁 ECL

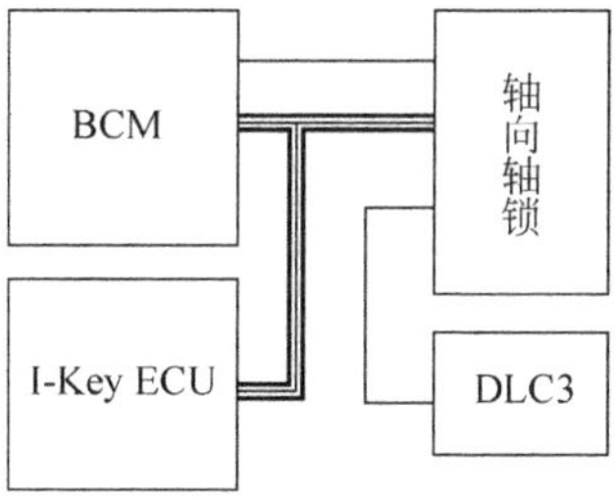

图 13-4 转向轴锁 ECL 与其他部件的连接示意图

13.3 低压电路图

13.3.1 智能钥匙和启动按钮

启动按钮电路图如图 13-5 所示。

智能钥匙 Keyless ECU 端子 G25(A)端口功能定义见表 13-1。

表 13-1 Keyless ECU 端子 G25(A)端口功能定义

端子号	线色	端子描述	条件	正常值
G25(A)-3～G25(A)-8	Br/W-Sb	启动按钮无电模式数据输入	—	—
G25(A)-7～G25(A)-8	Br/Y-Sb	启动按钮无电池模式时钟输出	—	—
G25(A)-8～车身地	Sb	启动按钮信号地	始终	小于 1Ω

启动按钮端子 G16 端口功能定义见表 13-2。

表 13-2 启动按钮端子 G16 端口功能定义

端子号	线色	端子描述	条件	正常值
G16-2	Y	START 状态输出		
G16-7		ACC/ON 状态输出		

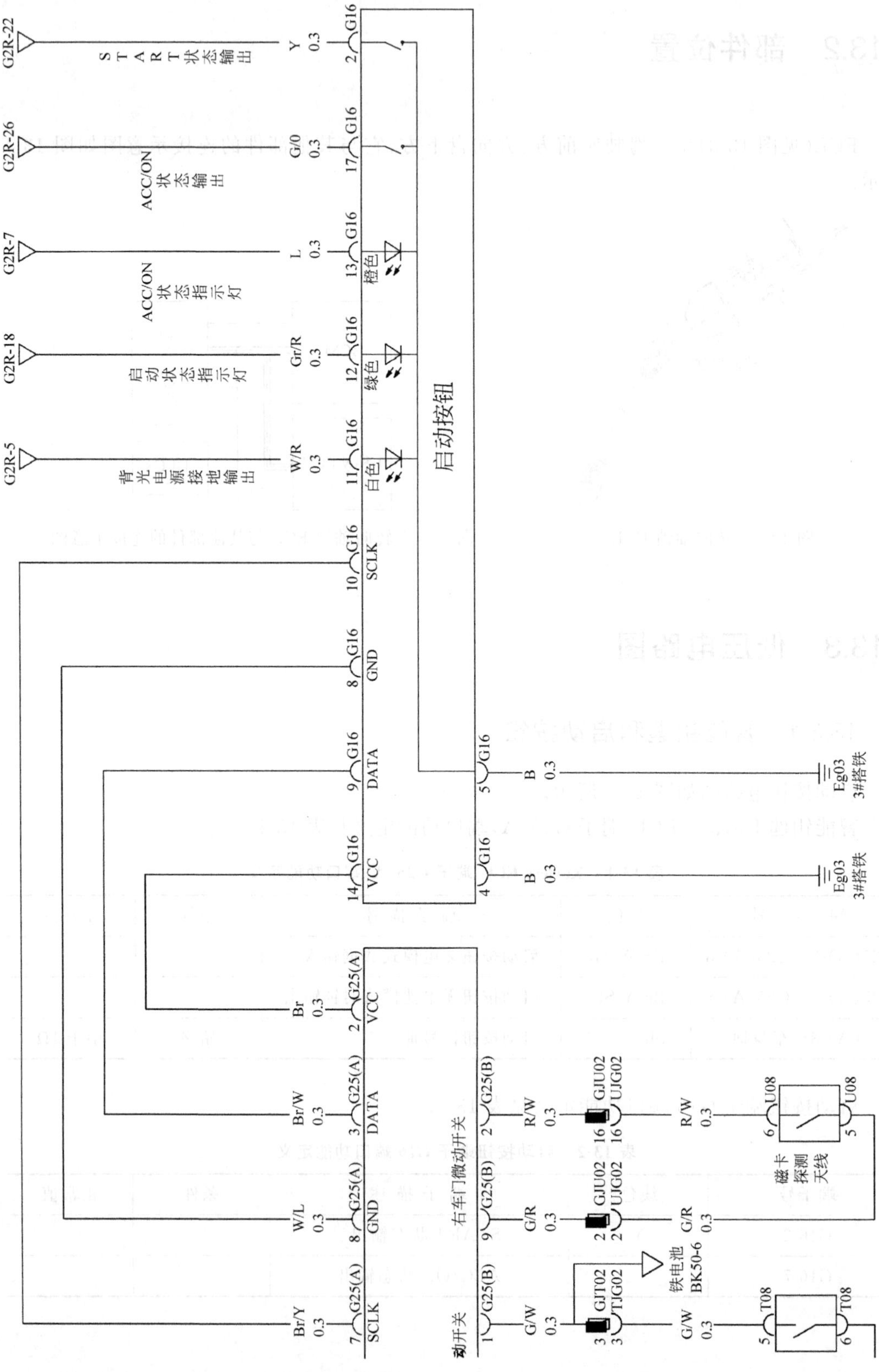

图 13-5 启动按钮电路图

13.3.2 ECL 转向轴锁

ECL 转向轴锁电路图如图 13-6 所示，其接插件端口功能定义见表 13-3。

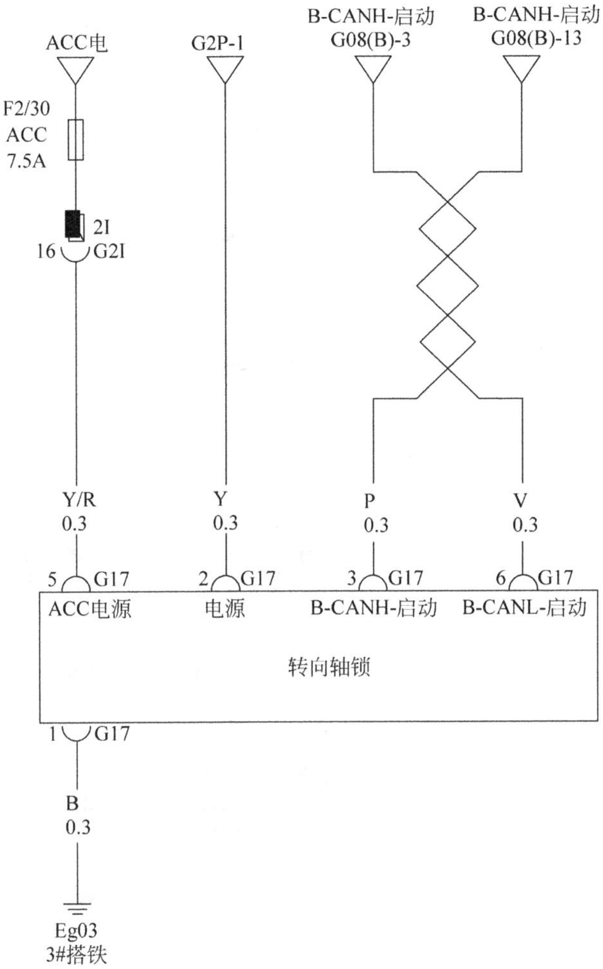

图 13-6 ECL 转向轴锁电路图

表 13-3 ECL 转向轴锁接插件端口功能定义

端子号	线色	端子描述	条件	正常值
G17-1～车身地	B	接地	始终	小于 1V
G17-2～车身地	Y	电源	OFF 挡携带钥匙，按启动按钮瞬间	11～14V
G17-3～车身地	P	B～CAN-H	始终	约 2.5V
G17-5～车身地	Y/R	ACC 信号电	ACC 电	11～14V
G17-6～车身地	V	B～CAN-L	始终	约 2.5V
G17-1～车身地	B	接地	始终	小于 1V

13.3.3 BCM 车身控制器

BCM 车身控制器电路图如图 13-7 所示。

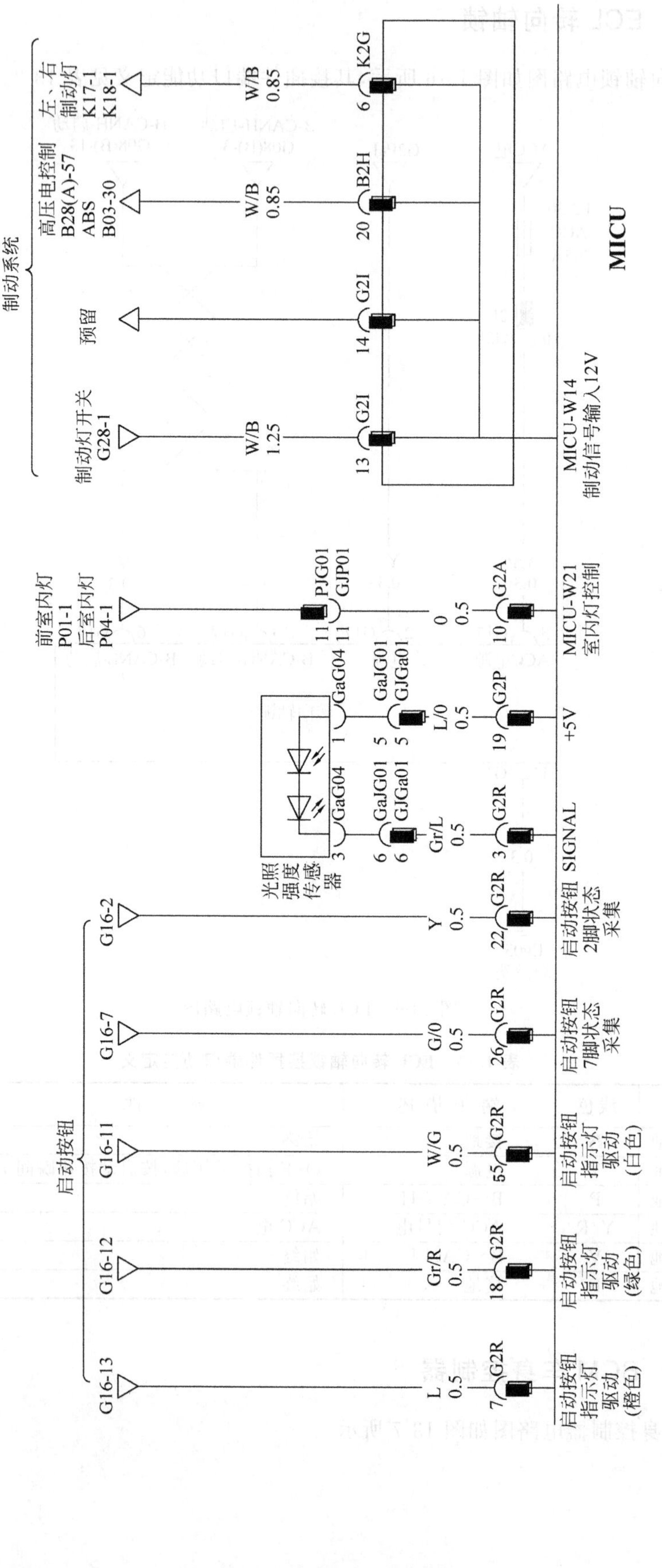

图 13-7 BCM 车身控制器电路图

13.4 工作数据信息和故障码

13.4.1 实时数据

使用诊断工具进入BYD→"启动网"→"智能钥匙"→"读取数据"，可以读取E5智能钥匙的实时数据。

使用诊断工具进入BYD→"启动网"→"BCM"→"读取数据"，可以读取BCM的实时数据。

13.4.2 故障码

使用诊断工具进入BYD→"启动网"→"智能钥匙"→"读取故障"，可以读取E5智能钥匙的实时故障。

使用诊断工具进入BYD→"启动网"→BCM→"读取故障"，可以读取BCM的实时故障。

为了保证读出的故障为当前实时故障，需要清除一次故障后，再次读取。

13.5 可设置故障

可设置故障见表13-4。

表13-4 可设置故障

线束/端子描述	位置	故障类型	故障表现	故障码	备注
启动按钮START状态输出	G16-2	线束断路	按下启动按钮启动车辆或者关闭车辆无效	无	必须START1、START2故障同时设置才有效
启动按钮ACC/ON状态输出	G16-7	线束断路	按下启动按钮启动车辆或者关闭车辆无效	无	必须START1、START2故障同时设置才有效
转向轴锁ECL-CAN-H	G17-3	线束断路	汽车无法正常上电，出现报警	无	
转向轴锁ECL解锁驱动	G17-2	线束断路	汽车无法正常上电，出现报警	无	
内部车前检测天线	G25(A)-13	线束断路	车内无法检测到钥匙，无法启动		需要START5～START7一起设置才生效
内部车中检测天线	G25(A)-14	线束断路	车内无法检测到钥匙，无法启动		需要START5～START8一起设置才生效
内部车后检测天线	G25(A)-15	线束断路	车内无法检测到钥匙，无法启动		需要START5～START9一起设置才生效
高频接收模块RFDA	GJK03-17	线束断路	启动时"无法检测到钥匙"，运行中钥匙遥控无效，无钥匙进入无法开门和上锁	无	
智能钥匙ECU CAN-H	G25(B)-12	线束断路	启动时"无法检测到钥匙"，运行中钥匙遥控无效，无钥匙进入无法开门和上锁	诊断仪无法连接智能钥匙ECU	

14 实训课程13：BYD E5汽车空调和PTC

14.1 工作原理

E5 的空调系统(见图 14-1)具有制冷(蒸汽压缩式循环制冷)、供暖(PTC 水暖)、除霜除雾、通风换气 4 种功能,其主要部件有：电动压缩机、冷凝器、HVAC 总成(加热、通风和空调总成)、制冷管路、PTC、暖风水管、风道和空调控制器。

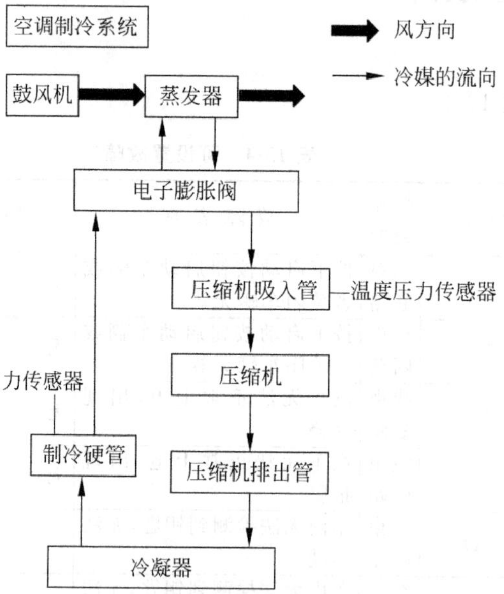

图 14-1　空调系统结构组成示意图

14.1.1 空调制冷原理

E5 由空调控制器(ACB)驱动的电动压缩机(ACC)将气态的制冷剂从蒸发器中抽出,并将其压入冷凝器,高压气态制冷剂经冷凝器时液化而进行热交换(释放热量),热量被车外的空气带走。

高压液态的制冷剂经膨胀阀的节流作用而降压,低压液态制冷剂在蒸发器中汽化而进行热交换(吸收热量),蒸发器附近被冷却了的空气通过鼓风机吹入车厢。

气态的制冷剂又被压缩机抽走,泵入冷凝器,如此使制冷剂进行封闭的循环流动,不断地将车厢内的热量排到车外,使车厢内的气温降至适宜的温度。

14.1.2　PTC 供暖

E5 供暖系统(见图 14-2)采用 PTC 水加热器总成加热冷却液,冷却液先由水泵将空调暖风副水箱总成内的冷却液泵进 PTC 水加热器总成,加热后的冷却液流经暖风芯体,再回至空调暖风副水箱总成,如此循环。

加热后的空气,通过鼓风机鼓风将热量送至乘员舱或风窗玻璃,用以提高车厢内温度和除霜。

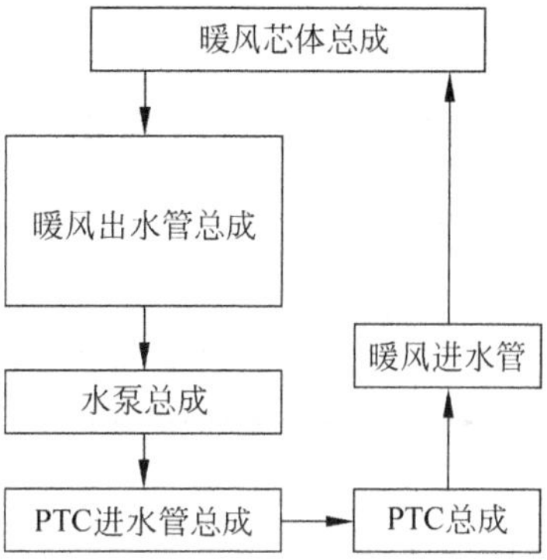

图 14-2　E5 供暖系统结构组成示意图

14.2　部件位置

空调系统部件在车辆上的位置如图 14-3 所示。

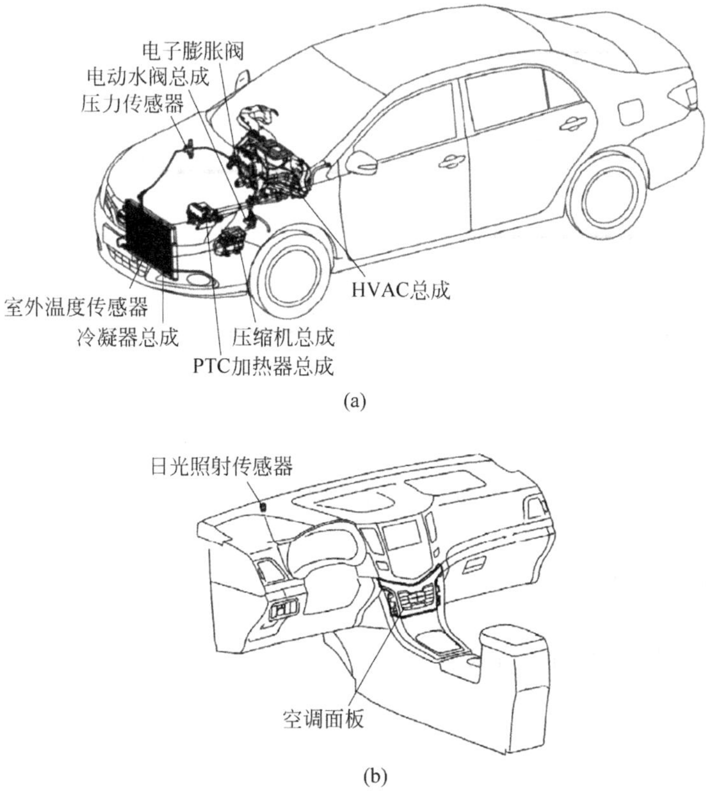

图 14-3　空调系统部件位置

14.3 低压电路图

14.3.1 整体示意图

空调系统整体示意图如图 14-4 所示。

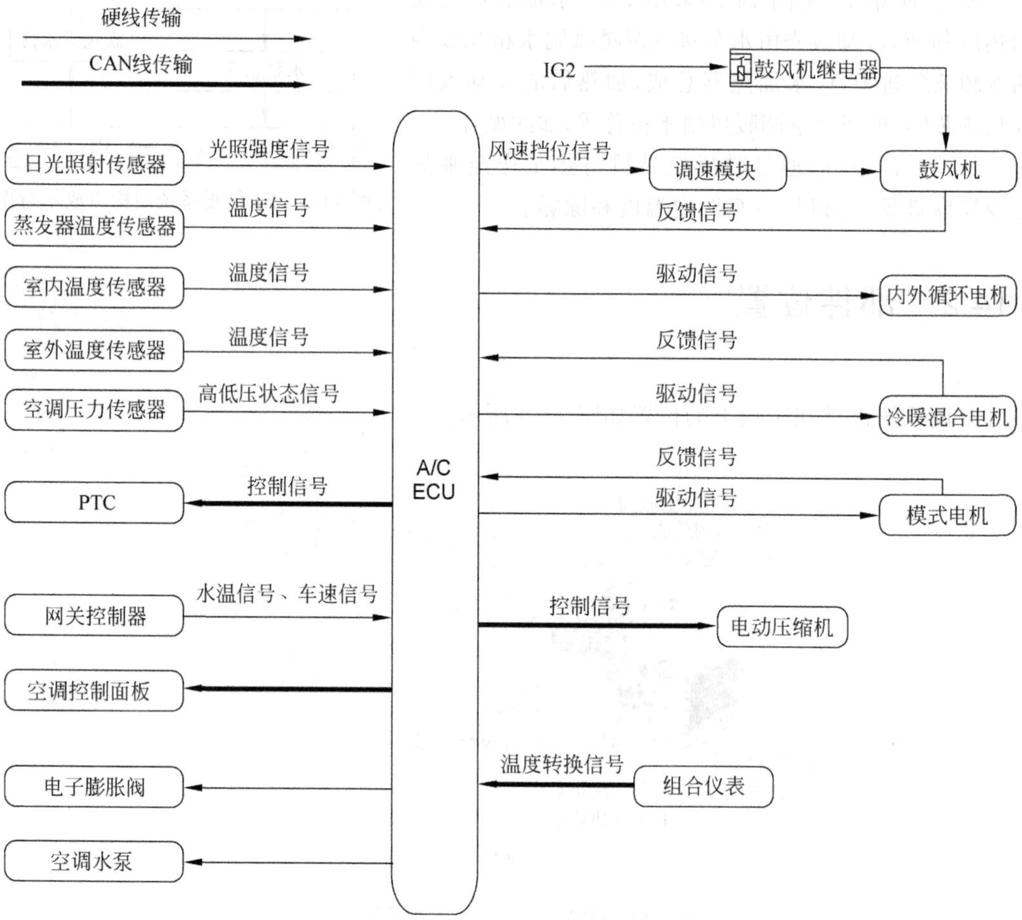

图 14-4 空调系统整体示意图

14.3.2 电路图

空调系统电路图如图 14-5 所示。

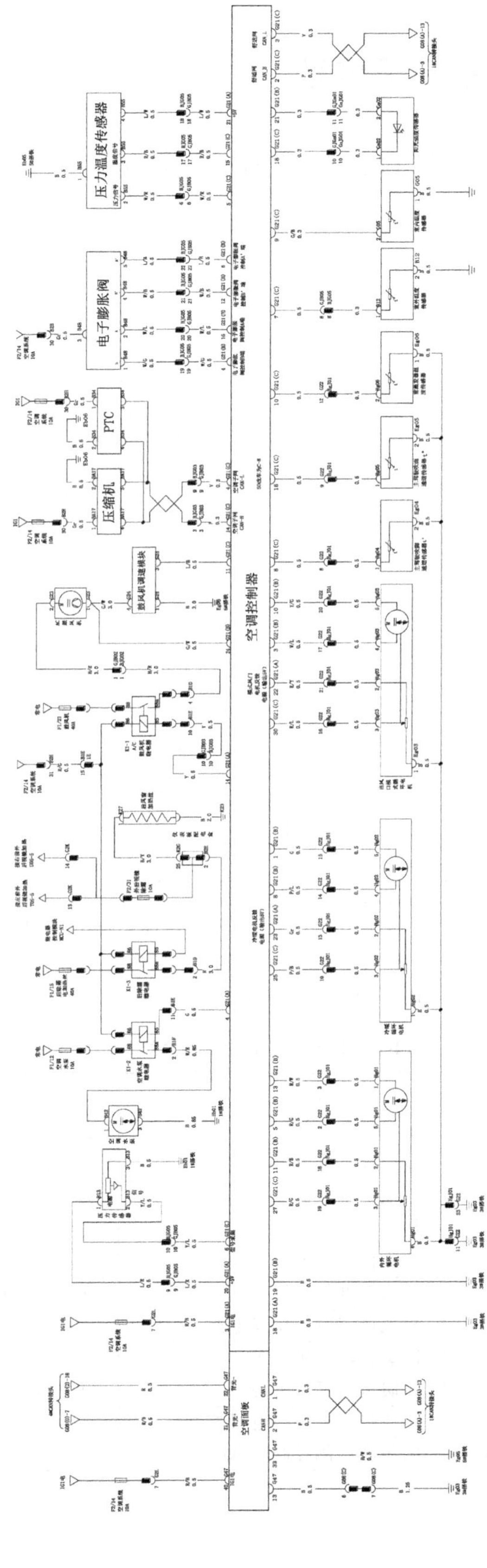

图 14-5 空调系统电路图

14.4 低压线束端子信号

14.4.1 空调控制器 G21(A)、G21(B)、G21(C)

空调控制器接插件 G21(A)、G21(B)、G21(C)的外形如图 14-6 所示，其端口功能定义见表 14-1。

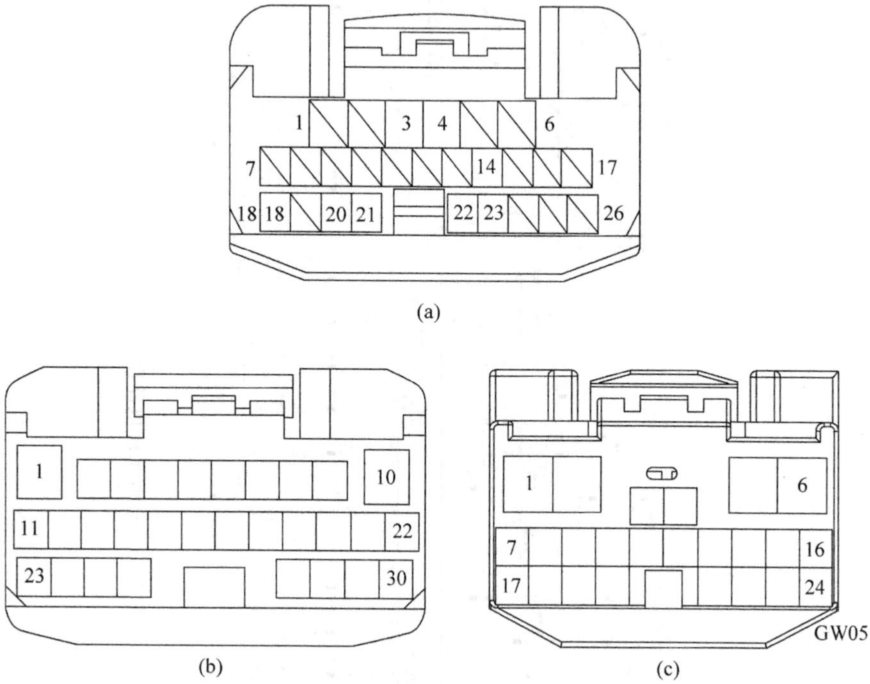

图 14-6 空调系统相关接插件的外形

(a) G21(A)接插件外形；(b) G21(C)接插件外形；(c) G21(B)接插件外形

表 14-1 空调系统相关接插件端口功能定义

端子号	线色	端子描述	条件	正常值
G21(A)-3	R/B	IG1 电	始终	11～14V
G21(A)-4	P	空调水泵继电器	开空调	电压信号
G21(A)-14	L/B	鼓风机继电器输出端	开空调	电压信号
G21(A)-18	B	接地	始终	—
G21(A)-20	L/R	压力传感器电源		5V
G21(A)-21	L/Y	压力温度传感器	压缩机开启状态	小于 1V
G21(A)-22	R/Y	模式风门电机反馈电源		5V
G21(A)-23	Gr	冷暖循环电机电源		5V
G21(B)-1	G	冷暖电机反馈电源	开空调	5V
G21(B)-3	W/L	出风口模式循环电机控制－		
G21(B)-4	P/B	电子膨胀阀控制 A 端		

续表

端子号	线色	端子描述	条件	正常值
G21(B)-5	R/G	内外循环电机控制－		
G21(B)-13	R/W	内外循环电机控制＋		
G21(B)-6	W/G	电子膨胀阀控制 A′端		
G21(B)-8	P/L	冷暖循环电机控制－		
G21(B)-10	Y/G	冷暖循环电机控制＋		
G21(B)-11	R/B	内外循环电机电源		
G21(B)-12	W/B	电子膨胀阀控制 B′端		
G21(B)-16	W/L	电子膨胀阀控制 B 端	—	—
G21(B)-19	B	搭铁	—	—
G21(B)-21	B	阳光强度传感器	—	—
G21(B)-24	G/W	鼓风机控制	—	—
G21(C)-2	P	舒适网 CAN-H	—	—
G21(C)-3	V	舒适网 CAN-L	—	—
G21(C)-5	W/R	压力温度传感器压力信号		
G21(C)-6	Y/L	压力传感器采集信号		
G21(C)-7	B/Y	室外温度传感器		
G21(C)-8	R/L	主驾驶吹脚通道传感器	—	—
G21(C)-9	G/B	室内温度传感器	—	—
G21(C)-10		前蒸发器温度传感器	—	—
G21(C)-11	L/B	鼓风机调速控制	—	—
G21(C)-4	V	空调子网 CAN-L	—	—
G21(C)-14	P	空调子网 CAN-H	—	—
G21(C)-15	R/B	压力温度传感器温度信号		
G21(C)-16		主驾驶吹面通道传感器		
G21(C)-18	R	阳光传感器负输入端		
G21(C)-27	R/G	内外循环电机调节		
G21(C)-30	R/L	出风口模式循环电机调节		

14.4.2 空调控制面板 G47

空调控制面板 G47 端口功能定义见表 14-2，其接插件外形如图 14-7 所示。

表 14-2 空调控制面板 G47 端口功能定义

端子号	线色	端子描述	条件	正常值
G47-1	V	舒适网 CAN-L		
G47-2	P	舒适网 CAN-H		
G47-13	B	接地	—	—
G47-21	R/B	背光＋	开鼓风机	电压信号
G47-22	RL	背光－	开空调	电压信号
G47-33	B/W	接地	—	—
G47-40	R/B	IG1 电	始终	11～14V

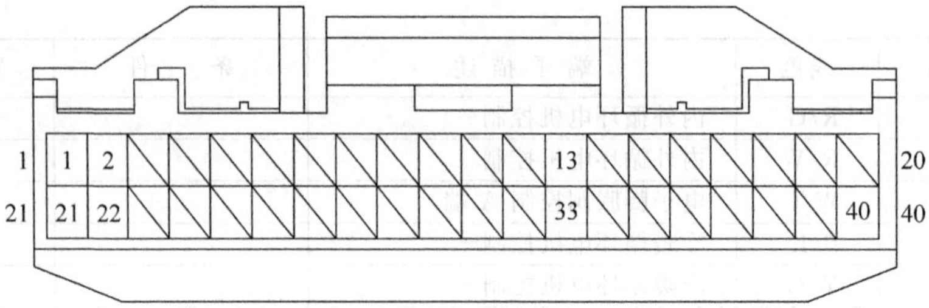

图 14-7　G47 接插件外形

14.5 工作数据信息和故障码

14.5.1 实时数据

空调控制器实时数据如图 14-8 所示。

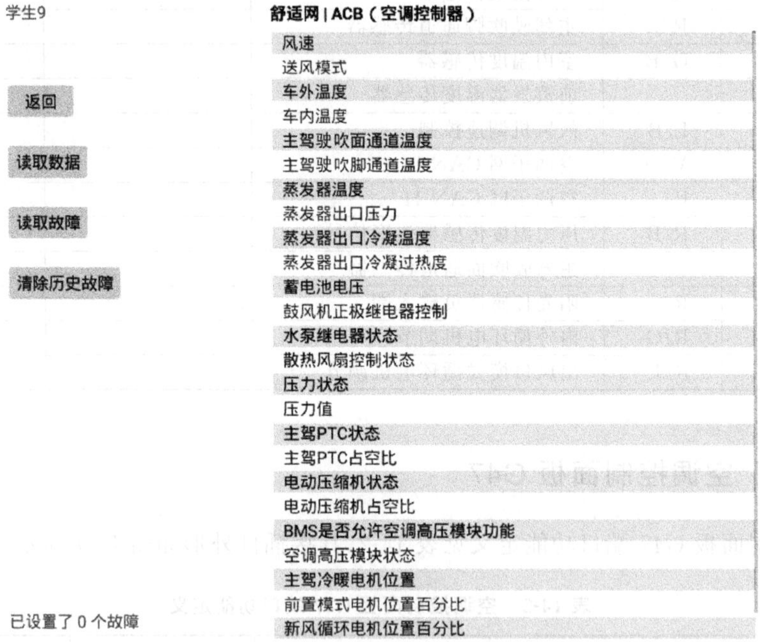

图 14-8　空调控制器实时数据

空调压缩机控制器实时数据如图 14-9 所示。

14.5.2 故障码

空调系统可能产生的故障见表 14-3 所示。

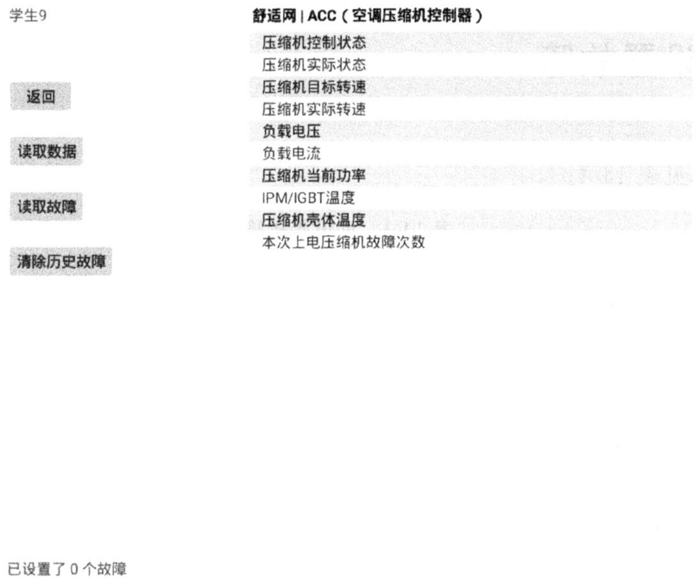

图 14-9 空调压缩机控制器实时数据

表 14-3 空调系统可能产生的故障码

位　置	故　障　码	故障表现
DTC	B2A2013	室内温度传感器断路
DTC	B2A2111	室内温度传感器短路
DTC	B2A2213	室外温度传感器断路
DTC	B2A2311	室外温度传感器短路
DTC	B2A2413	蒸发器温度传感器断路
DTC	B2A2511	蒸发器温度传感器短路
DTC	B2A2A14	模式电机对地短路或开路
DTC	B2A2A12	模式电机对电源短路
DTC	B2A2A92	模式电机转不到位
DTC	B2A2712	阳光传感器对电源短路
DTC	B2A5813	主驾驶吹面通道传感器断路
DTC	B2A2811	主驾驶吹面通道传感器短路
DTC	B2A5913	主驾驶吹脚通道传感器断路
DTC	B2A2911	主驾驶吹脚通道传感器短路
DTC	B2A2B14	冷暖电机对地短路或开路
DTC	B2A2B12	冷暖电机对电源短路
DTC	B2A2B92	冷暖电机转不到位
DTC	B2A3214	鼓风机对地短路或开路
DTC	B2A5113	低压管路的压力传感器断路
DTC	B2A5111	低压管路的压力传感器对地短路
DTC	B2A4E13	高压管路的压力传感器断路
DTC	B2A4F11	高压管路的压力传感器对地短路
DTC	B2A4F09	空调管路处于高压状态或低压状态

14.6 可设置故障

可设置故障见表14-4。

表14-4 可设置故障

故障编号	线束/端子描述	位置	故障类型	故障表现	故障码
AC/PTC-1	电动压缩机水管压力温度传感器(压力信号)	GJB05-6	线束断路	空调制冷异常	B2A51 低压管路的压力传感器断路
AC/PTC-2	电动压缩机水管压力温度传感器(温度信号)	GJB05-17	线束断路	空调制冷异常	B2A08 低压管路的温度传感器断路
AC/PTC-3	电子膨胀阀控制B端	GJB05-19	线束断路	空调制冷异常	无
AC/PTC-4	AC鼓风机继电器开关	G21(A)-14	线束断路	空调没有吹风,鼓风机不工作	无
AC/PTC-5	空调子网CANH	G21(C)-4	线束断路	空调无法制冷和制暖,诊断工具无法连接空调压缩机和PTC	空调压缩机和PTC与空调控制器无法通信
AC/PTC-6	空调面板CANH	G47-2	线束断路	空调面板操作无效	无

15 实训课程14：BYD E5汽车门窗控制系统

15.1 工作原理

15.1.1 车窗控制

驾驶员座椅位置上通过左前门玻璃升降器上的主开关来操作各车窗升降，各个门上的车窗升降开关也可以单独控制各自车窗的升降。

电动车窗系统部件主要有玻璃升降器、玻璃升降器开关电机和车门多路控制器(DMCU)，如图 15-1 所示。

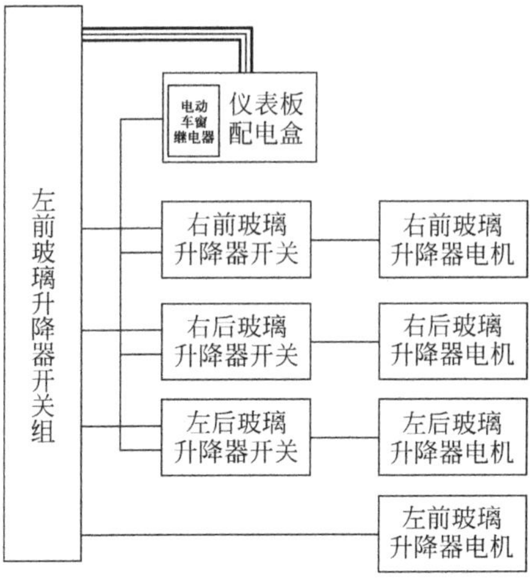

图 15-1　电动车窗系统部件组成示意图

15.1.2 车门控制

车门控制系统示意图如图 15-2 所示。

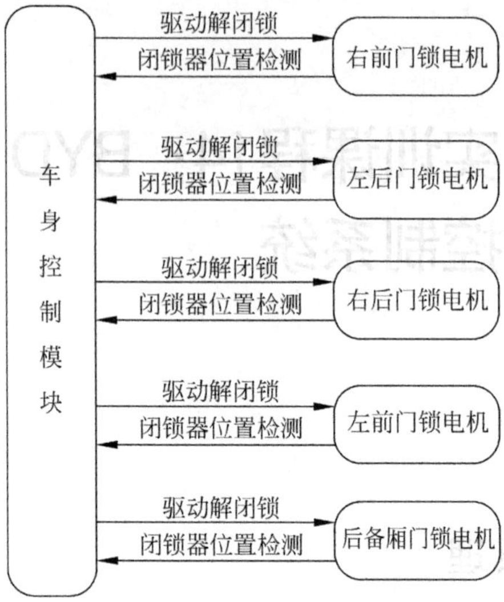

图 15-2　车门控制系统控制框图

15.2 部件位置

车门控制系统相关部件位置如图 15-3 所示。

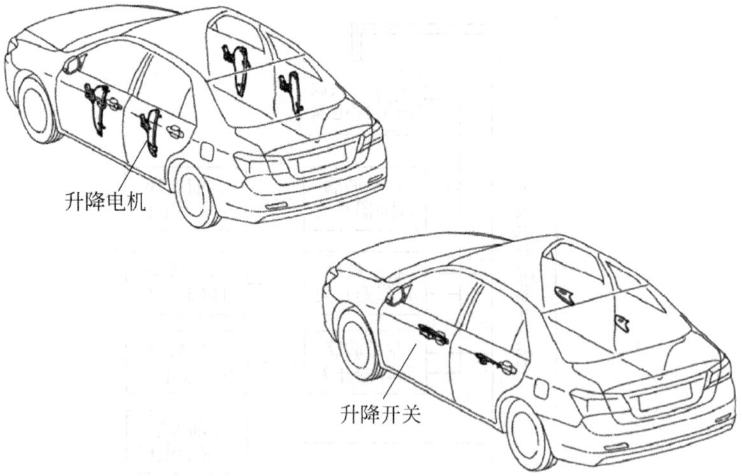

图 15-3　车门控制系统相关部件位置

15.3 低压电路图

车门控制系统相关低压电路图如图 15-4 所示。

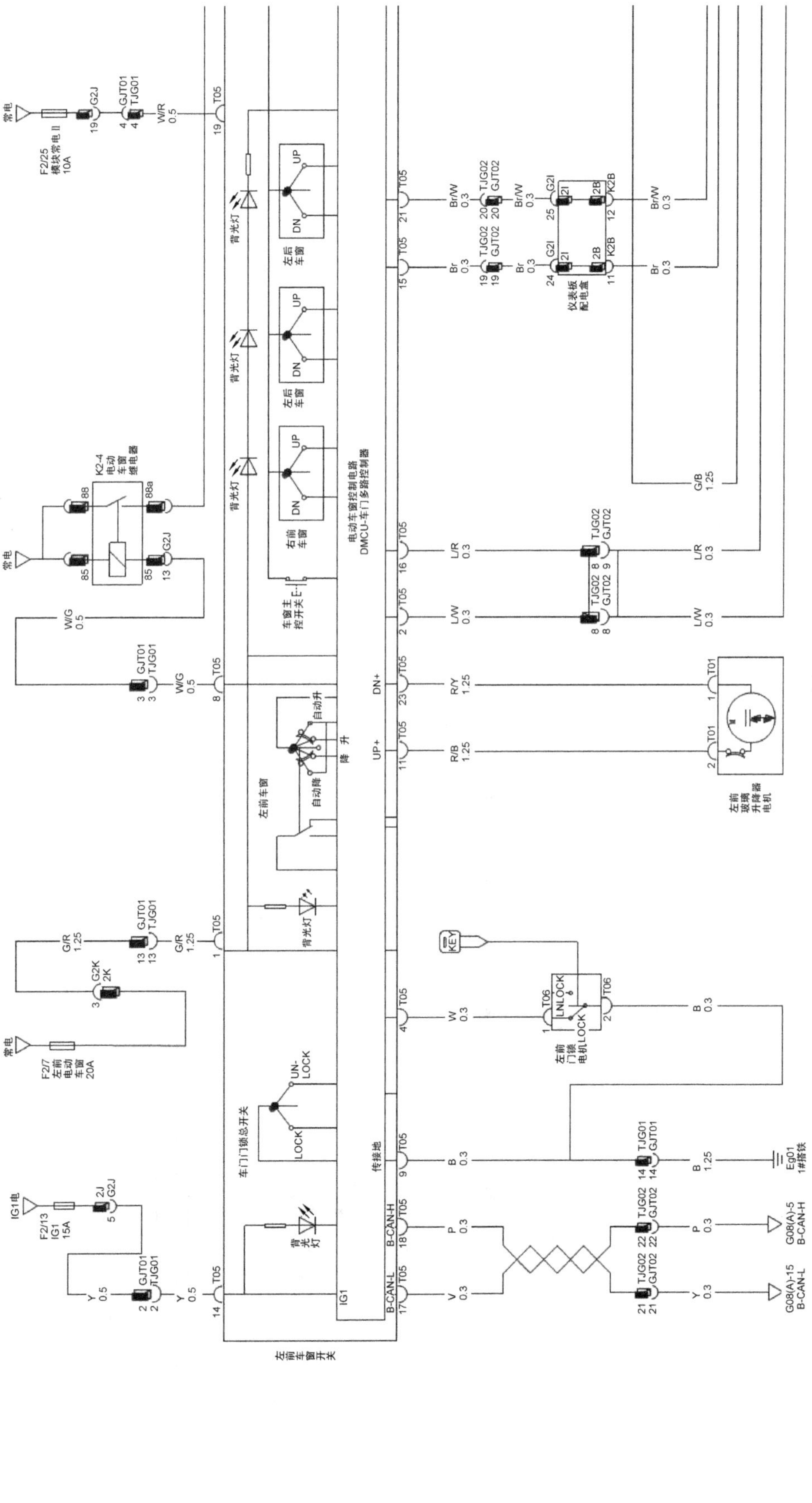

(a)

图 15-4 车门控制系统相关低压电路图

(a) 电路图 1；(b) 电路图 2；(c) 电路图 3；(d) 电路图 4；(e) 电路图 5；(f) 电路图 6

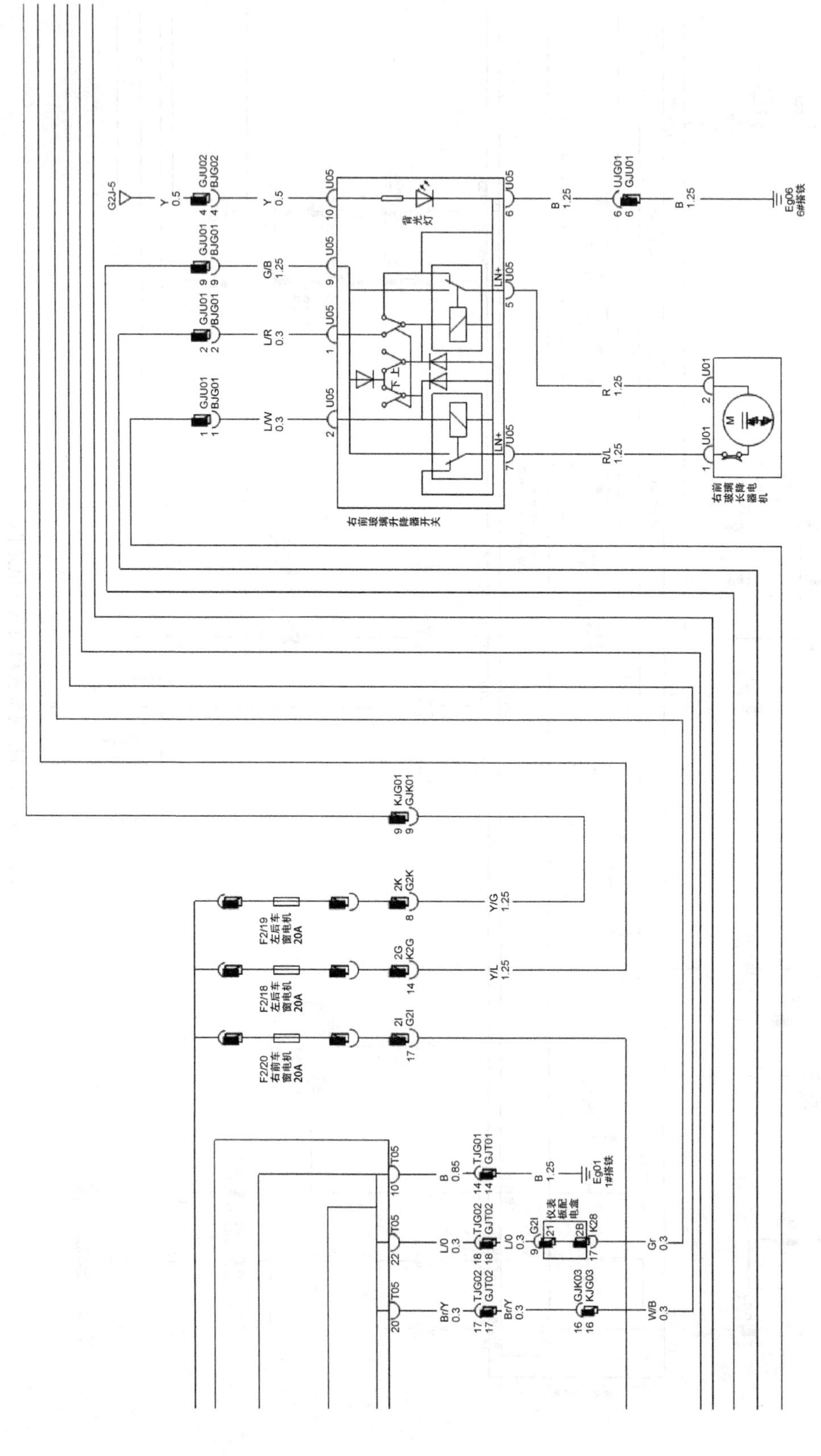
右前玻璃升降器开关
背光灯
右前玻璃升降器电机
Eg06 6#搭铁
F2/19 左后车窗电机 20A
F2/18 左后车窗电机 20A
F2/20 右前车窗电机 20A
仪表板配电盒
Eg01 1#搭铁

(b)

图 15-4 (续)

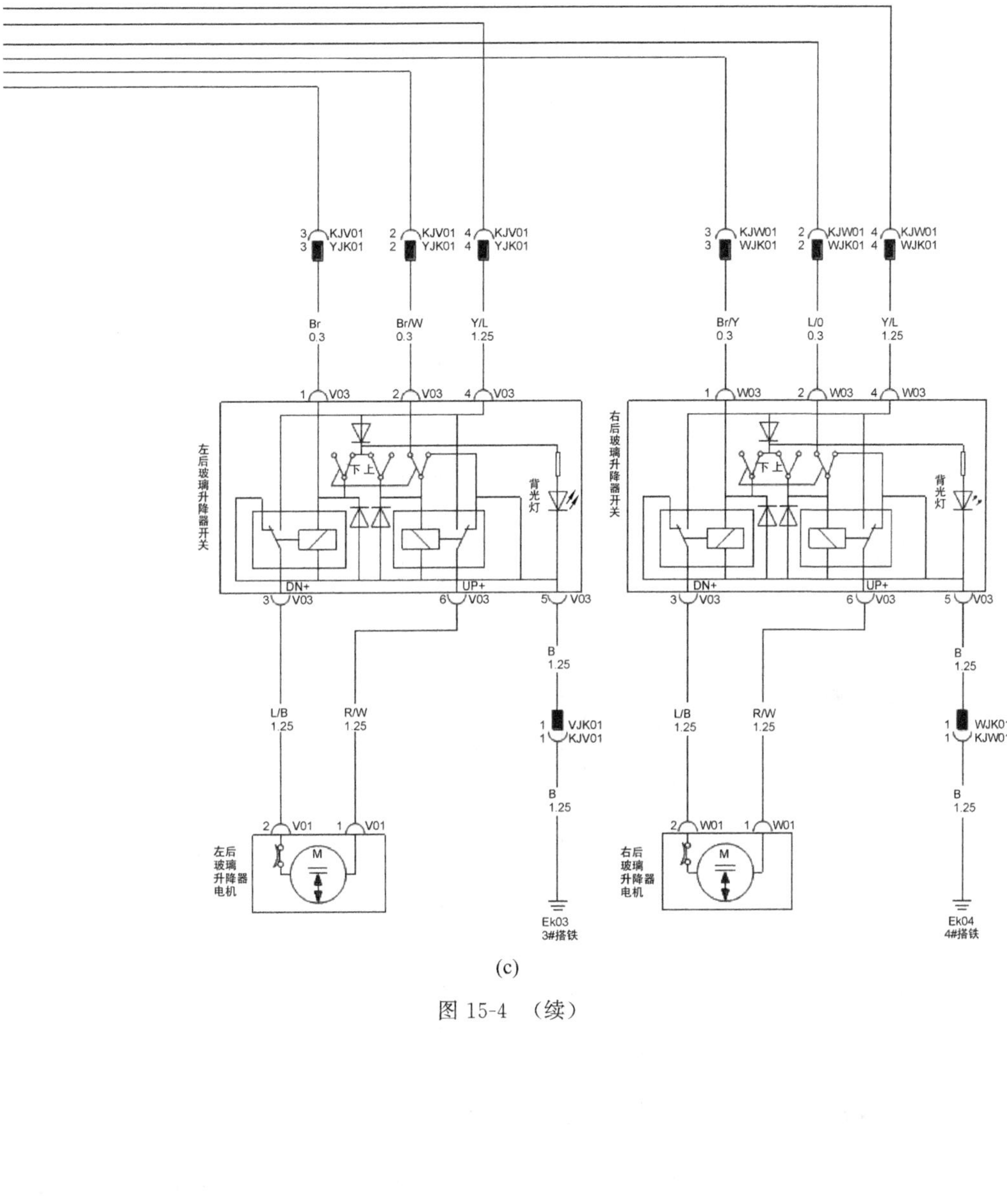

3 KJV01
3 YJK01
2 KJV01
2 YJK01
4 KJV01
4 YJK01
3 KJW01
3 WJK01
2 KJW01
2 WJK01
4 KJW01
4 WJK01
Br 0.3
Br/W 0.3
Y/L 1.25
Br/Y 0.3
L/0 0.3
Y/L 1.25
1 V03
2 V03
4 V03
1 W03
2 W03
4 W03
左后玻璃升降器开关
右后玻璃升降器开关
下 上
背光灯
DN+
UP+
3 V03
6 V03
5 V03
3 W03
6 W03
5 W03
B 1.25
1 VJK01
1 KJV01
1 WJK01
1 KJW01
L/B 1.25
R/W 1.25
2 V01
1 V01
2 W01
1 W01
左后玻璃升降器电机
右后玻璃升降器电机
M
Ek03 3#搭铁
Ek04 4#搭铁

(c)

图 15-4 （续）

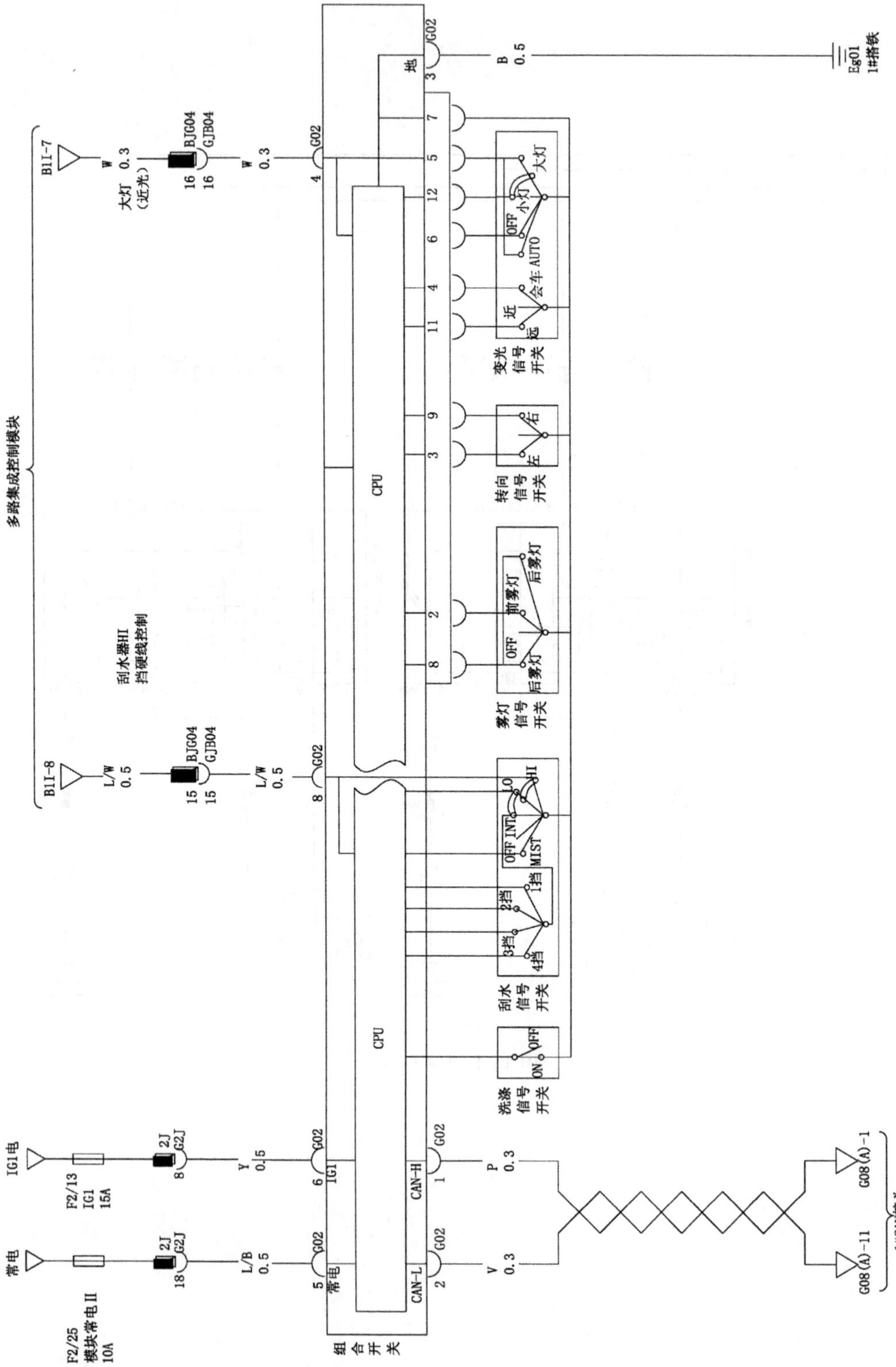
多路集成控制模块
B1I-7
W 0.3
大灯（近光）
16 BJG04
16 GJB04
W 0.3
G02
4
刮水器HI
挡硬线控制
B1I-8
L/W 0.5
15 BJG04
15 GJB04
L/W 0.5
G02
8
IG1电
F2/13
IG1
15A
2J
G2J
8
Y 0.5
G02
6 IG1
常电
F2/25
模块常电II
10A
2J
G2J
18
L/B 0.5
G02
5 常电
CPU
CPU
CAN-H
G02 1
P 0.3
CAN-L
G02 2
V 0.3
G08(A)-1
G08(A)-11
1#CAN接头
组合开关
地
G02 3
B 0.5
Eg01
1#搭铁
7
5
12
6
4
11
9
3
2
8
OFF 小灯 大灯 AUTO
近 会车 远
变光信号开关
左 右
转向信号开关
OFF 前雾灯 后雾灯
后雾灯
雾灯信号开关
OFF INT MIST LO HI
1挡 2挡 3挡 4挡
刮水信号开关
ON OFF
洗涤信号开关

(d)

图 15-4 （续）

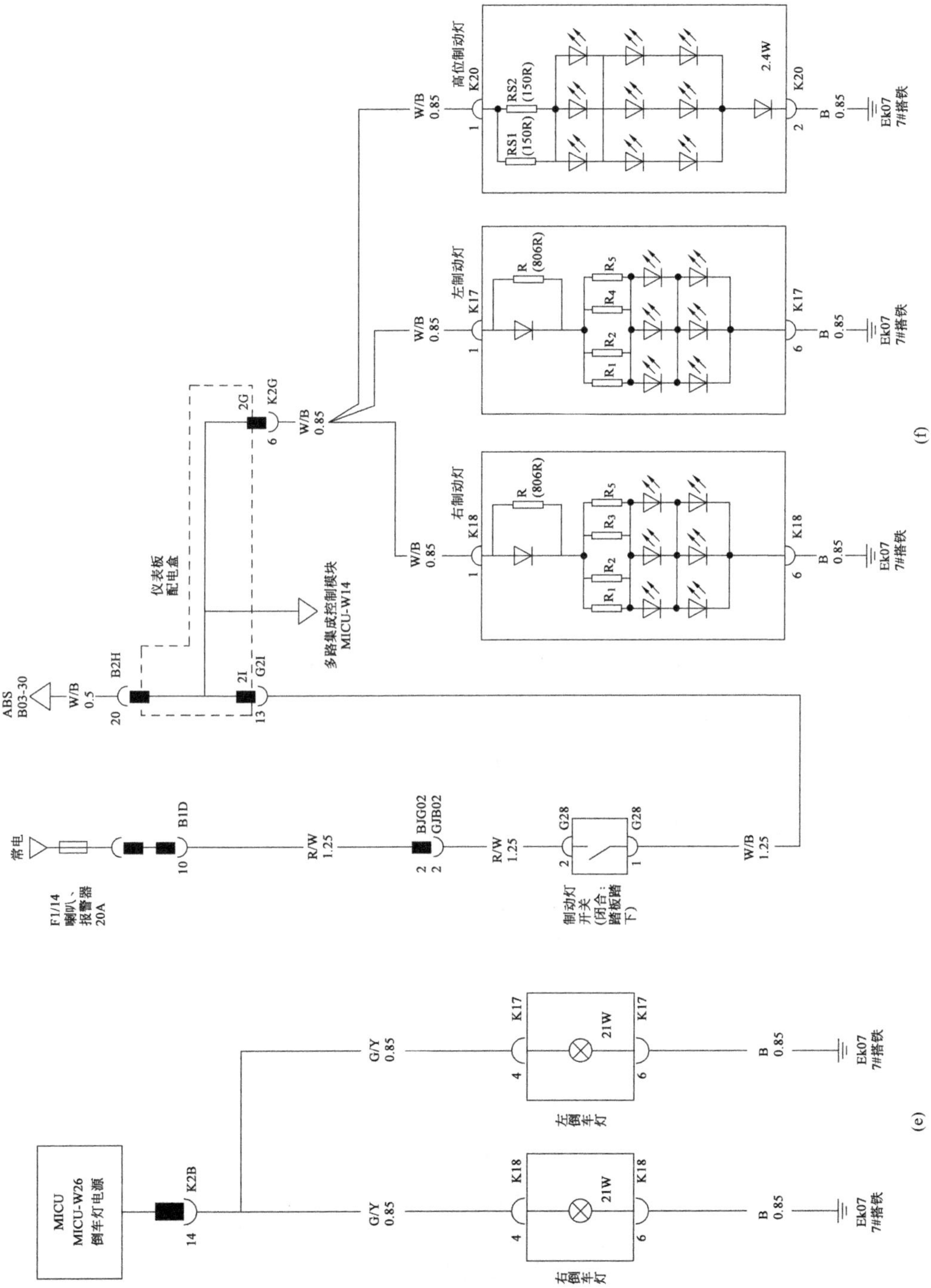
高位制动灯
K20
RS1 (150R)
RS2 (150R)
2.4W
左制动灯
K17
R (806R)
右制动灯
K18
W/B 0.85
B 0.85
Ek07 7#搭铁
仪表板配电盒
B2H
2G K2G
2I G2I
多路集成控制模块 MICU-W14
ABS B03-30
W/B 0.5
常电
F1/14 喇叭、报警器 20A
B1D
R/W 1.25
BJG02 GJB02
G28
制动灯开关(闭合：踏板踏下)
W/B 1.25
(f)
MICU MICU-W26 倒车灯电源
K2B
G/Y 0.85
21W
左倒车灯
右倒车灯
(e)

图 15-4 （续）

15.4 工作数据信息

DMCU 车门多路控制器实时数据如图 15-5 所示。

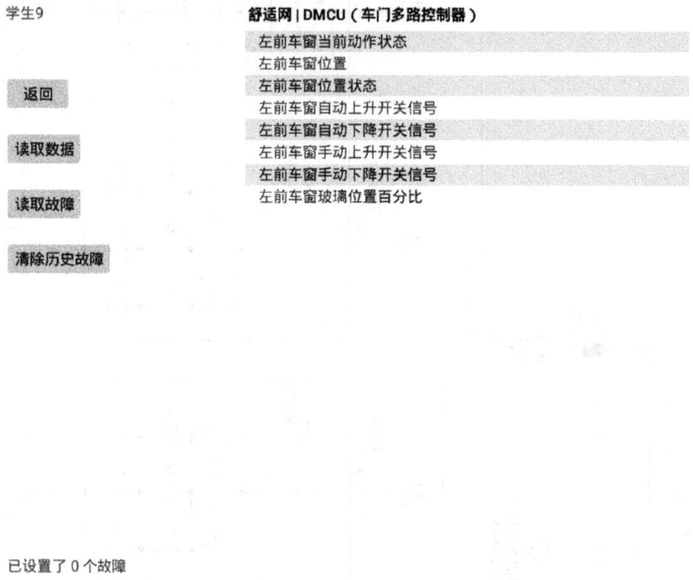

图 15-5 DMCU 车门多路控制器实时数据

BCM 控制器实时数据如图 15-6 所示。

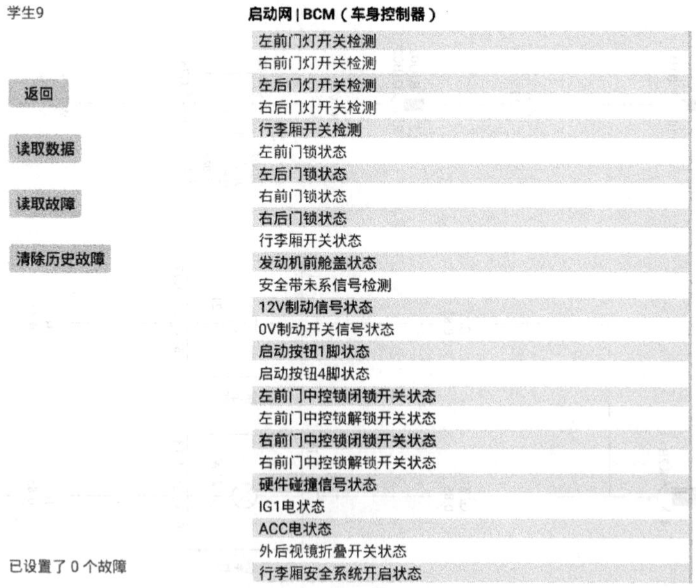

图 15-6 BCM 控制器实时数据

组合开关实时数据如图 15-7 所示。

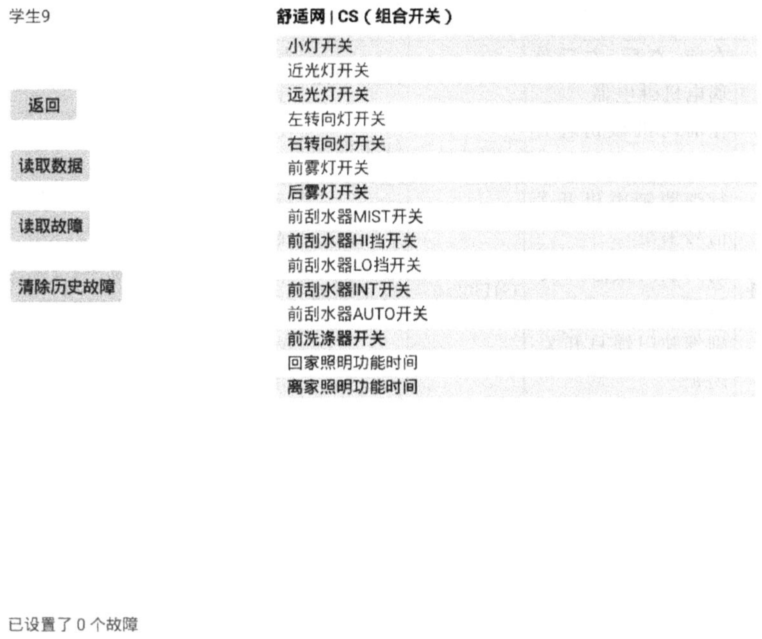

图 15-7 组合开关实时数据

15.5 可设置故障

可设置故障见表 15-1。

表 15-1 可设置故障

故障编号	线束/端子描述	位置	故障类型	故障表现	故障码
WIN/DOOR-1	驾驶座右前玻璃开关-Down	GJT02-8	线束断路	操作驾驶座右前玻璃开关，无法摇下右前车窗	无
WIN/DOOR-2	驾驶座右前玻璃开关-Up	GJT02-9	线束断路	操作驾驶座右前玻璃开关，无法摇上右前车窗	无
WIN/DOOR-3	驾驶座右后玻璃开关-Down	GJT02-17	线束断路	操作驾驶座右后玻璃开关，无法摇下右后车窗	无
WIN/DOOR-4	驾驶座右后玻璃开关-Up	GJT02-18	线束断路	操作驾驶座右后玻璃开关，无法摇上右后车窗	无
WIN/DOOR-5	驾驶座左后玻璃开关-Down	GJT02-19	线束断路	操作驾驶座左后玻璃开关，无法摇下右前车窗	无
WIN/DOOR-6	驾驶座左后玻璃开关-Up	GJT02-20	线束断路	操作驾驶座左后玻璃开关，无法摇上右前车窗	无
WIN/DOOR-7	车窗控制器(DMCU) CAN-H	GJT02-22	线束断路	操作驾驶座的开锁和闭锁开关无效	BCM 无法与 DMCU 通信

续表

故障编号	线束/端子描述	位置	故障类型	故障表现	故障码
WIN/DOOR-8	右前、右后、左后玻璃电机继电器	GTJ01-3	线束断路	右前、右后、左后窗玻璃无法升降	无
WIN/DOOR-9	左前门机械钥匙开关指示	T05-4	线束断路	使用机械钥匙开锁闭锁，车内没有显示	无
WIN/DOOR-10	行李厢锁电机开关信号采集	GJK01-5	线束断路	行李厢开关无法在仪表板显示	无
WIN/DOOR-11	副驾驶门锁总开关-解锁	GJU02-6	线束断路	操作副驾驶的门锁开关，无法解锁	无
WIN/DOOR-12	副驾驶门锁总开关-闭锁	GJU02-14	线束断路	操作副驾驶的门锁开关，无法闭锁	无

16 实训课程15：BYD E5汽车灯光系统

16.1 工作原理

E5 的照明系统为汽车夜间行驶提供照明和警示功能。车外照明灯具主要有前照灯、倒车灯、牌照灯、雾灯等，车内照明灯具主要有室内灯、门灯、各开关背光灯等。各种灯具装在各自所需照明的位置，并配以各自的控制开关和线路及熔断器等，组成灯光系统。

16.2 部件位置

BYD E5 汽车的灯光系统相关部件位置如图 16-1 所示。

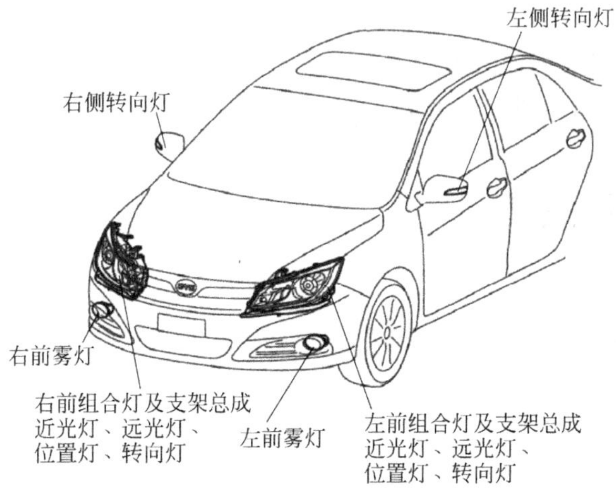

(a)

图 16-1　BYD E5 汽车灯光系统相关部件位置

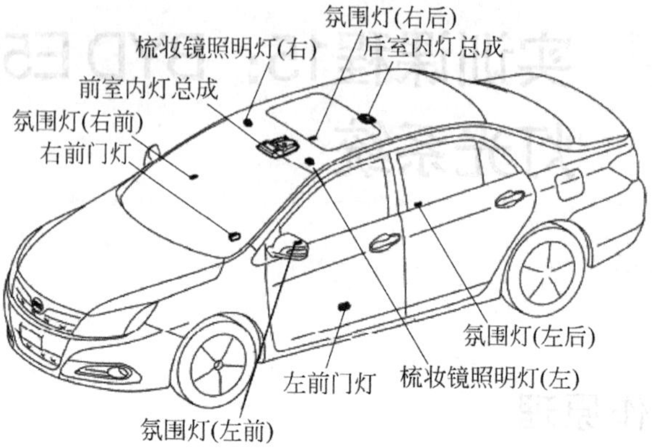

(b)

图 16-1 （续）

16.3 低压电路图

BYD E5 汽车的灯光系统相关电路图如图 16-2 所示。

16.4 工作数据信息

BCM 控制器实时数据如图 16-3 所示。
组合开关实时数据如图 16-4 所示。

16.5 可设置故障

可设置故障见表 16-1。

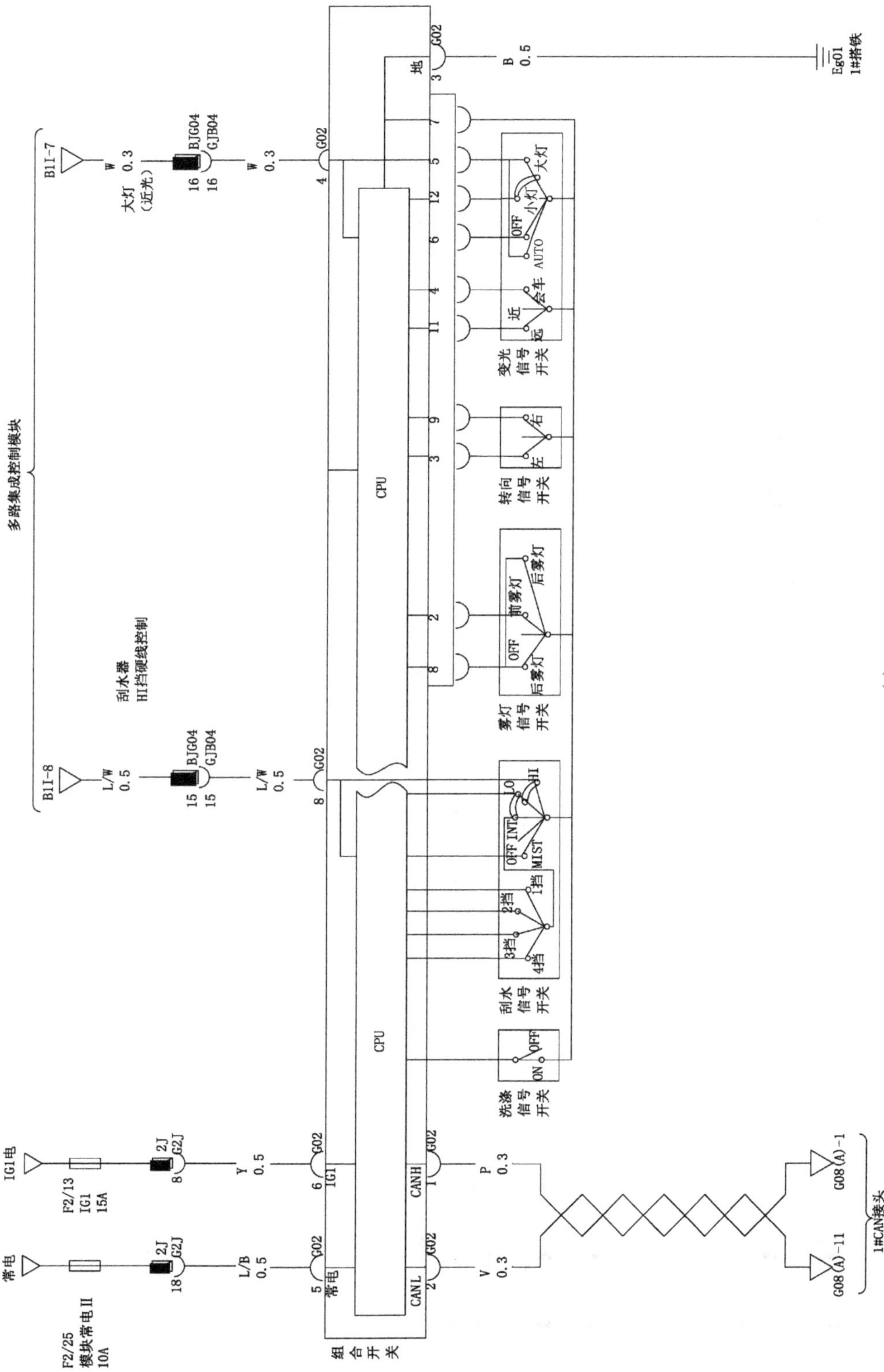

(a)

图 16-2 BYD E5汽车的灯光系统相关电路图

(a) 电路图 1；(b) 电路图 2；(c) 电路图 3；(d) 倒车灯电路图；(e) 电路图 4

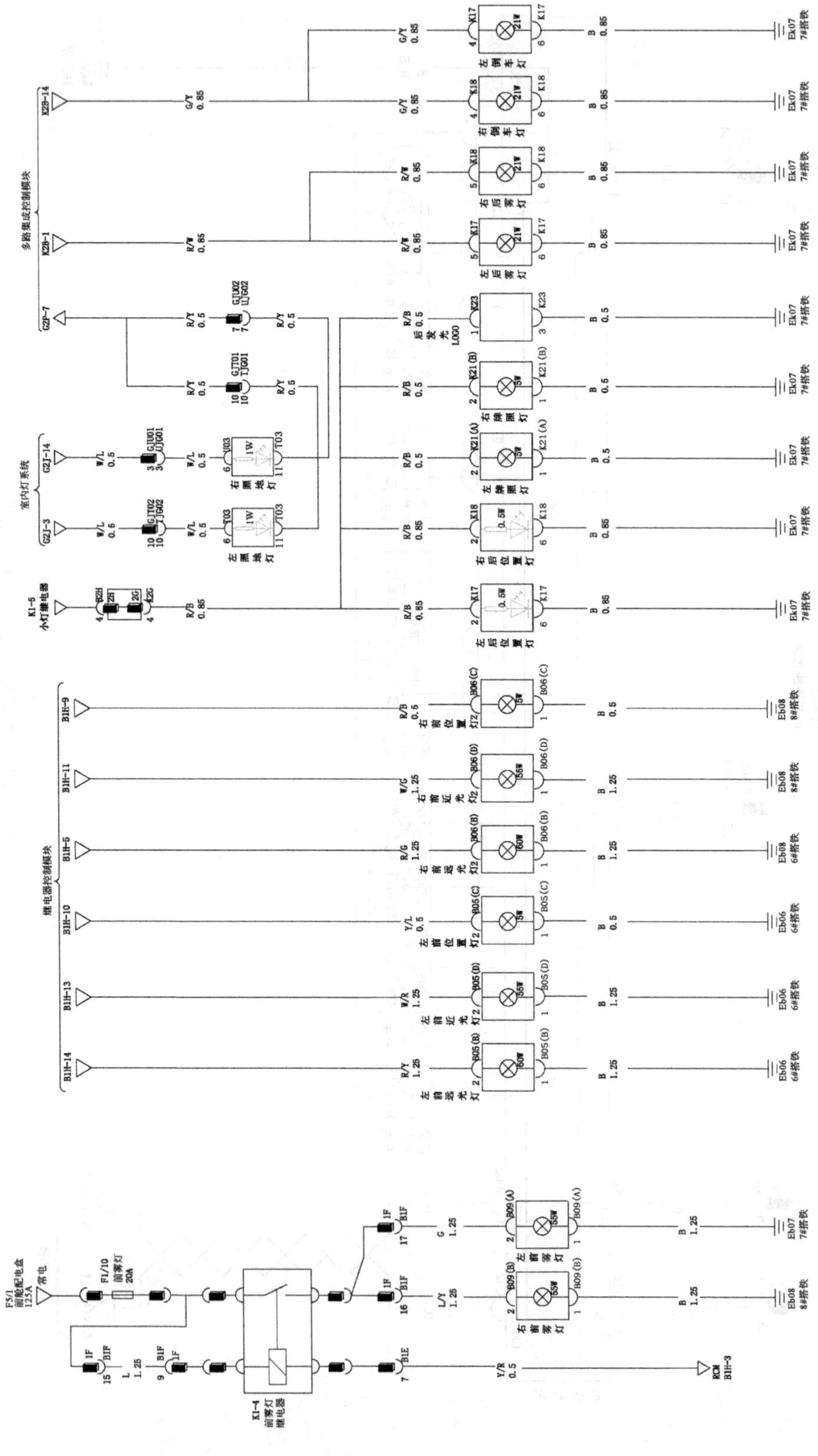

(b)

图 16-2（续）

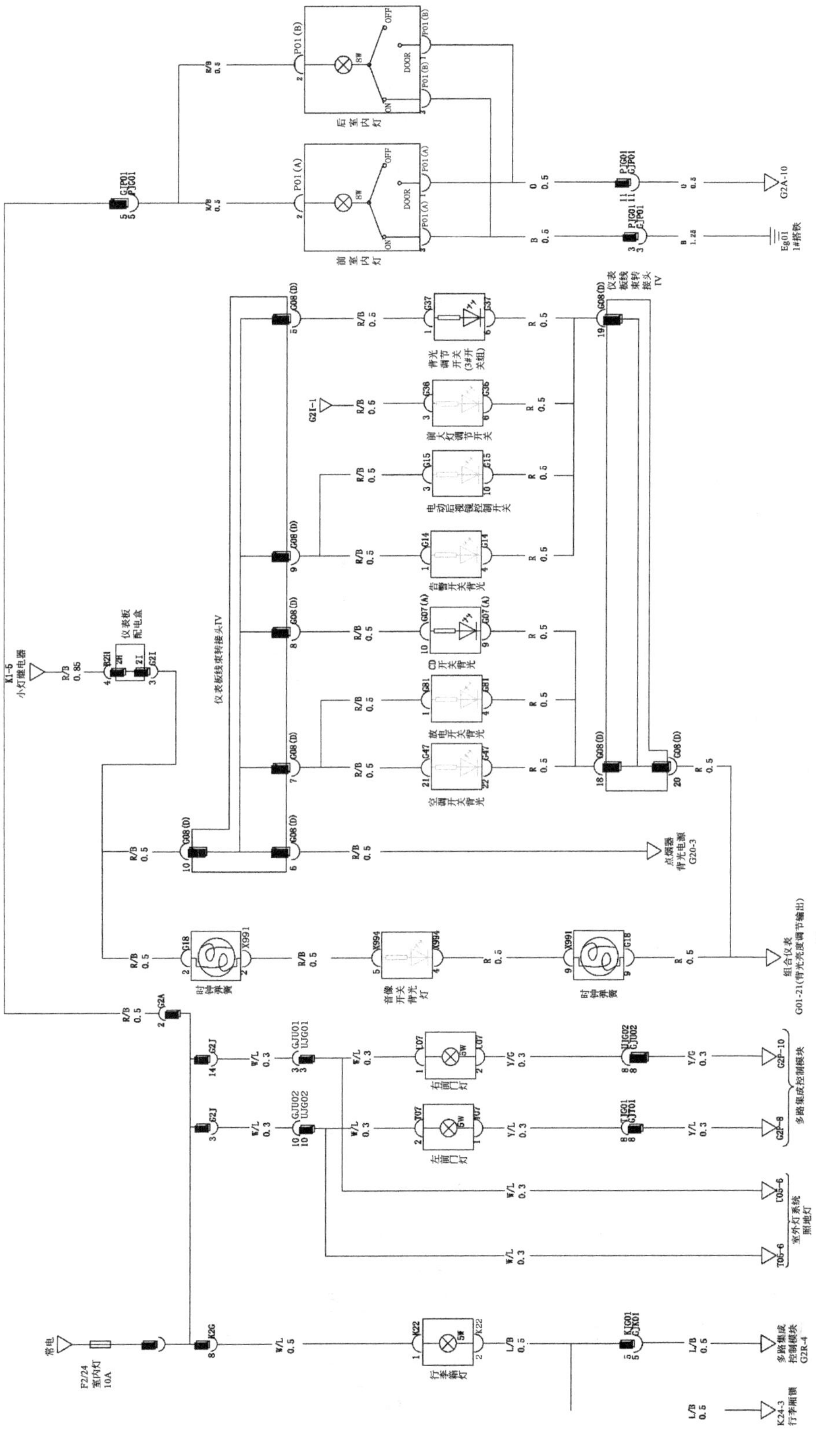

(c)

图16-2 （续）

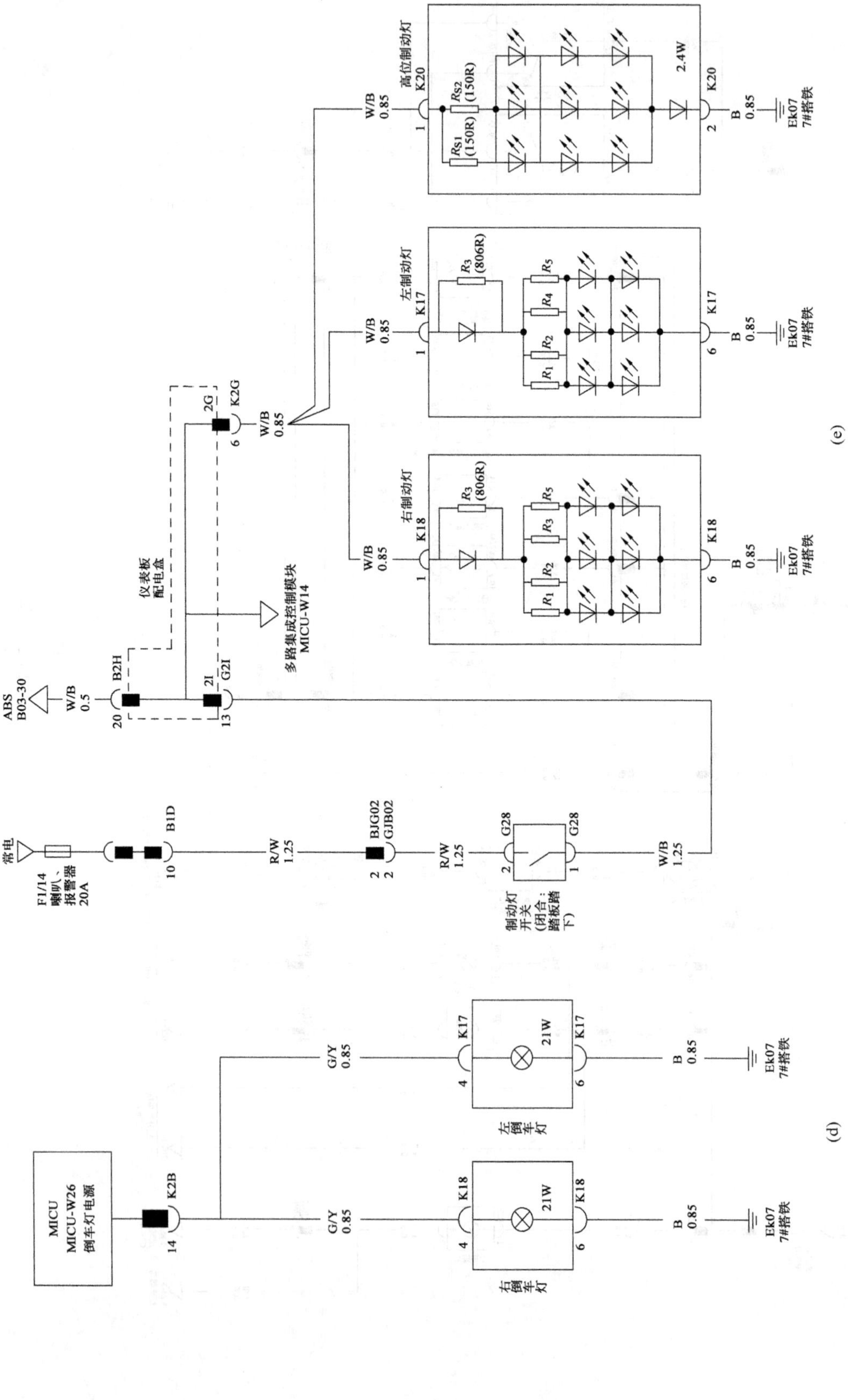

MICU
MICU-W26
倒车灯电源
K2B
14
G/Y
0.85
K17
4
21W
6
B
0.85
Ek07
7#搭铁
左倒车灯
K18
右倒车灯
(d)
常电
F1/14
喇叭、报警器
20A
B1D
10
R/W
1.25
BJG02
GJB02
2
G28
制动灯开关
(闭合：踏板踏下)
W/B
ABS
B03-30
0.5
B2H
20
2I
G2I
13
仪表板
配电盒
多路集成控制模块
MICU-W14
2G
K2G
右制动灯
左制动灯
高位制动灯
K20
R3
(806R)
R1
R2
R4
R5
RS1
(150R)
RS2
(150R)
2.4W
(e)

图 16-2 （续）

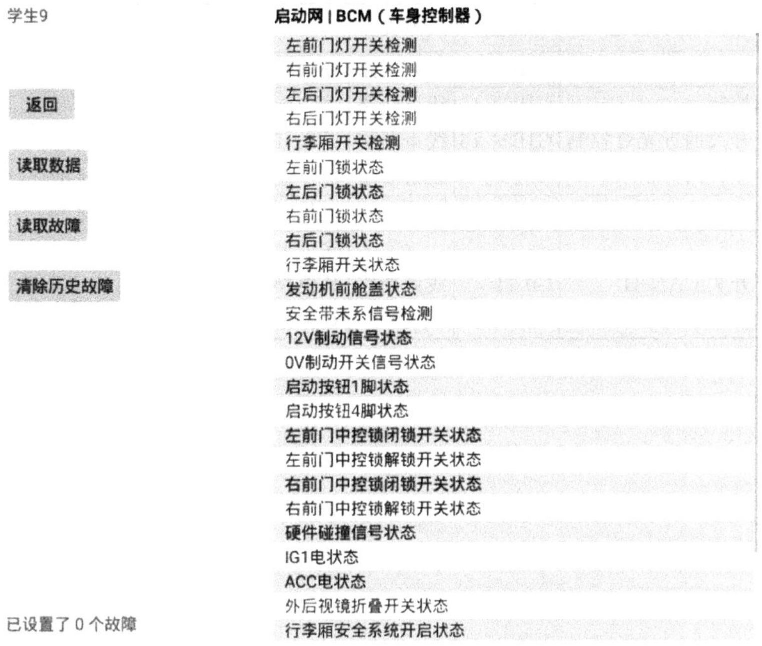
学生9
返回
读取数据
读取故障
清除历史故障
已设置了 0 个故障
启动网 | BCM（车身控制器）
左前门灯开关检测
右前门灯开关检测
左后门灯开关检测
右后门灯开关检测
行李厢开关检测
左前门锁状态
左后门锁状态
右前门锁状态
右后门锁状态
行李厢开关状态
发动机前舱盖状态
安全带未系信号检测
12V制动信号状态
0V制动开关信号状态
启动按钮1脚状态
启动按钮4脚状态
左前门中控锁闭锁开关状态
左前门中控锁解锁开关状态
右前门中控锁闭锁开关状态
右前门中控锁解锁开关状态
硬件碰撞信号状态
IG1电状态
ACC电状态
外后视镜折叠开关状态
行李厢安全系统开启状态

图 16-3　BCM 控制器实时数据

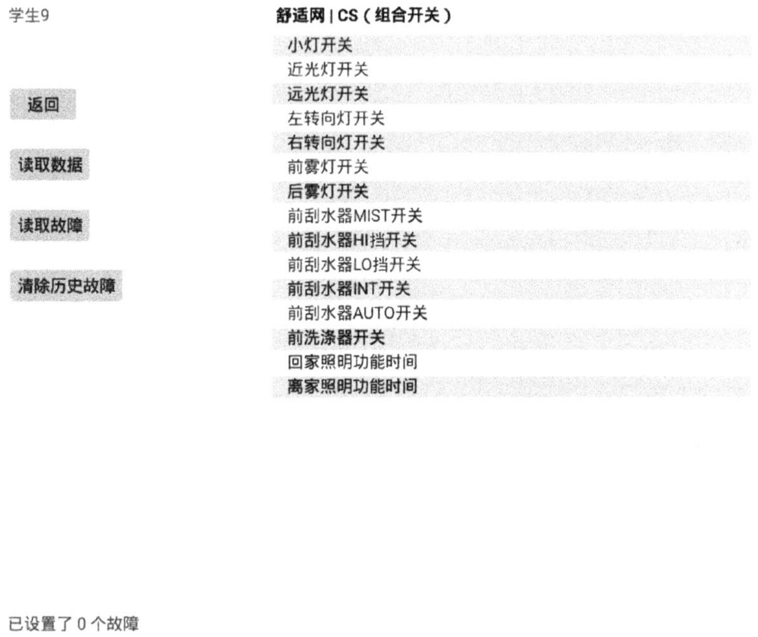
学生9
返回
读取数据
读取故障
清除历史故障
已设置了 0 个故障
舒适网 | CS（组合开关）
小灯开关
近光灯开关
远光灯开关
左转向灯开关
右转向灯开关
前雾灯开关
后雾灯开关
前刮水器MIST开关
前刮水器HI挡开关
前刮水器LO挡开关
前刮水器INT开关
前刮水器AUTO开关
前洗涤器开关
回家照明功能时间
离家照明功能时间

图 16-4　组合开关实时数据

表 16-1　可设置故障

故障编号	线束/端子描述	位置	故障类型	故障表现	故障码
LAMP-1	喇叭控制	GJB03-6	线束断路	按喇叭不生效	无
LAMP-2	雨刮控制	GJB04-15	线束断路	雨刮操作不生效	无
LAMP-3	组合开关的近光灯控制	GJB04-16	线束断路	近光灯无法打开	无
LAMP-4	仪表左转向灯指示	G01-33	线束断路	操作左转向灯,仪表盘无显示	无
LAMP-5	仪表右转向灯指示	G01-22	线束断路	操作右转向灯,仪表盘无显示	无
LAMP-6	组合开关 CAN-H	G02-1	线束断路	除了大灯和雨刮外,组合开关的其他操作如小灯、转向灯无法生效。诊断仪无法与组合开关连接	BCM 无法与组合开关通信

17 实训课程16：BYD E5汽车驻车

17.1 工作原理

驻车制动器也称为“紧急制动器”或手制动器，主要作用是停车后防止车辆移动，便于在坡道上起步，并可在行车制动器失效后临时使用或配合行车制动器进行紧急制动。根据驻车制动器部位的不同，驻车制动系统可分为中央制动式和后轮制动式两大类。根据操作方式分脚动和手动两类。手动根据控制方式分为手动和电子两种。E5的驻车为后轮、电子制动。

BYD E5 的驻车方式采用电子控制方式(见图 17-1)，有如下几种：

(1) 脚刹制动。E5 脚刹为真空助力的液压制动方式，EVP 电子真空泵为电动汽车的真空助力器提供动力，真空助力器帮助驾驶员将制动管路中液压力增大提高制动效果。E5 为盘式制动，通过制动盘和液压控制的制动钳实现制动。

(2) P 挡驻车：操作挡位杆上的 P 挡开关，电机通知 E5 车内的 P 挡控制器，给 P 挡电机提供动力，P 挡电机锁住变速箱内的齿轮，实现 P 挡驻车。

(3) EPB 电子驻车。EPB 电子驻车替代了手刹驻车。操作 EPB 驻车开关，EPB 控制器通知集成于后轮制动钳上的左、右驻车电机动作钳住后轮，实现驻车。

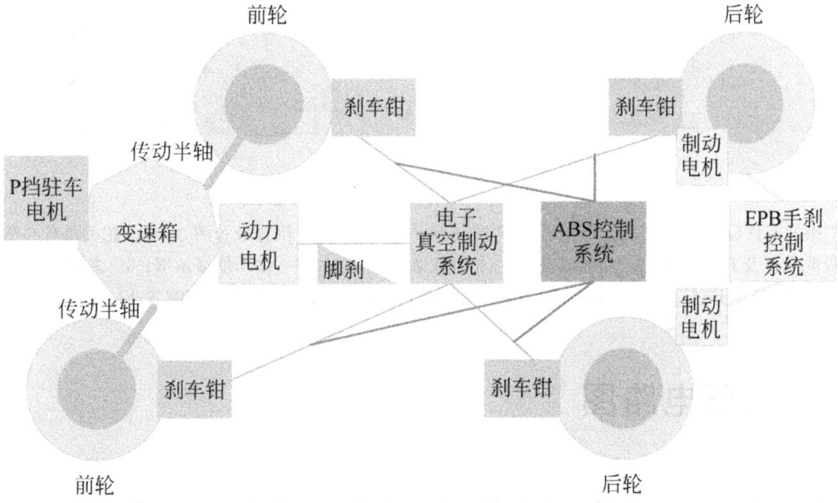

图 17-1　BYD E5 传动、制动和驻车

EPB 电子驻车系统主要功能如下：

(1) 自动驻车。整车熄火置 OFF 挡或挡位在 P 挡，系统会自动启动驻车。

(2) 手动驻车。手动操作电子驻车开关向上抬起，系统驻车启动。

(3) 自动释放驻车。驻车系统已启动，此时启动车辆，轻踩油门，驻车系统会自动释放。

(4) 手动释放驻车。驻车系统已启动，手动操作电子驻车开关向下压，系统取消驻车。

(5) 应急制动功能。行驶过程中，在制动失效情况下，可以使用电子驻车系统强制制动。

EPB 主要组件有电子驻车开关和电子驻车模块。

17.2 部件位置

EPB 电子驻车控制器(EPB ECU)位于车内行李厢右侧，拆开右侧内饰板可见。

BYD E5 传动、制动和驻车系统相关部件位置分布图如图 17-2 所示。

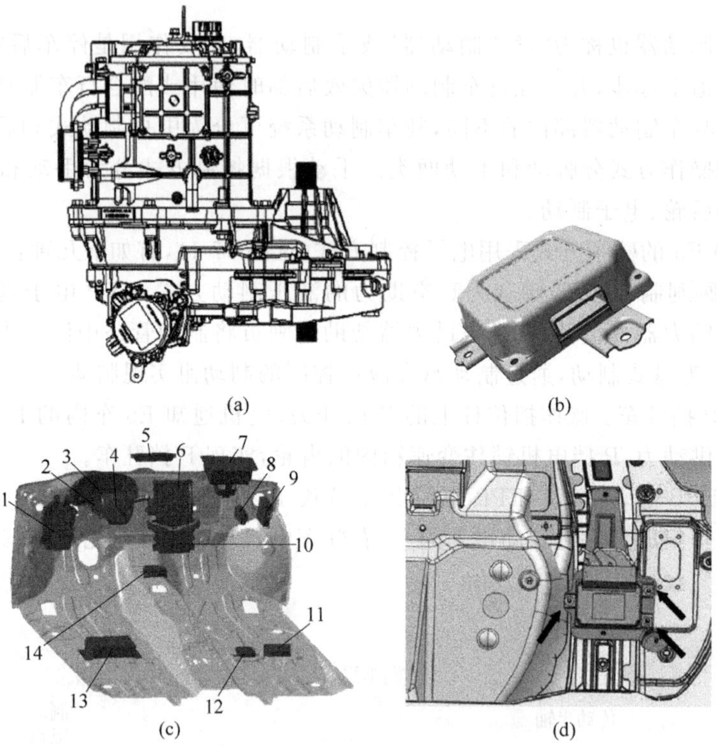

图 17-2　相关部件位置分布图

(a) 相关部件位置分布图 1；(b) P 挡电机控制器；(c) 相关部件位置分布图 2；(d) 相关部件位置分布图 3
1—仪表板配电盒及 BCI 模块；2—组合开关；3—组合仪表；4—DAB；5—多功能显示屏；6—多媒体主机总成；7—PAB；8—网关；9—1 KEY ECU；10—空调面板；11—P 挡电机控制器；12—倒车雷达 ECU；13—功效；14—SRS ECU

17.3 低压电路图

BYD E5 传动、制动和驻车系统相关部件低压电路图如图 17-3 所示。

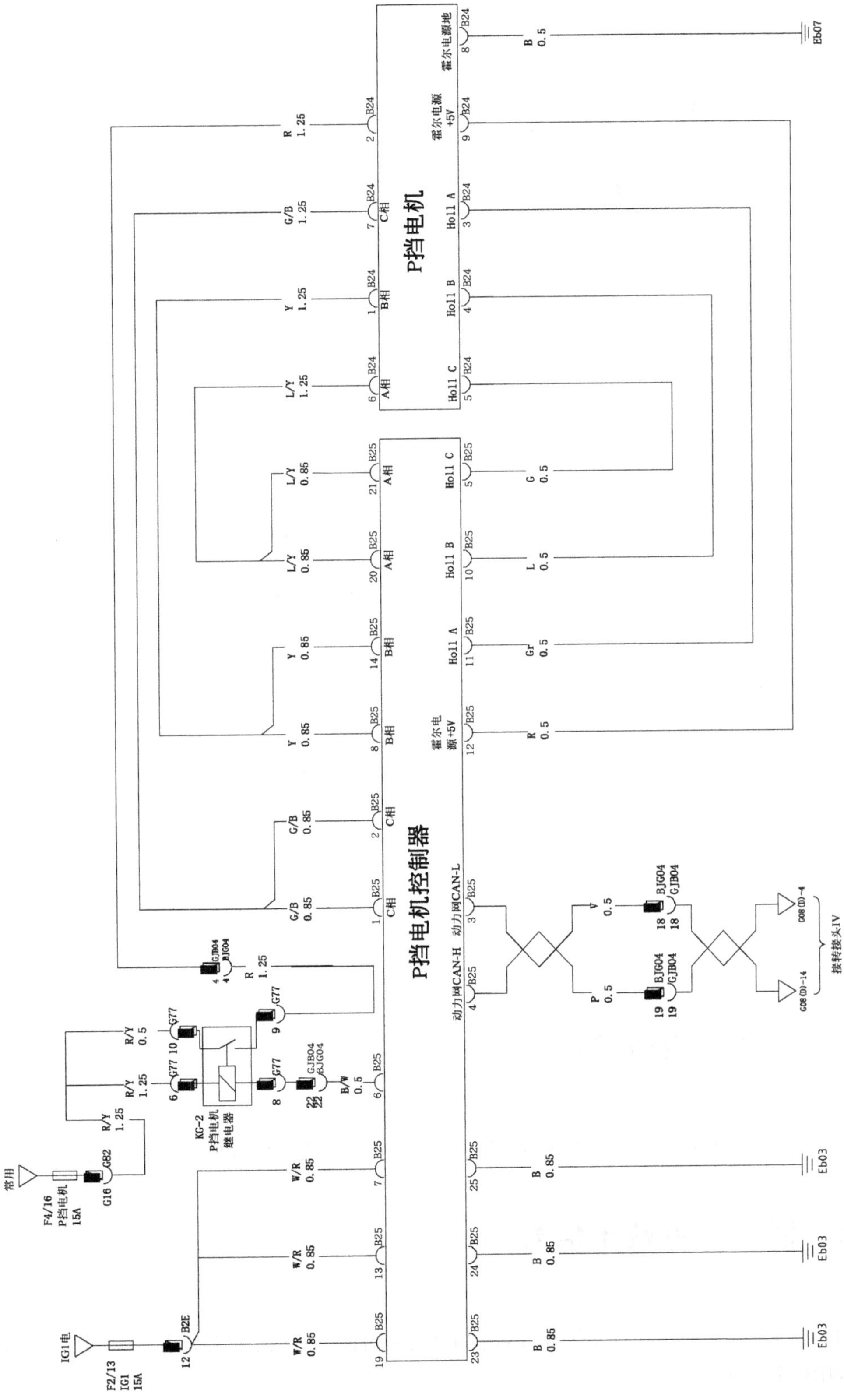

(a)

图 17-3 相关部件低压电路图

(a) P挡电机控制器和P挡电机电路图；(b) EPB控制器电路图

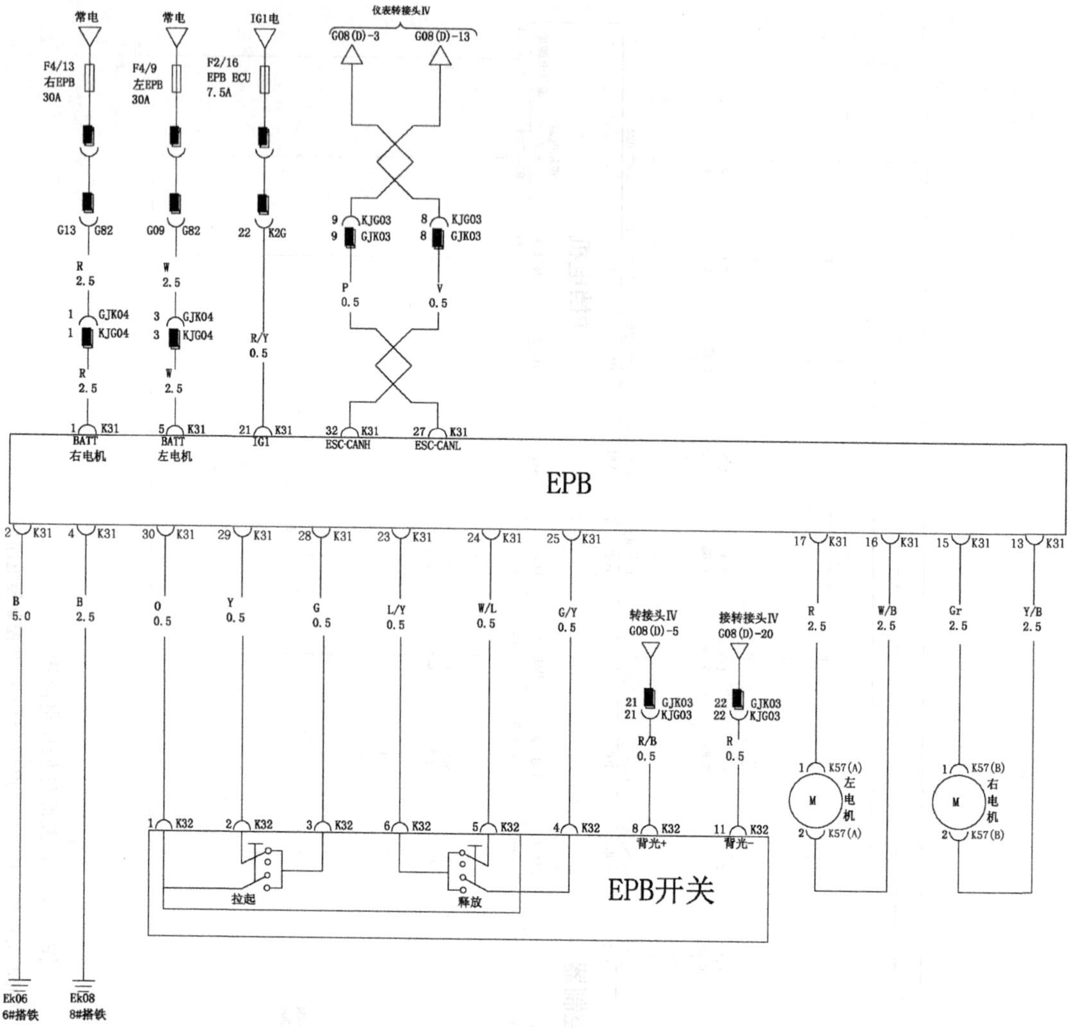

(b)

图 17-3 （续）

17.4 低压线束位置

BYD E5 传动、制动和驻车系统相关部件低压线束在前舱的位置如图 17-4 所示。

17.5 低压线束端子信号

BYD E5 传动、制动和驻车系统相关部件低压接插件端口功能定义见表 17-1，相关接插件外形如图 17-5 所示。

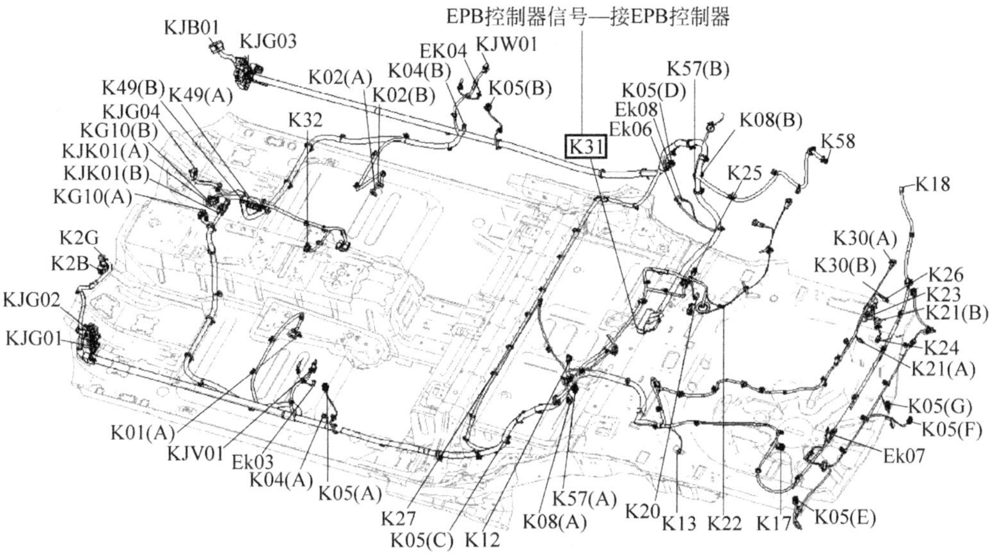

图 17-4　相关部件低压线束在前舱的位置

表 17-1　P 挡电机控制器端子 B25 端口功能定义

引脚号	端口名称	端口定义	线束接法	电源性质及电压标准值
7、9、13	+12V	外部提供 ON/IG1 挡电源	双路电	双路电
6	+12V	外部提供常火电	常电	常电
23、24、25	GND	外部电源地	车身地	
1、2	电机交流 C 相	电机交流 C 相		
8、14	电机交流 B 相	电机交流 B 相		
20、25	电机交流 A 相	电机交流 A 相		
12	+5V	电机霍尔传感器电源		
11	电机交流 C 相霍尔信号			
10	电机交流 B 相霍尔信号			
5	电机交流 A 相霍尔信号			
4	CAN-H	动力网 CAN-H	动力网 CAN-H	
3	CAN-L	动力网 CAN-L	动力网 CAN-L	
	GND	动力网 CAN 信号屏蔽地	充电口	

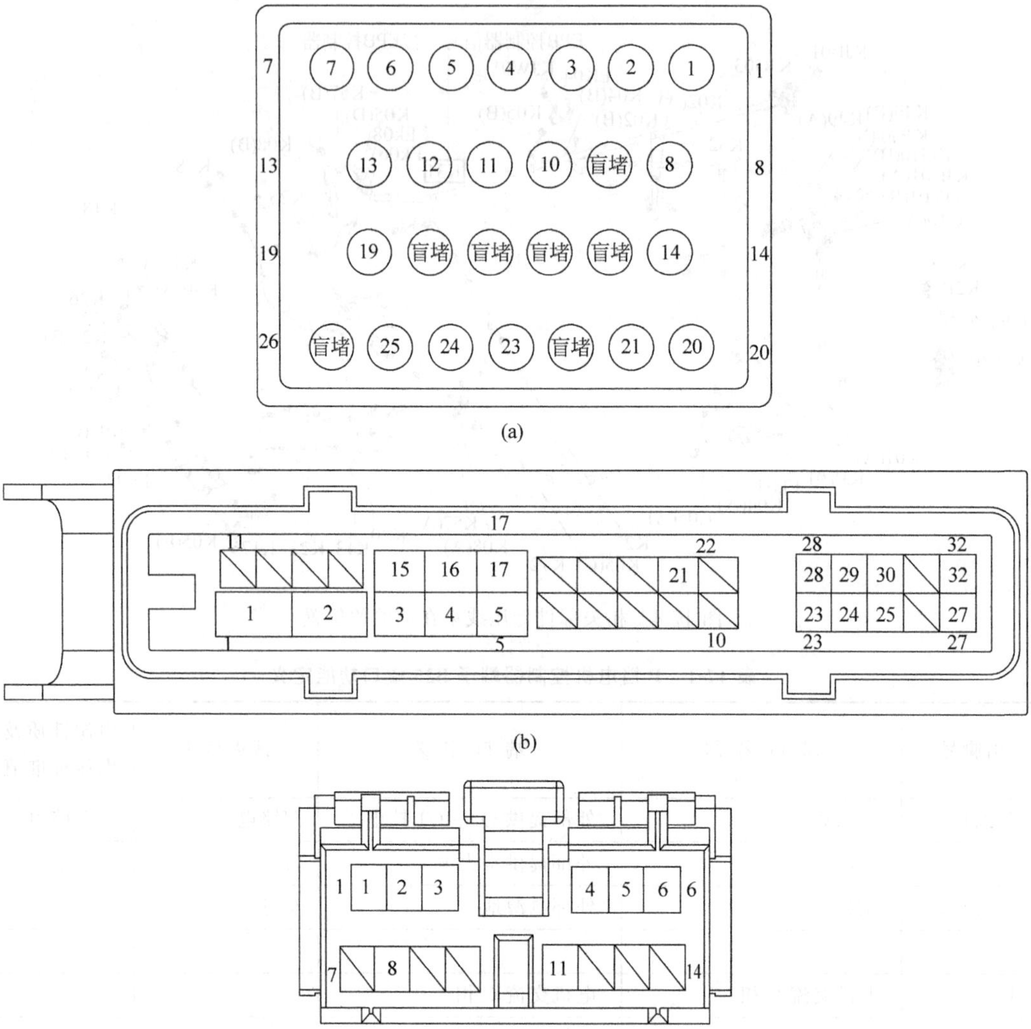

图 17-5 相关接插件

(a) B25 接插件；(b) K31 接插件；(c) K32 接插件

17.6 工作数据信息和故障码

17.6.1 实时数据

BYD E5 传动、制动和驻车系统相关的实时数据如图 17-6 所示。

17.6.2 故障码

BYD E5 传动、制动和驻车系统可能产生的故障码见表 17-2。

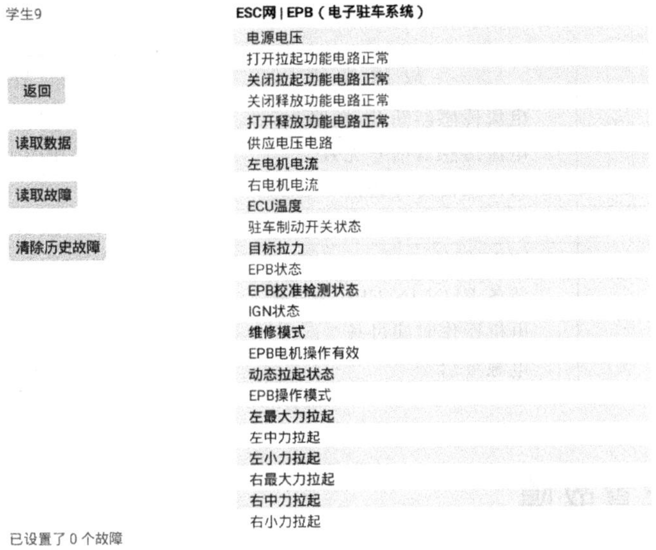

图 17-6　BYD E5 传动、制动和驻车系统相关的实时数据

表 17-2　BYD E5 传动、制动和驻车系统可能产生的故障码

DTC	故障描述	故障范围
C113014	开关电源线—对地短路或开路	开关、线束、EPB
C113312	开关拉起检测—对电源短路	开关、线束、EPB
C113386	开关拉起检测—无效信号	开关、线束、EPB
C113314	开关拉起检测—对地短路或开路	开关、线束、EPB
C113412	开关释放检测—对电源短路	开关、线束、EPB
C113486	开关释放检测—无效信号	开关、线束、EPB
C113414	开关释放检测—对地短路或开路	开关、线束、EPB
C11352A	开关拉起卡死—拉起开关卡住	开关、线束、EPB
C11362A	开关释放卡死—释放开关卡住	开关、线束、EPB
C110017	电压过高—ECU 过电压	线束、EPB
C110016	电压过低—ECU 低电压	线束、EPB
C110116	IGN 线断开	线束、EPB
C11A071	执行器卡死	EPB、拉索
U007388	CAN 总线关闭	EPB、线束
U010087	与 EMC 失去通信	EPB、EMC
U010187	与 TCU 失去通信	EPB、TCU
U012987	与 BCS 失去通信	EPB、TCU
U014087	与 BCM 失去通信	EPB、TCU
U015387	与 ACM 失去通信	EPB、ACM
U040186	从 EMS 收到无效数据	EPB、EMS
U048186	从 BSM 收到无效数据	EPB、BSM
C11A172	电机 Mosfet 失效	EPB
C11A113	电机断开或失效	EPB
C111029	电机位置传感器信号	EPB
C11A11D	电机过电流	EPB

续表

DTC	故障描述	故障范围
C111115	电流传感器断开/短路	EPB
C111129	电流传感器信号无效	EPB
C111286	力传感器硬件错误	EPB
C111229	力传感器信号错误	EPB
C116009	ECU 硬件	EPB
C116200	装备 RUN-IN-EPB 未校准	EPB
C116217	电机操作时间过长	EPB
C110060	电源重启	EPB、线束

17.7 可设置故障

BYD E5 传动、制动和驻车系统可设置故障表 17-3。

表 17-3 BYD E5 传动、制动和驻车系统可设置故障

故障编号	线束/端子描述	位置	故障类型	故障表现	故障码	备注
EPB-1	EPB 开关	K32-1	线束断路	汽车可以正常启动，EPB 驻车开关无效，仪表显示“请检查电子驻车系统”	C1133：开关拉起检测，短路或开路	故障设置时可以使用 P 挡进行驻车
EPB-2	EPB CAN-H	GJK03-9	线束断路	仪表显示“请检查电子驻车系统”	诊断仪与 EPB ECU 无法通信	

18 实训课程17：BYD E5制动和ABS

18.1 E5 制动和 ABS 工作原理

E5 汽车的动力传动路径如图 18-1 所示。

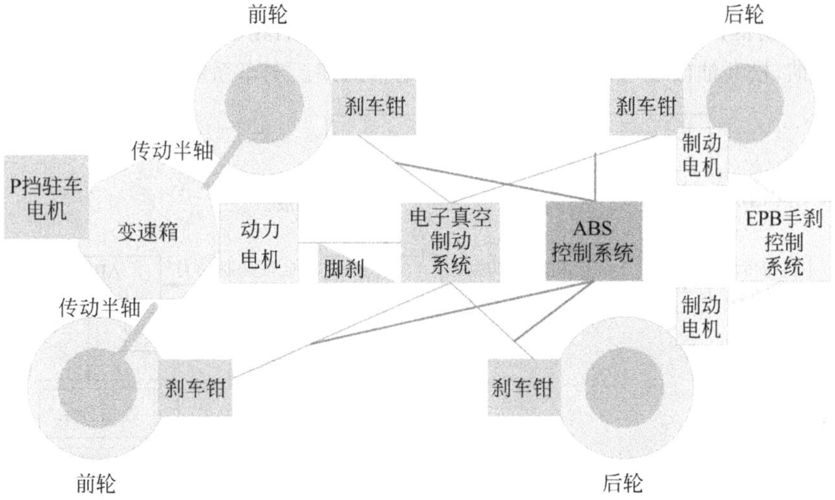

图 18-1 BYD E5 传动、制动和驻车

BYD E5 的传动方式为前置前驱，位于前舱的动力电机，通过变速箱带动前轮的传动半轴驱动车辆。

BYD E5 的变速箱为一挡固定齿轮比变速器，没有换挡功能，也就是自动挡。这也是目前纯电动汽车的普遍做法，其结构简单、体积小，但灵活性不足，这也是导致电动汽车起步性能优异，加速功能欠佳的原因。

BYD E5 通过 D、R 挡位控制电机的正转、反转实现车辆前进、后退。N 挡与燃油车的空挡一样，用于隔离变速箱和传动半轴，使汽车依靠惯性行驶。

18.1.1 电动真空制动助力

E5 脚刹为真空助力的液压制动方式，EVP 电子真空泵为电动汽车的真空助力器提供动力，真空助力器帮助驾驶员将制动管路中的液压力增大提高制动效果。E5 为盘式制动，通过制动盘和液压控制的制动钳实现制动，其组成示意图如图 18-2 所示。

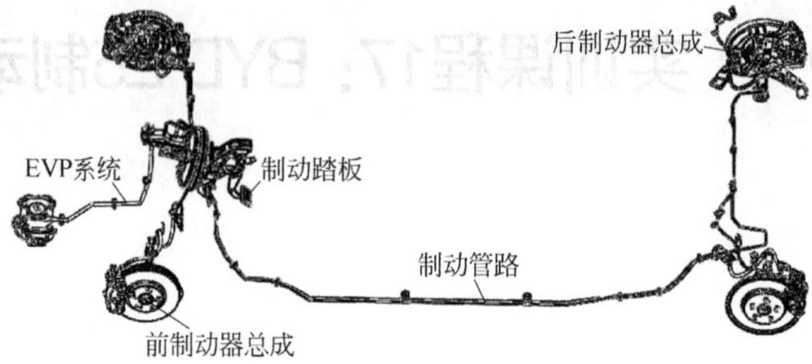

图 18-2　E5 刹车系统组成示意图

在真空助力器不能获得真空或获得的真空不足(高海拔、低温、节油发动机、柴油机、新能源车等情况)时，将导致制动系统助力效果差。电动真空助力系统能通过真空度传感器与大气压力传感器监测助力器内的真空度变化，通过逻辑判断真空助力泵的工作时机，为制动系统提供合适的辅助助力，进而保证在各种工况下，都能为驾驶者提供足够的制动助力效果。刹车控制框图如图 18-3 所示。电子真空泵控制前后轮盘式制动钳，脚刹深度控制 VTOG 的电量回馈，松开油门也可以控制 VTOG 的电量回馈。刹车系统组成如图 18-4 所示。

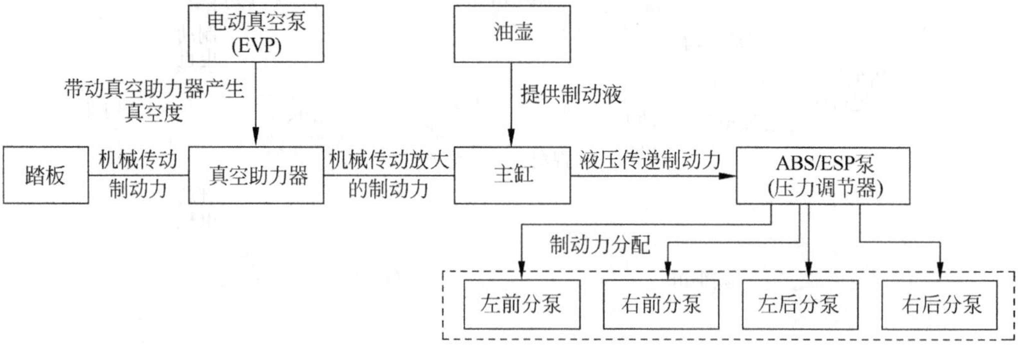

图 18-3　刹车控制框图

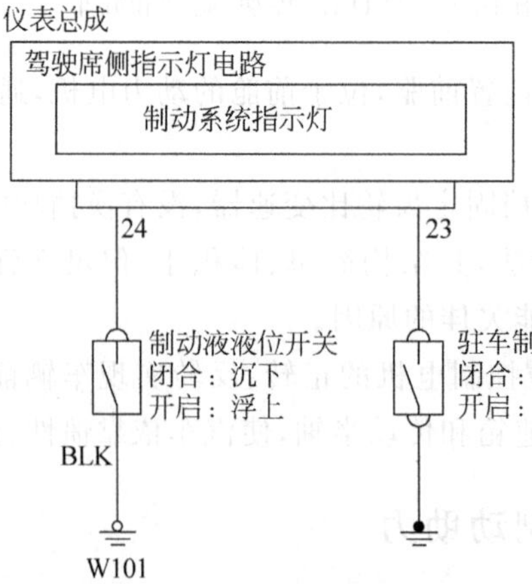

图 18-4　刹车控制电路图

18.1.2 ABS

BYD E5 的 ABS 功能，通过检测 4 轮车速，在制动时改变 4 个车轮的液压制动力，实现在制动时 4 个车轮没有都抱死，以减少侧滑，从而减小了制动距离。

ABS 插入制动回路，根据车轮抱死状态决定是否启动 ABS 防止抱死功能，可以实现方向盘仍能转动，减小制动距离。

18.2 部件位置

E5 汽车的电机控制器位于前舱的高压电控总成内，动力电机、变速箱和 P 挡电机位于前舱高压电控总成下方的动力总成内，如图 18-5 所示。

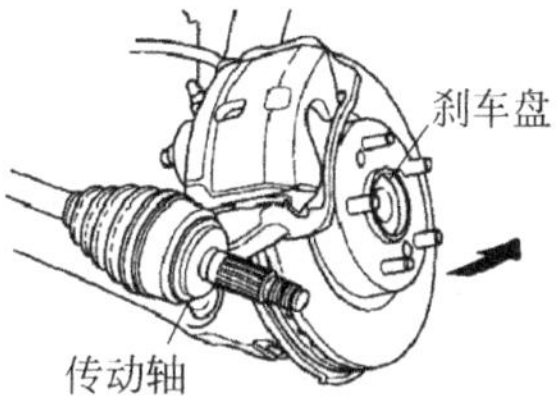

图 18-5 刹车盘

18.3 低压电路图

E5 制动和 ABS 系统相关的电路图如图 18-6 所示。

18.4 低压线束位置

E5 制动和 ABS 系统相关的接插件如图 18-7 所示。

18.5 工作数据信息和故障码

18.5.1 实时数据

E5 制动和 ABS 系统相关的实时数据如图 18-8 所示。

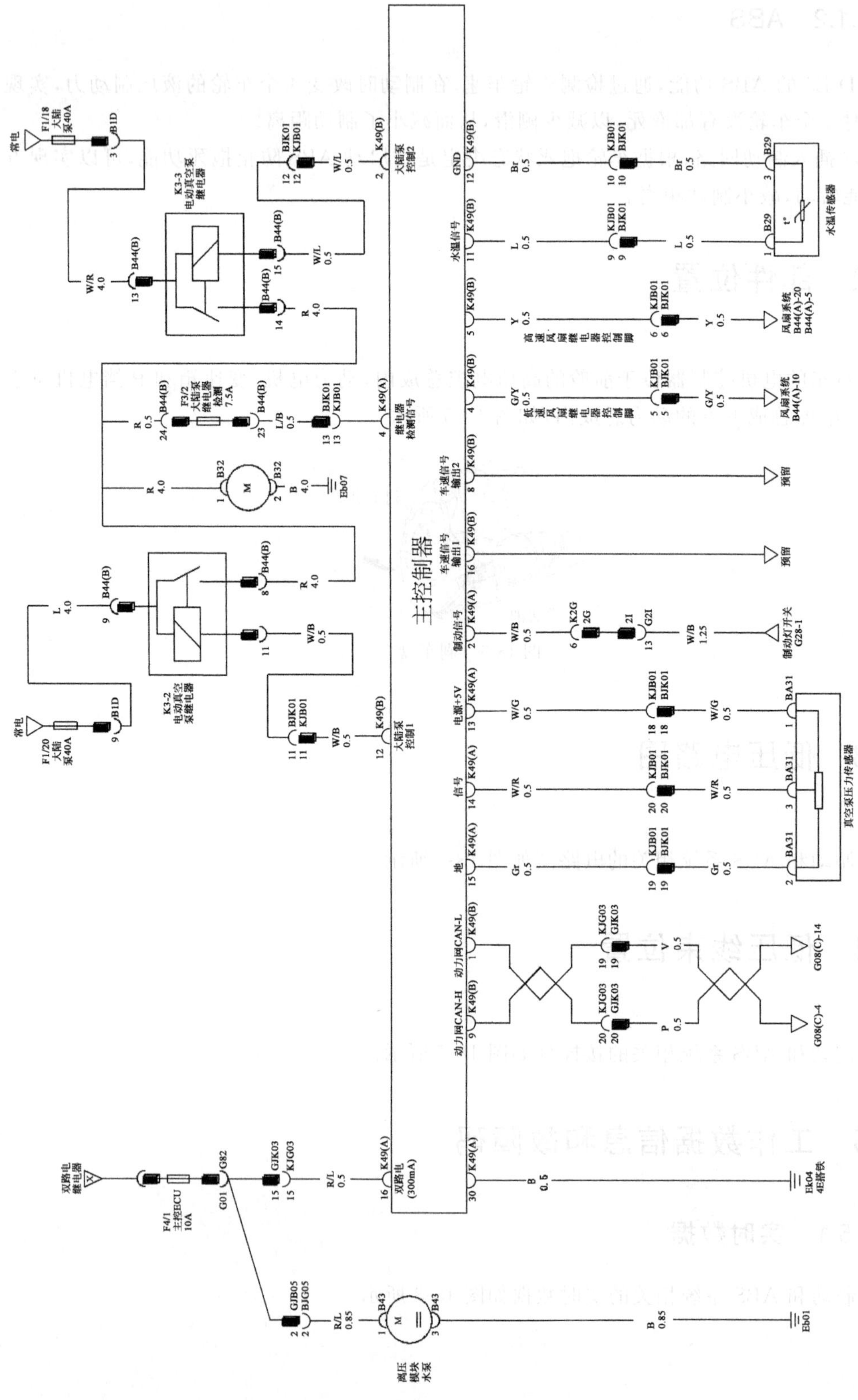

(a)

图 18-6　E5 制动和 ABS 系统相关电路图

(a) 刹车助力泵电路图；(b) ABS 电路图

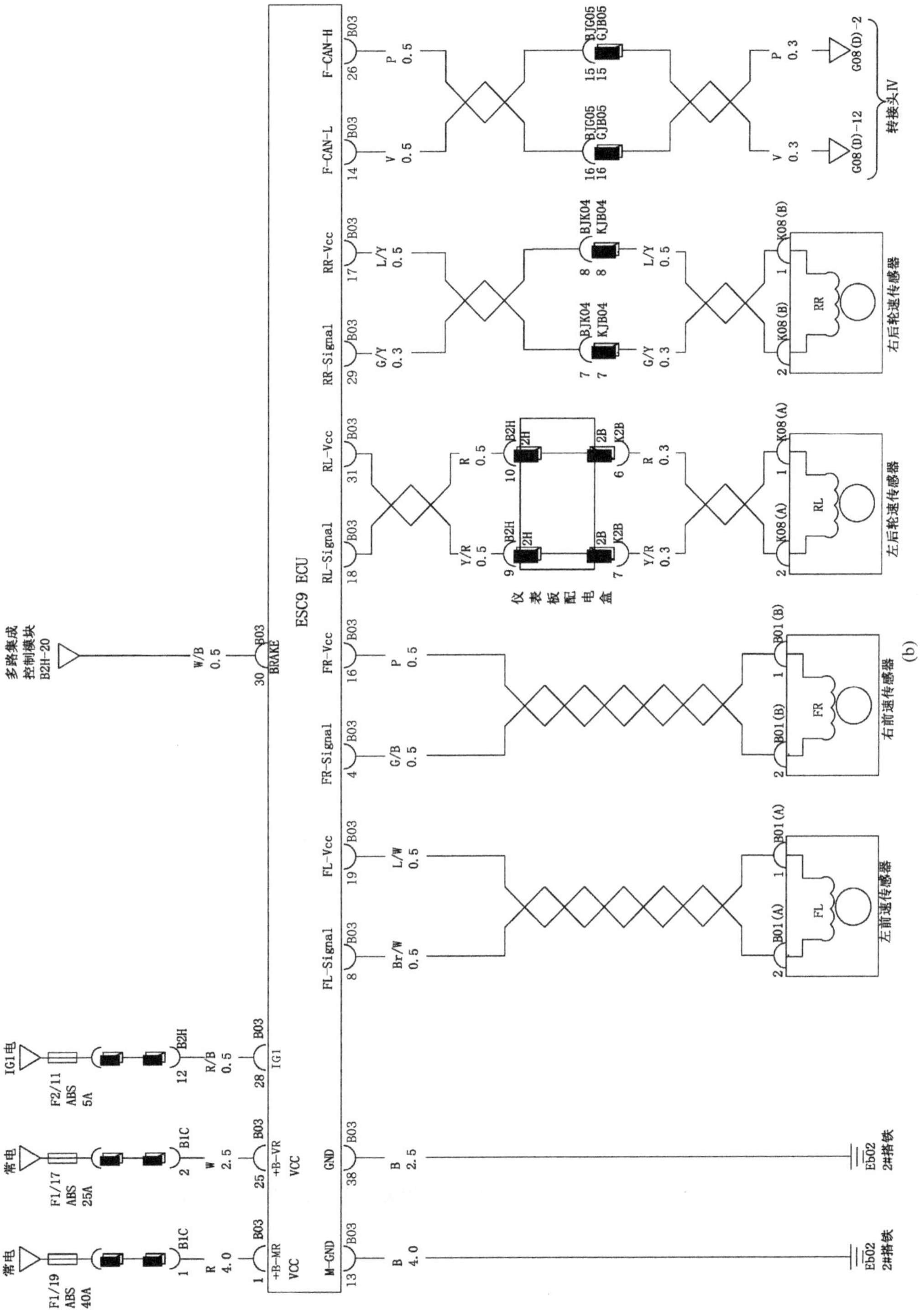

ESC9 ECU
常电
F1/19 ABS 40A
常电
F1/17 ABS 25A
IG1电
F2/11 ABS 5A
多路集成控制模块 B2H-20
+B-MR VCC
+B-VR VCC
IG1
BRAKE
M-GND
GND
FL-Signal
FL-Vcc
FR-Signal
FR-Vcc
RL-Signal
RL-Vcc
RR-Signal
RR-Vcc
F-CAN-L
F-CAN-H
Eb02 2#搭铁
左前速传感器
右前速传感器
左后轮速传感器
右后轮速传感器
仪表板配电盒
转接头Ⅳ
G08(D)-12
G08(D)-2

(b)

图 18-6 （续）

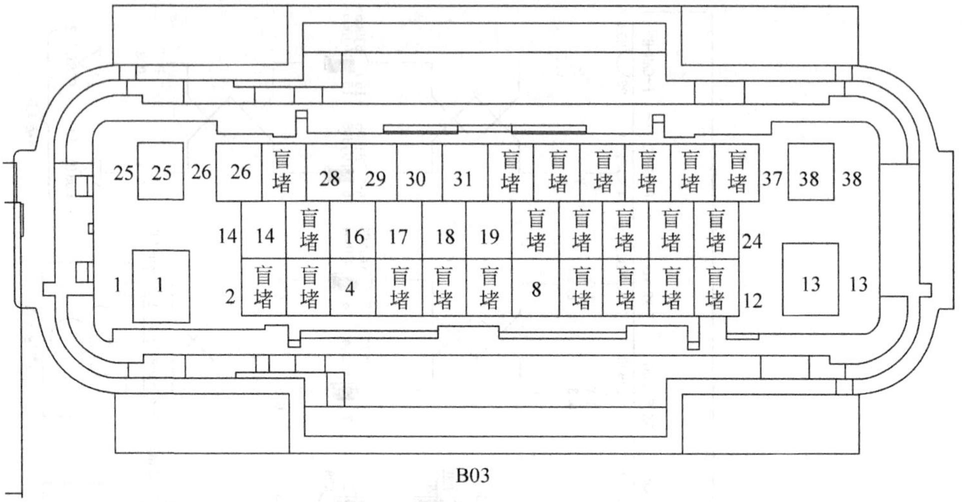

图 18-7　B03 接插件

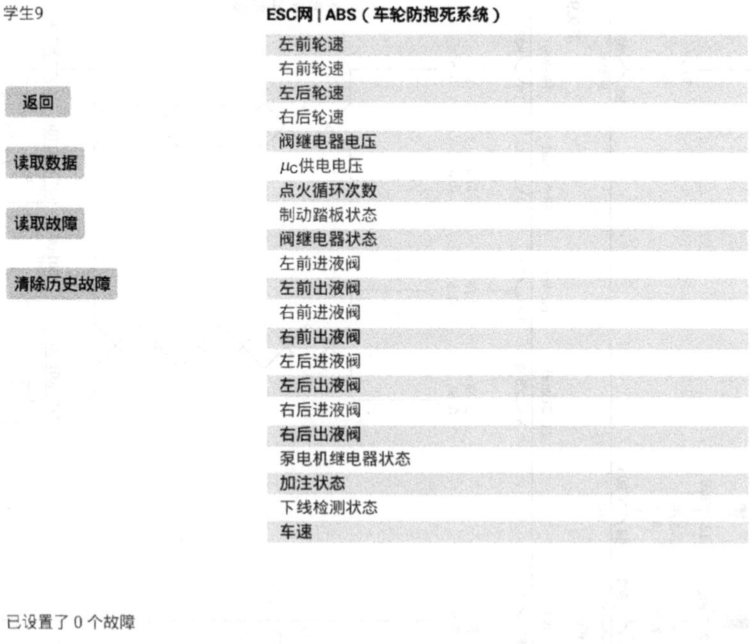

图 18-8　E5 制动和 ABS 系统相关的实时数据

18.5.2 故障码

E5 制动和 ABS 系统可能产生的故障码见表 18-1。

表 18-1 E5 制动和 ABS 系统可能产生的故障码

故障码	检测项目	可能故障区
C003108 C003204	左前轮速传感器信号故障 左前轮速传感器线路故障	左前轮速传感器、左前轮速传感器电路、左前轮速传感器齿圈
C003408 C003504	右前轮速传感器信号故障 右前轮速传感器线路故障	右前轮速传感器、右前轮速传感器电路、右前轮速传感器齿圈
C003708 C003804	左后轮速传感器信号故障 左后轮速传感器线路故障	左后轮速传感器、左后轮速传感器电路、左后轮速传感器齿圈
C003A08 C003B04	右后轮速传感器信号故障 右后轮速传感器线路故障	右后轮速传感器、右后轮速传感器电路、右后轮速传感器齿圈
C001004	液压调节器左前进液阀故障	带 ECU 的 ABS 液压调节
C001104	液压调节器左前出液阀故障	带 ECU 的 ABS 液压调节
C001404	液压调节器右前进液阀故障	带 ECU 的 ABS 液压调节
C001504	液压调节器右前出液阀故障	带 ECU 的 ABS 液压调节
C001804	液压调节器左后进液阀故障	带 ECU 的 ABS 液压调节
C001904	液压调节器左后出液阀故障	带 ECU 的 ABS 液压调节
C001C04	液压调节器右后进液阀故障	带 ECU 的 ABS 液压调节
C001D04	液压调节器右后出液阀故障	带 ECU 的 ABS 液压调节
C002004	回流泵电机故障：不能运转或不能停止运转	带 ECU 的 ABS 液压调节器、带 ECU 的 ABS 液压调节器接地/电源
C012104	电磁阀继电器电路故障	带 ECU 的 ABS 液压调节器、带 ECU 的 ABS 液压调节器接地/电源
C024501	轮速传感器故障	轮速传感器、轮速传感器电路、轮速传感器齿圈
C055000	ABS ECU 故障	蓄电池、带 ECU 的 ABS 液压调节器电源及搭铁、带 ECU 的 ABS 液压调节器
C080001	电压低于范围	蓄电池、带 ECU 的 ABS 液压调节器电源及搭铁、带 ECU 的 ABS 液压调节器
C080002	电压超出范围	
C000104	回路控制阀 1 故障(仅 ESP 有)	带 ECU 的 ESP 液压调节器
C000204	回路控制阀 2 故障(仅 ESP 有)	带 ECU 的 ESP 液压调节器
C000304	高压开关阀 1 故障 (仅 ESP 有)	带 ECU 的 ESP 液压调节器
C000404	高压开关阀 2 故障 (仅 ESP 有)	带 ECU 的 ESP 液压调节器

续表

故障码	检 测 项 目	可能故障区
C100104	CAN 硬件故障	模块
U100004	CAN 总线关闭	网关控制器
C007204	普通阀故障(过热保护)	带 ECU 的 ABS 液压调节器
C004601	压力传感器故障(仅 ESP 有)	带 ECU 的 ESP 液压调节器
U012604	SAS(转角传感器) CAN 通信超时	转角传感器线路
U012608	SAS CAN 数据被破坏	转角传感器线路、转角传感器
C046008	SAS 信号故障	转角传感器线路、转角传感器线路
C106600	转角传感器校准错误或没校准	转角传感器线路、转角传感器
C006108	横向加速度传感器信号故障(仅 ESP 有)	带 ECU 的 ESP 液压调节器
C006208	纵向加速度传感器信号故障(仅 ESP 有)	带 ECU 的 ESP 液压调节器
C006308	偏航率位置传感器信号故障(仅 ESP 有)	带 ECU 的 ESP 液压调节器
C019604	集成惯性传感器故障(硬件、温度、范围、内部故障)(仅 ESP 有)	带 ECU 的 ESP 液压调节器
C00A800	集成惯性传感器没校准或校准出错(仅 ESP 有)	带 ECU 的 ESP 液压调节器
U010004	ECM 通信超时(仅 ESP 有)	ECM 模块及线路、ESP ECU 及线路
U010004	ECM CAN 数据库被破坏(仅 ESP 有)	ECM 模块
U014004	网关通信超时	网关控制器线路
U014008	网关数据被破坏	网关控制器
C004C04	ESP 开关故障(仅 ESP 有)	ESP 开关及开关线路
C121208	变量代码故障(仅 ESP 有)	带 ECU 的 ESP 液压调节器
C004008	制动踏板开关信号故障	制动踏板开关及线路
C008208	制动系统故障指示	仪表、ABS 线路
C108008	离合信号故障(HHC)	离合器开关及线路
C108C08	倒挡开关信号故障(HHC)	倒挡开关及线路
U010104	与 TCU 失去通信	TCU 模块及线路
U010108	接收到的 TCU 数据错误	TCU 模块及线路
U100308	EPB CAN 通信超时、EPB CAN 数据被破坏	EPB 模块及线路
C040008	EPB 信号错误	EPB 模块及线路

18.6 可设置故障

E5 制动和 ABS 系统可设置故障见表 18-2。

表 18-2　E5 制动和 ABS 系统可设置故障

故障编号	线束/端子描述	位　置	故障类型	故障表现	故障码	备　注
ABS1	主控制器 CAN-L	GJK03-20	线束断路	汽车可以正常启动，仪表显示“水温过高”，电机风扇不运转	诊断仪与主控制器 ECU 无法通信	
ABS2	EPS/ABS CAN-H	GJB05-15	线束断路	汽车可以正常启动，仪表显示“请检查 ABS 系统”	诊断仪与 ABS ECU 无法通信	
ABS3	电动真空泵开关 1	BJK01-11	线束断路	踩下脚刹无气压制动	B1159：真空泵继电器 1 故障； B115A：真空泵继电器 2 故障； B115B：真空泵继电器 1、2 故障	必须 ABS3、ABS4 故障一起设置才能生效
ABS4	电动真空泵开关 2	BJK01-12	线束断路	踩下脚刹无气压制动	B1159：真空泵继电器 1 故障； B115A：真空泵继电器 2 故障； B115B：真空泵继电器 1、2 故障	必须 ABS3、ABS4 故障一起设置才能生效
ABS5	电动真空泵开关检测	BJK01-13	线束断路	踩下脚刹无气压制动	B1159：真空泵继电器 1 故障； B115A：真空泵继电器 2 故障； B115B：真空泵继电器 1、2 故障	
ABS6	电动真空泵压力信号	BJK01-20	线束断路	踩下脚刹无气压制动	B114E：真空泵系统失效	
ABS7	左后轮速度传感器	K2B-7	线束断路	汽车可以正常启动，仪表显示“请检查 ABS 系统”	C038：左后轮速传感器线路故障	N/A
ABS8	右后轮速度传感器	BJK01-7	线束断路	汽车可以正常启动，仪表显示“请检查 ABS 系统”	C03B 右后轮速传感器线路故障	原理图信号为 BJK04-7，有误应为 BJK01-7

19 实训课程18：BYD E5汽车电子助力转向EPS

19.1 工作原理

电子助力转向(electric power-assistant steering,EPS)系统，是指利用 EPS 电机提供转向动力，辅助驾驶员进行转向操作的转向系统。该系统和其他控制系统一样，是由传感器(扭矩转角传感器、车速传感器)、控制器(EPS 电子控制单元)、执行器(EPS 电机)以及相关机械部件组成的。

19.1.1 EPS 系统的功能

EPS 系统是在机械转向系统的基础上，将最新的电子技术和高性能的电机控制技术应用于汽车转向系统。EPS 系统在原有汽车转向系统的基础上，改造并且增加了以下几个部分：EPS 电子控制单元、扭矩及转角传感器、EPS 电机等。系统的传动机构采用电机驱动，取代了传统机械液压机构。EPS 系统能够在各种环境下给驾驶员提供实时转向盘助力。

EPS 系统通常由以下几部分组成：扭矩及转角传感器、车速传感器、EPS 电子控制单元、EPS 电机、相关机械结构。EPS 系统由 EPS 电机提供助力，助力大小由 EPS 电子控制单元实时调节与控制。根据车速的不同提供不同的助力，改善汽车的转向特性，减轻停车泊位和低速行驶时的操纵力，提高高速行驶时的转向操纵稳定性，进而提高了汽车的主动安全性。

EPS 系统主要有以下几个功能：

(1) 助力控制功能。EPS 的助力特性属于车速感应型，即在同一转向盘力矩输入下，电机的目标电流随车速的变化而变化，能较好地兼顾轻便性与路感的要求。EPS 的助力特性采用分段型助力特性。EPS 电机根据转向盘偏离方向施加助力转矩，以保证低速时转向轻便，高速时操作稳定并获得较好的路感。

(2) 回正控制功能。转向时，由于转向轮主销后倾角和主销内倾角的存在，使得转向轮具有自动回正的作用。EPS 系统在机械转向机构的基础上，增加了 EPS 电机和减速机构。EPS 系统通过 EPS 电子控制单元对 EPS 电机进行转向回正控制，与前轮定位产生的回正力矩一起进行车辆的转向回正动作，使转向盘迅速回正，抑制转向盘振荡，保持路感，提高转向灵敏性和稳定性，优化转向回正特性，缩短了收敛时间。回正控制通过调整回正补偿电流，进而产生回正作用转矩，该转矩沿某一方向使转向轮返回到中间位置。

(3) 阻尼控制功能。车辆高速行驶时，通过控制阻尼补偿电流进行阻尼控制，增强驾驶员路感，改善车辆高速行驶情况下转向的稳定性。

19.1.2 EPS 系统的工作原理

汽车转向时，扭矩及转角传感器把检测到的扭矩及角度大小、方向信号经处理后传给EPS电子控制单元，EPS电子控制单元同时接收车速传感器检测到的车速信号，然后根据车速传感器和扭矩及转角传感器的信号决定电机的旋转方向和助力扭矩的大小。同时电流传感器检测电路的电流，对驱动电路实施监控，最后由驱动电路驱动电机工作，实施助力转向。EPS 系统的工作原理如图 19-1 所示。

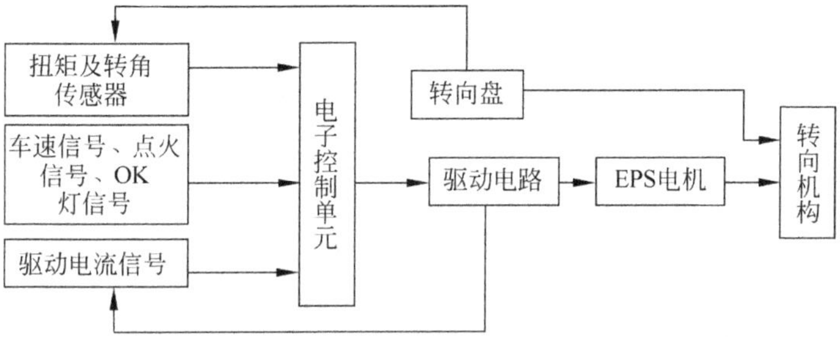

图 19-1 EPS 系统工作原理示意图

19.2 低压电路图

EPS 系统相关的低压电路图如图 19-2 所示。

19.3 低压线束位置

EPS 系统相关的低压接插件如图 19-3 所示。

19.4 工作数据信息和故障码

19.4.1 实时数据

EPS 系统相关的实时数据如图 19-4 所示。

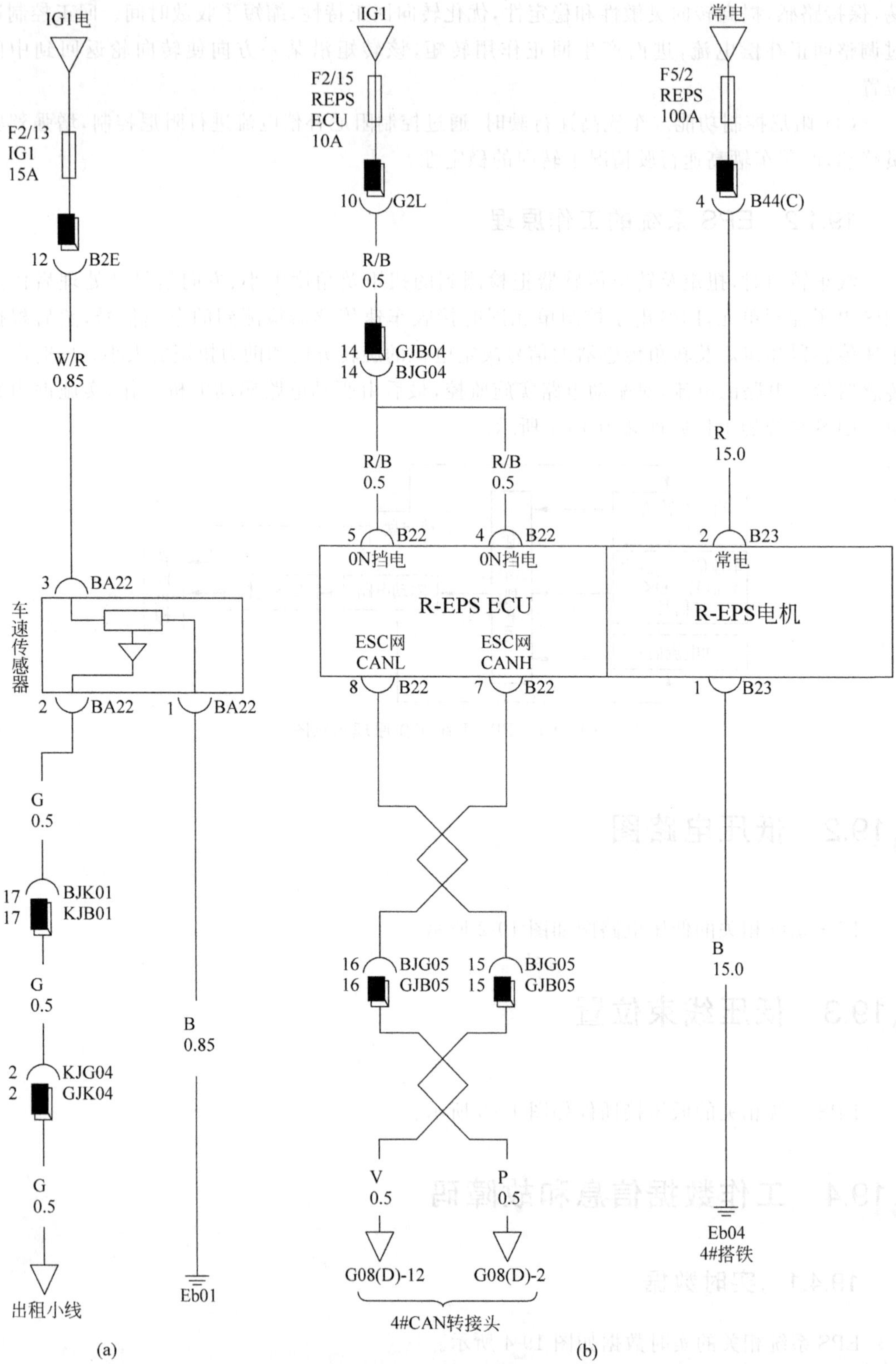

图 19-2　EPS 系统相关的低压电路图

(a) 车速传感器电路图；(b) EPS ECU 和 EPS 电机电路图

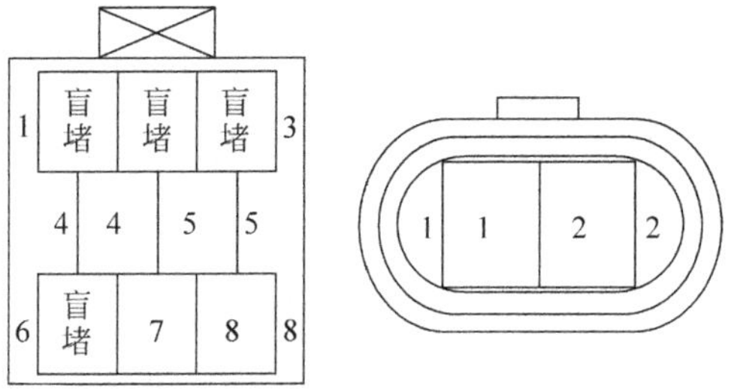

(a) (b)

图 19-3 EPS 系统相关的低压接插件

(a) B22 接插件；(b) B23 接插件；

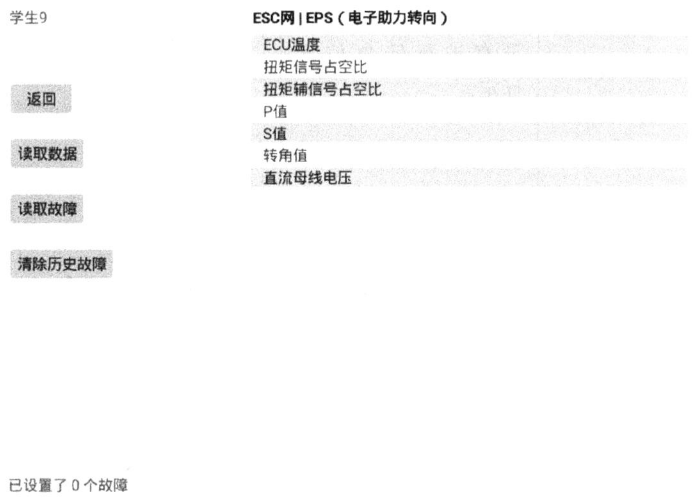

图 19-4 EPS 系统相关的实时数据

19.4.2 故障码

EPS 系统可能产生的故障码及处理方法见表 19-1。

表 19-1 EPS 系统可能产生的故障码及排除方法

故障码	故障类型	故障分析	故障排除流程
C1B0200	ECU 故障	EPS 电子控制单元内部故障	更换转向器总成
C1B0400	扭矩信号故障	扭矩传感器故障、线束开路或短路、EPS 电子控制单元内部故障	(1) 接插件是否松动、脱落。是：重新固定好；否：(2)。 (2) 线束是否开路或短路。是：修复线束；否：(3)。 (3) 扭矩传感器是否故障。是：更换转向器总成；否：(4)。 (4) EPS 控制单元故障，更换转向器总成

续表

故障码	故障类型	故障分析	故障排除流程
C1B0900	扭矩传感器未校准	没有进行扭矩传感器出厂校准	(1) 接插件是否松动、脱落。是：重新固定好；否：(2)。 (2) 扭矩信号是否已标定。是：(3)；否：用诊断仪标定。 (3) 扭矩传感器是否故障。是：更换转向器总成；否：(4)。 (4) EPS控制单元故障，更换转向器总成
C1B0A00	转角传感器未校准	没有进行转角信号标定	(1) 接插件是否松动、脱落。是：重新固定好；否：(2)。 (2) 转角信号是否已标定。是：(3)；否：用诊断仪标定。 (3) 转角传感器是否故障。是：更换转向器总成；否：(4)。 (4) EPS控制单元故障，更换转向器总成
C1B0B00	转角信号故障	转角传感器故障、线束开路或短路、EPS电子控制单元内部故障	(1) 接插件是否松动、脱落。是：重新固定好；否：(2)。 (2) 线束是否开路或短路。是：修复线束；否：(3)。 (3) 扭矩传感器是否故障。是：更换转向器总成；否：(4)。 (4) EPS控制单元故障，更换转向器总成
C1B0D00	电源电压高	EPS供电异常、EPS电子控制单元内部故障	(1) 测试EPS电源电压是否异常(>16V)是：检查供电系统；否：(2)。 (2) EPS控制单元故障，更换转向器总成。
C1B0E00	电源电压低	EPS供电异常、电源线束连接异常、EPS电子控制单元内部故障	(1) 测试EPS电源电压是否异常(<9V)。是：检查供电系统；否：(2)。 (2) 检查EPS与蓄电池之间的搭铁片，端子是否未连接到位。是：修复；否：(3)。 (3) EPS控制单元故障，更换转向器总成
C1B0F00	电源正极断路	EPS电源线束连接异常、EPS电源保险烧坏、EPS电控单元故障	(1) 检查EPS与蓄电池之间的搭铁片，线束是否未连接异常。是：修复；否：(2)。 (2) 检查EPS保险是否烧坏。是：更换保险；否：(3)。 (3) EPS控制单元故障，更换转向器总成
C1B1000	车速信号错误	车速传感器、EPS电控单元故障	(1) 检查动力网中车速信号报文(ID：121)第13位报文值是否为1：失效。是：检查EPS系统；否：(2)。 (2) EPS控制单元故障，更换转向器总成
C1B1100	发动机转速信号错误	发动机系统、EPS电控单元故障	(1) 检查动力网中发动机转速信号报文(ID：10D)第3位是否1：失效。是：检查发动机系统；否：(2) (2) EPS控制单元故障，更换转向器总成

续表

故障码	故障类型	故障分析	故障排除流程
C1B1200	电机旋变信号错误	EPS电控单元故障	EPS电机故障，更换转向器总成
C1B1300	电机温度过高	长时间转动转向盘、EPS电机故障、电控单元故障	(1) 停止转动转向盘等待10min再检测当前故障是否消失。是：属于系统正常的温度保护；否：(2)。 (2) EPS电机信号故障、EPS电控单元故障、更换转向器总成
C1B1400	电机过流故障	EPS电机、EPS电控单元故障	更换转向器总成
C1B1500	电流偏离过大	EPS电机、EPS电控单元故障	更换转向器总成
C1B1600	电机传感器故障	EPS电控单元故障	更换转向器总成
C1B1700	电机温度传感器故障	EPS电机、EPS电控单元故障	更换转向器总成
C1B1800	电机继电器故障	EPS电机、EPS电控单元故障	更换转向器总成
C1B1900	ECU温度过高	长时间转动转向盘、电控单元故障	(1) 停止转动转向盘等待10min再检测当前故障是否消失。是：属于系统正常的温度保护；否：(2)。 (2) EPS电控单元故障、更换转向器总成
C1B1A00	ECU温度传感器故障	EPS电控单元故障	更换转向器总成
C1B1B00	ECU继电器故障	EPS电子控制单元内部故障	更换转向器总成
C1B1C00	行驶中ON挡电丢失	接插件松动、损坏，ON挡电保险松动	(1) 检查EPS整车信号接插件是否插接不好。是：连接好接插件；否：(2)。 (2) 检查EPS ON挡电保险是否松动、损坏。是：更换保险，否：(3)。 (3) 更换转向器总成
U029D00	与ESP失去通信故障	CAN通信系统、ESP系统、EPS电控单元故障	(1) 检查动力网中车速信号报文(ID：121)是否不存在。是：检查ESP系统；否：(2)。 (2) EPS电控单元故障，更换转向器总成
U011000	与电机控制器失去通信	CAN通信系统、电机控制器、EPS电控单元故障	(1) 检查CAN网络通信是否正常。是：(2)；否：修理CAN网络。 (2) 检查动力网中电机控制器报文(ID：341)是否不存在。是：检查电机控制器；否：(3)。 (3) EPS电控单元故障，更换转向器总成

19.5 可设置故障

EPS系统可设置故障见表19-2。

表 19-2 EPS 系统可设置故障

故障编号	线束/端子描述	位置	故障类型	故障表现	故障码
EPS-1	EPS/ABS CANH	GJB05-15	线束断路	汽车可以正常启动,仪表显示“请检查转向系统”	诊断仪与 EPS ECU 无法通信
EPS-2	EPS ECU 电源	GJB04-14	线束断路	汽车可以正常启动,仪表显示“请检查转向系统”	诊断仪与 EPS ECU 无法通信

参考文献

[1] 比亚迪 BYD E5 维修手册[Z].

[2] 比亚迪内部培训资料[Z].

[3] 张凯,何军. 电动汽车应用技术[M]. 北京：清华大学出版社，2016.

[4] 朱小春. 电动汽车网络与电路分析[M]. 北京：清华大学出版社，2017.

[5] 朱小春. 驱动电机及控制技术[M]. 北京：清华大学出版社，2017.